價值投資之父

葛拉漢：賺錢人生

「閱讀葛拉漢，是正確的投資起跑點」——巴菲特

大是文化

股神巴菲特的恩師、價值投資之父

班傑明．葛拉漢　親筆回憶錄

（Benjamin Graham）◎著

Benjamin Graham

The Memoirs of the Dean of Wall Street

目錄

目錄

目錄

目錄

推薦序一

投資與投機，差別在於買入「合理價格」

《存好股，我穩穩賺》暢銷作家／溫國信

巴菲特（Warren Buffett）師承葛拉漢的價值投資法，獲得極為輝煌的成就，他也曾說，除了父親，葛拉漢是影響他一生最大的人！被譽為價值投資之父的葛拉漢，在投資理財方面是相當重要的一位人物。

本書中葛拉漢也談到利用「滾雪球」推動自己資產的經驗。滾雪球就是將賺到的利潤，滾入帳戶再投資，讓更大的投資部位，帶來更多的收入；這就是複利的觀念，而複利的終值取決於本金、報酬率與滾動的次數，它會隨著時間的推移，變得更多。

葛拉漢說，在華爾街證券市場成功有兩個條件，第一是正確的思考，第二是獨立的思考，而這兩樣他都做到了，所以他成功了。

為什麼葛拉漢可以做到這兩件事？答案是他的人格特質，在他小學畢業時，就已經知道了四件事：

- 知道如何「使自己堅強的對付命運的捉弄」；
- 知道如何「用各種方法賺一點小錢」；
- 知道如何「集中精力完成該做的工作」；
- 知道如何「依靠自己去理解做好一切的事情」。

葛拉漢的做人態度就是認真、實事求是，在求學方面，他非常喜歡閱讀，數量也相當驚人，而他最喜歡讀的是古希臘史詩《奧德賽》（*Odyssey*）。

關於研究股票的方法，葛拉漢也和別人不同，他會從公司的財報著手；他認為要取得資訊，才能掌握「內在價值」。公司的「內在價值」，不只是公司資產負債表上的淨值，而是各種因素、潛力的加總。

如果一家公司擁有良好的獲利引擎、商譽、領導階層的能力，它的內在價值就會逐漸增加，所以內在價值是比財報更廣範圍的抽象價值。

由於葛拉漢的認真態度，使他不僅精通股票，連公債交易、選擇權避險、套利交易，以及稅法也都精通，是真正的金融大師。

關於投資，他的母親曾經買進「美國鋼鐵」股票，但在一九〇七年美股崩盤時遭受重大損失，這件事讓他對買股票這件事很有戒心，也對於「投資」和「投機」給了不同的定義：投資行為必須經過「透徹的分析」，確保「本金安全」與「適當的報酬」，否則就是投機！

葛拉漢強調買進股票要用「合理價格」、「合適的價格」，並了解公司的內在價值，這就是價值投資法的精神，給世人很大的啟發；以合適的價格，買進前景看好的股票，正是他引以為傲的理念。

葛拉漢曾說，如果投資人買入的股票「物超所值」，或是遠低於內在價值，那麼未來獲利的機會就非常大，而投資人只需按此道理行事就可以。如果投資人忘記「合理價格」這件事，就會讓原本是很好的投資，變成異常危險的過度投機。

本書是他親筆自述成長過程，包括求學、工作、遭遇股災、投資獲得重大成功等精彩內容，也對自己不幸福的婚姻有所敘述，是一本不能錯過的好書。

推薦序二

一窺價值投資宗師的精彩人生

價值投資者、財經作家／雷浩斯

葛拉漢是價值投資的始祖，股神巴菲特的恩師，全世界尊崇的偉大投資哲人。

在葛拉漢之前，從未有「價值投資」這個詞，因為過去股市從未有過一套系統化的投資法則，而葛拉漢在資訊不透明的年代，憑著過人的天賦、理性的系統化思考，以及對數字的熱愛，定下了價值投資的三大神聖定律：

1. 所有者思維；
2. 安全邊際；
3. 市場心理學。

所有者思維非常重要，因為許多投資人從未將自己視為股東，因此他們不認為自己是公司的「擁有者」。但如果你自認是擁有者，你就會採取不一樣的行動，在本書第十一章〈與管線公司的較量——價值往往藏在細節裡〉就是葛拉漢採取股東行動主義的經典案例。

葛拉漢之所以會積極的行動，是因為他計算了該公司的內在價值，並且認定股價和價值之間存在著巨大的有利差距，這種有利差距就是「安全邊際」。

投資就是應對未來，但未來不可知，因此每個投資人都要有安全邊際，替計算錯誤，突然發生的厄運，帶來足夠的緩衝空間。

安全邊際的產生，有很大原因來自於市場心理的落差變化，葛拉漢以瘋狂的市場先生來形容股市：市場先生是個情緒化的瘋子，他高興時股價會賣很高，難過時股價會賣很低，因此你可以趁他情緒低落的時候占他便宜，當他情緒高昂的時候，只要旁觀就好。

在二〇二一年疫情期間，看著股價高漲到偏離基本面的航運股，葛拉漢的寓言仍然十分貼切。樹木不會長到天上去，無論股價高估或者低估，市場最終會回歸內在價值，就像出自《詩藝》（*Ars Poetica*）中，葛拉漢熱愛引用的名言：「現在沉淪者，來日將復興；現在榮耀者，來日將腐朽。」

基於前面幾點，你會發現價值投資在行動上，是一種「反市場心理投資法」，你的投資行為有很大的機率和一般大眾是不一樣的。人性具備趨同性，所以很多人無法忍受與他人不同，但是你是對是錯，與他人怎麼想無關，只和你的邏輯推理有關。

所以，葛拉漢最著名的弟子股神巴菲特，他投資的方式是自己在辦公室中大量閱讀，似乎也不令人意外了。

巴菲特雖然是葛拉漢最著名的高徒，但是巴菲特的副手、波克夏副董事長查理．蒙格（Charles T. Munger）和葛拉漢才是真正的同類。

他們都博學多聞，能夠跨領域學習不同的學科；喜歡和書本上的古人做朋友；一樣喜歡班傑明．富蘭克林（Benjamin Franklin）；重視「可靠」這個概念，並且不在乎自己古怪的個性是否討人喜歡。

如果你覺得巴菲特對於葛拉漢過分崇拜，請了解這種崇拜感和當今世人對蒙格的崇拜感完全相同。葛拉漢就是百年前的蒙格，蒙格就是現世的葛拉漢，他們兩人之所以有投資觀念上的不同，完全是因為一個出生於大崩盤時代，另一位出生於美國最強盛的時代。

在生活環境的差異下，同類型的人會產生出不同的投資哲學，因為人是會受到環境和社會影響的。投資的形式可能會改變，但是價值投資的三項原則，仍然歷久不衰。

葛拉漢超前的創舉不只是價值投資，他提出的基金管理收費方式也領先時代。他不收管理費，而是採用分紅的方式，在報酬率超過六％之後才領取一定的分紅比例。

這個協議充分展示了他的受託者責任，並且這類方式也傳承給早期的巴菲特合夥事業公司，以及少數有勇氣這樣執行的投資公司。

除此之外，葛拉漢在投資方面的貢獻仍然無人能比，價值投資的門徒在全世界無所不在，除了巴菲特與蒙格，就連指數型基金，也是從葛拉漢的「防禦型投資策略」而來，在指數基金之父約翰．柏格（John C. Bogle）的著作中，他也直接承認受到葛拉漢的眾多影響。

葛拉漢並非完人，他的處理感情方式惹人爭議（身為價值投資者，我盡量用保守的措辭，剩下細節就請讀者仔細閱讀吧！），個性古怪的程度也不少，若讀者在閱讀本書時，覺得這位投資大師似乎有點和常人不同，那表示他真的非常真誠的揭露自我。

本書能讓你了解葛拉漢的心路歷程，讓讀者們一窺價值投資宗師的人生起落，讓我們透過這本書，一起回到百年之前的華爾街，共同經歷葛拉漢精彩的人生！

推薦序三

關於投資，風險必須永遠擺在第一順位

投資理財部落客／Kelvin價值投資

正在翻閱此書的你，是如何在茫茫書海中找到這本書？又是什麼原因讓你想要拿起此書並翻開來閱讀？想必你跟我一樣是一位價值投資者，對吧？

無論你是價值投資的新手、老手，這本書都適合你來閱讀，這本書並非教你如何投資，而是讓你了解怎樣的環境下，造就了「價值投資之父」班傑明．葛拉漢。

書中用一個又一個葛拉漢的故事，讓讀者知道他是如何一步一步建立起投資理財的觀念，而我覺得當中有一句話很有意思：「**最了不起的理財策略，是能在自己的能力所及之內，過上滿足的生活。**」這句話放到現在的世界仍是如此，不管在投資上或是理財上。

投資上，若想要做出超越自己能力範圍內的投資時，投資人往往會選擇融資或其他開槓桿的方式，而這意味著你將必須承擔比其他人還要大的風險；但對價值投資者來說，我們應該把風險擺在第一順位，尋求合理的報酬，而非一時的想在市場投機，卻因此將自己推向更大的風險之中。

理財上，唯有心理上享有真正的滿足，物質上才會有所滿足。最近很常聽到的「財務自由」或「FIRE運動」，都是以經濟獨立、提前退休為主要目的，要達到此目的並非一定要賺得多，而是有多少能力就做多少事情。

古希臘哲學家蘇格拉底（Socrates）說過：「快樂的祕訣不在於追求更多想要的事物，而是要發展安貧樂道的能力。」了解自己身心的需求程度，不去過多所求，你的生活就可以過得很富裕。

書中有一章節叫做〈好的股票就是最好的投機〉，由於從小母親因投機失利，使得班傑明·葛拉漢堅定了信念——不倚靠投機方式做投資，反而每一次所做的投資規畫，都是因為看重了公司的內在價值。

如同我爺爺本身因為股票而致富，卻也因開融資槓桿而破產，這使得我深刻認知到股市的危險及現實，造就了我「風險必須永遠擺在第一順位」的想法，進而選擇了價值投資。

正所謂環境會造就一個人的價值觀，這也是孟母為何要三遷的原因。我們透過本書就可以學習到「價值投資之父」一生所經歷的事物，而當中需要時間來累積的經驗更是無價，就跟在股市一樣，空有知識還不一定能夠持久且穩定的獲利，成功的關鍵是耐心更伴隨著豐富經驗，而經驗會慢慢變成紀律。

在這資訊爆炸的時代，你可以找到的資訊，其他人也一定可以找到，那為什麼成功的人是你，而不是其他人呢？當中我認為最關鍵的因素，就是經驗及紀律。

唯有堅守自己經驗所累積出來的紀律，才能夠在股市中長存，而把別人的經驗當成是一種警惕，也能夠讓自己少走很多冤枉路。

班傑明・葛拉漢的投資忠告

關於投資

1. 投資的原則：第一條，千萬不要虧損；第二條，千萬不要忘記第一條。
2. 內在價值是價值投資的前提。
3. 投資最聰明的時候像在做事業，經營事業最聰明的時候像在做投資。
4. 大多數時候股票的價格相當的不理性，也有相當大的波動，主要是因為在多數人的腦海中，投機和賭博的觀念根深蒂固，他們臣服在股市所帶來的希望、恐懼和貪婪之中。
5. 投資者應該建立一個廣泛的投資組合，把投資分布在各個行業的多家公司中，其中應包括投資國債，從而減少風險。
6. 投資者應該只關注股價波動的兩個時刻——買入和賣出的時機。其他時期則忽略股價的波動。
7. 一個成功的投資者不需要很高的智商或豐富的商業知識，他們所需要的是一個不感情用事的冷靜頭腦，與用合理的價格購買優良的股票。

8. 管理投資組合如烹小鮮。一旦確定，不要輕動。
9. 市場總是會過度低估那些不熱門公司，正如會過度高估那些熱門公司一樣。
10. 如果總是做顯而易見或大家都在做的事，你就賺不到錢。對於理性投資，精神態度比技巧更重要。
11. 投資者不必等待熊市來臨才低價買入，更好的辦法是「只要有資金就買那些合適的股票」，除非市場價格已經高到無法用估值方法來衡量。
12. 要對新股發行保持警惕——買的沒有賣的精：發行者選擇最好的市場時機，由最精於推銷的證券公司銷售，這對普通投資者不是好訊號。
13. 成長股是有，暴漲的成長股也有，但平均而言，普通投資者買到並享受到成長股帶來暴利的機會，相當於樹上長鈔票。

關於投機

14. 投機者的首要興趣，是預測並從市場波動中獲利；投資者的首要興趣，是以合適的價格買合適的資產。
15. 不管多麼小心，你無法不犯錯誤，只能恪守安全邊際；也就是說，不管股票前景多麼看好也不高買，你才能控制住犯錯的後果。
16. 安全邊際：以四毛的價格買值一元的股票，保留有相當大的折扣，從而減低風險。

17. 股價下跌本身不是風險，而是你不得不在股價下跌的時候賣出，或是你投資的公司發生重大負面變化，又或者是你的買價太高。

18. 投資者與投機者最實際的區別，在於他們對股市的態度上：投機者的興趣主要在參與市場波動並從中謀取利潤，投資者的興趣主要在以適當的價格取得和持有適當的股票。

19. 投機時就要像理智尚存的賭徒，只帶一百美元去賭場，把棺材本鎖在家中保險箱裡。

關於市場

20. 在大家恐懼時貪婪，在大家貪婪時恐懼。行不行？這個策略的答案是：熊市無底，牛市無頂。

21. 基金經理強於普通投資者，但不強於指數。

22. 市場總是在過度興奮和過度悲觀間搖擺，智慧的投資者是從過度悲觀的人那裡買來，賣給過度興奮的人；你自身的表現遠比證券的表現本身更能影響投資收益。

23. 牛市是普通投資者虧損的主要原因。

24. 牛市結束的訊號是，小公司新股定價比更可靠的已上市公司還高。

25. 牛市時很難見到上市公司手持現金超過股價，但熊市時這種機會比想像的多，要抓住。

第一章

班傑明的旅程

很早我就明白自己被排除在好孩子和優秀學生的行列之外，我經常會無可救藥的心不在焉，不斷陷入沉思或想入非非。所以我也會不斷聽到別人憤怒的喊：「難道你都沒想過自己在做什麼嗎？」或者「為什麼不看看自己在往哪兒走！」

也許有很多人能夠回想起自己童年時代的無數細節，但我卻沒辦法。父親去世時，我才八歲半，在此之前我幾乎沒有什麼特別印象，雖然還是有些記憶，但那究竟是自己深刻的經歷，還是來自某人的轉述，就分不太清楚了。

例如，在我記憶中最早的一件事情，就是媽媽急切的想喚醒我和哥哥們時的叫聲：「里昂（Leon）、維克多（Victor）、班傑明起床啦！快到窗前去，今天進入二十世紀啦！」當時我五歲半，維克多比我大一歲，里昂比我大兩歲，媽媽呼喊我們的情景，很可能是來自我的記憶深處；但再仔細想想，媽媽以前就常常提起這件事，也有可能是我把她講述的許多軼事，與實際情景混淆在一起了。

班傑明將會像一隻狼那樣掠食

不論自己記得不記得，但我確實於一八九四年五月九日，出生在英國倫敦阿伯丁路十四號，原來的名字叫班傑明．格勞斯鮑姆（Benjamin Grossbaum）[1]。我是家裡三個孩子（全是男孩）中最小的。事實上，媽媽有一次告訴我（現在我覺得她是在說笑）作為「家族中的班傑明」（the Benjamin of the family），我自然而然就被取了這個名字（由於難以啟齒及不愛打破砂鍋問到底的個性，我從來沒有問過母親怎麼沒有在我之後再生一個孩子）。

但有一點媽媽講得很清楚：我是男孩的事實讓她大失所望。在一個男孩流產，又生了兩個男孩之後，她多麼希望有個女兒。她甚至直言不諱的說，看到我的第一個強烈衝動就是想「把我丟到窗外去！」，而為了不讓我難過，她都會再補充一句：幸虧當時沒有那麼做。

我曾經**在《聖經》（*Bible*）裡查過與我同名的人**，想盡量了解他們的性格和成就。在《創世紀》（*Genesis*）裡，班傑明被稱為其父雅各（Jacob）的眼珠，哥哥約瑟（Joseph）特別喜愛他[2]。但是他在聖經故事中只做過兩件事：一是他靠在約瑟的脖子上哭泣；二是他生的孩子比任何一個兄弟都多——至少十個，而且全是男孩。這是比較值得注意的成就，因為在他帶了所有的兒子遷往埃及時，還只是個不滿二十歲的小夥子。

在雅各家族裡，女兒是稀世珍寶。雅各只生了一個女兒，名叫底拿（Dinah），其餘十二個都是兒子，這些兒子又生了五十多個小孩，其中也只有一個女孩，即利未（Levi）的女兒米利暗（Miriam）。《聖經》沒有關於班傑明性格的描述，但是雅各對他「在末日」的際遇預言可大為不妙：「**班傑明將會像一隻狼那樣掠食**：早上，他貪婪的吃掠奪到的食物；晚上，他分配贓物。」後來，他的子孫後代招惹了很多麻煩，有一次甚至幾乎被其他部落滅絕。

在我出生的六十一年後，於一次前往倫敦的短暫旅行中，我渴望重新踏上出生地。我把記

---

1 編按：一九一四年，本名為班傑明．格勞斯鮑姆（Benjamin Grossbaum）的作者，因為個人反德情緒，將其家族姓氏格勞斯鮑姆（Grossbaum）更改為葛拉漢（Graham），所以後來大家都改以班傑明．葛拉漢（Benjamin Graham）稱之。

2 編按：Benjamin（聖經譯名為「便雅憫」，與一般的「班傑明」翻譯有所不同），是雅各和拉結（Rachel）最小的兒子，但他最初並非叫做便雅憫。由於拉結生便雅憫時難產，她在臨死前給她的幼子取名「便俄尼」（Ben-Oni），意為「苦難之子」（son of suffering）。拉結撒手西歸後，雅各將便俄尼改名為「便雅憫」，意為「右手之子」（son of the right hand）或「賜福之子」（son of blessing）。

得的地址阿伯丁路十四號告訴計程車司機，經過許多周折，好不容易才在倫敦北部找到這條偏僻的街道。我跨出車門（正如人們從倫敦老式計程車窄窄的踏階上跨下來那樣），心跳有點快，逕自朝著十四號走去。映入眼簾的是一排邋遢兩層瓦房中的一幢，而這些房屋顯然都是給工人階級居住的。

老實說，這個房子的外表對我的自負很是打擊。因為在我的記憶中，我們應當生活在舒適的環境中，僱得起幾個僕人，而且是在帶有一座美麗花園的舒適房子裡。後來才發現，自己把十四號與曾有幾個夏天在劍橋路上住過的一幢房屋混淆了。在沒有發覺這個差錯之前，我一直很失望。

第二年叔叔威爾（Will）帶來一張照片，上面記錄了我真正住過的第一幢房子。這幢房子的結構並不氣派，但它有三層樓和一扇很大的凸窗。而在十九、二十世紀之交，這種房子是顯現社會地位的典型派頭。一九六〇年我造訪了這幢房子，發現它位於十字路口，房子雖小，卻令人悅目；後面有個延伸的小花園，多年來一直保養得很好，甚至似乎比我七歲時，最後一次在裡面玩耍的印象要寬敞一些。

英國人在紐約

維克多在里昂出生十四個月後出生，而我又在維克多出生十三個月後出生，年齡上的接近，使我這個最年幼的孩子常常感到十分困窘。但從務實的角度看，好處也不少，對大人來說，可以把我們放在一起教育。

例如，我們三人同時從家教女老師那裡學了一些法語。現在我仍保存著一封四歲時用法文寫給爸爸媽媽的信，當時我們離家在外旅遊，信裡的法文寫在用尺仔細畫出的線條上，非常漂亮——事實上，做得太漂亮了，除了小男孩手寫的字體外，連我自己都懷疑其餘的一切，一定是這位家教老師的傑作。

這些年來，我已記不太清楚我們有過幾個家教老師了，除了講究伙食的奇怪習慣外，她（或他們）沒有留給我什麼印象。那時我們常將家裡自製的巧克力餅當點心——那是一種內部塞滿了鮮奶泡的美味鬆餅（不是現在那種手指型的小鬆餅）。我還記得家教老師會把餅乾紙盒裁開，將一張張硬紙板組合成許多個可以盛裝糖果的紙盒。

早在我出生時，我們家就已經開始了一系列，且之後又持續多年的遷移史。我的哥哥們出生在英格蘭的伯明罕，在那裡，父親和祖父從事進口奧地利、德國的瓷器和古玩小擺設。在維克多出世後不久，他們將企業遷往倫敦。

一年後祖父又做出了一個重大的決定：他計畫在美國開設一家分公司，要我父親（他在一大批兄弟中排行第二）去經營。因此在一八九五年，我還未滿一週歲，全家五個人便乘船前往紐約。我們坐的是二等艙，到達美國後，一名政府派來的醫生漫不經心的檢查了我們的身體，就放我們走下甲板，踏上新國家的土地，完全不需要填寫什麼表格或進行其他移民手續，但那些四等艙的乘客，則需要在紐約港的埃利斯島上辦理這些手續。

我不知道父親是否想要永久居住在美國，也許他沒有這樣的打算，因為當時我們都住在別人家裡，沒有自己的房子。我知道父親非常自豪自己是英國人，他一直到死之前都保有英國國籍。在那些日子裡，英國人特別熱愛自己的國家，而直到第一次世界大戰後，我們這些人才正式成為美國公民。

口音總被嘲諷

小時候，我是個非常愛國的英國人，在我看來，英國人在各方面都明顯略勝一籌，所以想對英國人提出任何挑戰都是很荒謬的。但想當然耳，新環境也對這個概念提出了非常多的考驗。在十九、二十世紀之際，美國十分看不起英國，可以從他們對英國的不斷批評和嘲笑中感受到。英國人的風度和抱負、口音、衣著，在美國環境中都被認為是荒唐可笑的。

在公園大道的六十街上，和我們住在一起的邁爾斯（Myers）一家，由一個守寡的母親及四個兒女所組成。這四個孩子都住在家裡，即使結婚了也不想搬出去。現在想想，這幢房子真的很神奇，到底是怎麼讓大家都能住得很舒服？倒是我還記得，邁爾斯一家對我們非常和藹可親，特別是對我這個男孩鍾愛有加。

然而這**並沒有讓他們在嘲笑我的英國人習性時手下留情**。有一次爭吵起源於美洲杯帆船賽，我自然毫不遲疑的相信托馬斯．利普頓（Thomas Lipton）爵士的「三葉苜蓿號」一定會獲勝，可是這艘快艇並沒有凱旋而歸，我也因為受到嘲弄感到十分難過。

開始上學後，我的親英偏見與同學們的反英情緒也發生了衝突。他們總是脣槍舌劍的與我再打一場「獨立戰爭」，把喬治．華盛頓（George Washington）和喬治三世（George III）拿來比較（大多數時候都是後者居下風），甚至堅持認為他們打贏了那場意義模稜兩可的一八一二年戰爭。

我說話時帶著明顯的英國口音，因為我的家庭在我開始學說話時就是用英國口音教導我。所以在學校裡，我一說「咖啡」或「狗」，總會受到嘲諷和模仿，但令人高興的是，十歲時我已幾乎沒有什麼英國腔了。

穿短裙的小男生

我們三兄弟有張很大的照片，那是在我兩歲時於紐約里奇菲爾德斯普林斯（Richfield Springs）拍的。在往後的歲月裡，它就與幾張肖像畫一樣尺寸的照片，掛在各個房間的牆壁上。照片中，我們三個男孩由大到小、從左到右排列，一個男孩的大草帽邊緣與另一個的緊緊貼在一起。

我們每個人的頭髮都又長又鬈，身著白色水手裝，繫黑色綢領帶，腳穿白短襪和黑色漆皮鞋。然而每次看見這張照片，我都覺得屈辱和羞愧，因為我不像哥哥們那樣穿著小短褲，而是不得不穿著短裙。在那個遙遠的過去，**還沒有辦法自我控制排泄的小男孩**，都是這麼穿的，方便換尿布。至於這種養育方式對孩子可能會有什麼影響和反應，當時的父母親是不大在乎的。

這張照片的拍攝相當奇妙，那時我們住在里奇菲爾德斯普林斯——當時是上流社會趨之若鶩的避暑勝地——因為父親在那裡租下一個店鋪做生意，他的大部分生意都集中在薩拉托加、巴爾港、麥基諾島，甚至是勞動階層比較集中的大西洋城等地。而一八九六年七月四日，我們就在里奇菲爾德斯普林斯觀看一年一度的獨立紀念日慶祝遊行，當時我們盛裝站在店鋪窗戶前觀看遊行。據母親說，我們站在那裡全神貫注，一動也不動，有位太太還特地走進店裡問是否可以出售這三個兒童雕像。

也許這聽起來有點不足採信，可是一位專業攝影師卻深深被我們吸引，願意免費為我們拍攝和沖洗照片，但必須同意將這張照片陳列在他的商店櫥窗裡，這件事是千真萬確的。後來我們就收到了各種尺寸、各種樣式的照片。

來訪的客人們也許出於禮貌，也許出於真心，經常出神的看著我們三兄弟的照片，而我卻在過了很長很長時間之後，才能帶著寬容的微笑而不是刺心的羞愧，看待我穿的那件白裙子。

葡萄果仁的虛榮心考驗

關於父親的記憶，我確實很少。據大家說，他是一個極了不起的人，這讓我更感到遺憾。往後的歲月裡，除了熱情的讚揚外，我從來沒有聽過有關於他的其他評論。他有著「天地般寬廣的胸懷」（這裡的人們普遍對他如此評價），他對父母親、十個兄弟姐妹以及其他人無微不至的關懷，和經濟上的幫助在在證明了這一點。

而且，他也英俊瀟灑、生氣蓬勃、風度翩翩，談吐總是幽默、妙趣橫生。同時他還是一個出類拔萃的商人，思維敏捷、精力充沛、足智多謀。他在世的最後幾年中，雖然英國的公司經營不善，但父親在美國賺取的利潤不僅養活了我們，還養活我們的叔伯、嬸嬸以及在英國的堂兄弟——的確是一大群人。父親想盡辦法做到這一點，卻也耗費了極大心力，不斷的在美國境內來回奔波。

五歲時，父母帶我到維吉尼亞州溫泉短暫旅遊，父親希望可以在那裡治病。關於這次旅行，有三個印象仍留在我的腦海中。首先是春天的洪水，附近山脈上融化的雪水匯成洪水流過街道，把我們困在旅館裡好幾天；接著是我與斯威夫特（Swift）家（他們在肉品界享有盛名）的一個孩子結為朋友，他家的財富讓父母非常羨慕，現在想來，他們當時一定才剛剛發跡。

然後就發生了葡萄果仁麥片（Grape-Nuts）事件。有天早晨，母親說我已經是個大孩子了，可以自己到飯店的餐廳吃早餐。毫無疑問，父母迫切想在沒有第三者打擾的情況下使用臥室——至少我認為如此，而且當時我覺得自己出去吃早餐是極有面子的事。

當我獨自在餐桌旁坐下來時，自豪感更是難以用言語表達。我不記得自己是否可以讀出菜單上的字，還是要請服務人員唸菜單給我聽。不管怎樣，「葡萄果仁」這幾個字給我的印象很深刻，在這以前，我根本不知道有這種東西存在，所以我很自然的就點了它當早餐。

服務人員疑惑的問我：「你以前吃過葡萄果仁嗎？」我回答：「沒有，但是現在我想要吃。」他說：「我想你不會喜歡的，最好還是換點別的吧。」我的虛榮心面臨著考驗，難道我會不知道自己的心思嗎？因此我很堅持要點，於是葡萄果仁端了上來。

結果之後很長一段時期，我的牙齒變得異常敏感；那份早餐就像砂礫一樣在磨疼我的牙根，當時服務人員就站在我身旁，態度高傲的看著。我每吃一口，總要說出一句不服輸的假話：「我喜歡葡萄果仁。」但後來的許多年，我再也不點葡萄果仁吃了。

七歲時，父母帶我和里昂到英國避暑（當時維克多調皮搗蛋，大家認為最好送他到戴維森〔Davidson〕博士在賓夕法尼亞州舉辦的夏令營加強紀律）。雖然這是一次興奮難忘的經歷，但我想不太起來父親是否有全程和我們待在一起。

顯然他只把我們送到英國，後來又接我們回美國，這中間的幾個星期，他在美國的某個地方進行拍賣活動。只有一件他參與過，但讓我很不痛快的事情還留在我的記憶裡——從英國返美的航程中，我成了乘客們的寵兒。我站在他們面前，頭抬得高高的，小心翼翼的背誦著〈啊，船長，我的船長〉（*O Captain! My Captain!*）這首詩。

在抵達美國港口的前兩個晚上，按照傳統慣例，乘客和船員要宴請船長，並開始一系列的娛樂活動。大家決定請我再次朗誦美國詩人惠特曼（Walt Whitman）悼念林肯（Abraham Lincoln）總統的這首輓歌，我得意洋洋、翹首以待，後來卻被潑了冷水。

父親認為我還小，不可以太晚睡，而且大人過多的疼愛並不利於小孩的成長。於是我的演出被取消了，只得早早上床睡覺，心裡悶悶不樂。第二天，當我得知父親在慶祝會上代替我朗誦了一首長詩，這個令人不快的印象（父親故意奪走我的榮耀）在我的心中久久揮之不去。毫無疑問，這大大損害了他在我心目中的形象。

與別人對父親的頻頻讚揚形成對比的，還有記憶中的父親總是很無趣或咄咄逼人。奇怪的是他留給我的好印象只有：「他可以用左手模仿燒烤架」，我覺得（或者說我發現）這很有意思，儘管我一點也想像不出燒烤架是什麼。

另外，我也記得他的一些話，例如「我要把你打到求饒為止」、「我要把你整得死去活來」，以及「我要打斷你身上的每根骨頭」。後兩句話都是針對我那經常頑皮搗蛋的哥哥維克多說的。**為什麼我只記得這些可怕的威脅，而不是父親說過的一些吸引人和真正有趣的事情呢？**

回憶是一組不連貫的鏡頭

雖然我很珍惜到英國的旅行，並常向一起玩耍的夥伴們竭力吹噓過，可是我只能回憶起一系列不連貫的鏡頭：從南安普敦到倫敦似乎漫無止境的火車旅行；三個年紀比母親小的阿姨們捧著網球拍——後來我才知道，這些球拍都是慷慨的父親所贈送的；祖父家那座可愛的花圃，以及設法安排我們所有人在家裡吃住的祖父。

一九〇一年，維多利亞女王（Queen Victoria）剛逝世的頭幾個月，商店正面木門塗上黑漆以示哀悼的景象令我久久難忘。我還記得有人告訴我，那年夏天愛德華七世（Edward VII）生病，因此加冕典禮不得不延後舉行。

此外，當時波耳戰爭[3]正如火如荼，我和里昂得到了用卡其布做的小軍裝（當時那種色彩是

3 編按：波耳戰爭，是英國與南非波耳人建立的共和國之間的戰爭。歷史上一共有兩次波耳戰爭：第一次發生在一八八〇年至一八八一年；第二次發生在一八九九年至一九〇二年。

很新鮮的），以及一把木頭步槍。當時士兵會在大街上來回遊行，還記得我們乘坐在雙層敞篷公共汽車頂部，迫切希望能夠吸引街上士兵的注意。每當有士兵抬頭注意我時，我就熱情的向他敬禮，若有人還禮，我就會興奮得又叫又跳。

可惜我們只在倫敦度過很短的一段時光，就到外公位於布萊頓的家中度過大部分的夏天。外公家是劍橋路十四號一幢褐色沙石建造的大房子。我記得外公矮胖、開朗，留著白鬍鬚；外婆則是一個結實健壯、容易感動又盛氣凌人的婦人。她剛從巴黎回來，帶給我們滿滿一玻璃瓶的硬糖，阿姨瑪格麗特（Margaret）和卡洛琳（Caroline）也對我們非常親切。

外公外婆、祖父祖母都是正統的猶太教徒，所以我還保存了一張那時經常去做禱告的猶太會堂照片。在那裡，我曾看見一位猶太教士與五個兒子列隊行進的儀式，他們全都穿著伊頓公學（皇室貴族學校）制服，戴著高高的帽子，魚貫坐進高背椅子。那個夏天，這位猶太教士家裡發生了煤氣暖爐爆炸事件，他的燒傷非常嚴重，長期閉門不出。我跟著大人前去慰問，發現他全身都被繃帶裹住，看起來很可怕。

我的記憶中還有件令人愉快又痛苦的事，那就是到布萊頓沙灘洗澡。離海岸稍遠的沙灘很平坦，腳踏上去很舒服，可是接近海岸的地方（七歲的孩子必須抓住一根引導繩才能過去）便開始出現成堆的小卵石，海浪會把這些小卵石直接打到我們腿上，不太好玩。

但是我們總是渴望去那裡遊玩，其實原因我並不明白，也許只是認為真正的男孩理應接受這種試煉。冷冰冰的海水，沙灘上成堆的卵石，我們又都不會游泳，所以整個過程就像斯巴達人在經歷一次艱苦嚴峻的考驗。

事實上，布萊頓的洗澡車真的很有趣。那些加蓋的貨車，是讓來戲水的人洗澡更衣用的，他們可以在海灘附近脫衣穿衣，而不用在布滿卵石的海灘走上很長一段不舒適的路。退潮時，可以看到它們密集的排在一起，靠近海水邊；漲潮時，它們則會被拖到沙灘高處，但仍靠近海水邊。會有幾匹馬將它們拉上拉下，而馬匹都被綁在各輛車的車轅之間。

至今我都還記得一個驚險的畫面。那是在一次狂風暴雨之後，海浪突然滾滾而來，已經來不及把貨車拉到安全的地方，於是大多數的貨車被退潮帶入海中，我們這些岸上的好奇觀眾，就這樣看著它們在海水中載浮載沉。水手們乘著小艇用繩子把貨車一輛一輛套住，然後費力的把它們拖回到岸上來。其實我和里昂很希望再有一次大風暴，可以重現這種景象。

數年後，作為業餘的拉丁文學者，我讀到了古羅馬詩人盧克萊修（Titus Lucretius Carus）的著名詩句：

> 大海浩浩蕩蕩，無比寬廣，
> 風兒吹皺了波浪，多麼美妙。
> 在岸上安然的觀看，一望無際的海水又一次跋涉。

奇怪的是，這些詩句並沒有讓我想到被暴風雨掀起、苦苦掙扎的船舶；我的記憶總是會浮現兩個男孩在海灘旁，觀看小艇上水手們拚命拖曳一縱隊洗澡車的情景。

我哥哥比較「文靜」

我的整個童年時代都循規蹈矩、行為良好，很少陷入大人眼中的危險局面（除非是被哥哥引入歧途）。維克多是我家的調皮大王。在十多歲時，他變成一個名副其實的問題兒童（少年犯），在專門機構經過一段時期的紀律約束，他才變好了一些。而老大里昂在我們三個人中性格最文靜，是個健康、淘氣、腳踏實地的青年，常常熱情洋溢，絕不盛氣凌人。

里昂九歲時就熱愛捕魚，雖然偶爾才抓到一、兩條銀色小魚，但是他鍥而不捨。有一天他抓到了一條鰻魚。他想，這種令人反感、對猶太人完全無用的魚能幹什麼呢[4]？如果不把這種魚切成許多小塊，一塊塊裝在每個祈禱盤裡，再蓋上餐巾布，然後出現在安息日餐桌上，牠們還有什麼用呢？

所以當一大群教徒（包括一些貴賓在內）拿起餐巾、看到魚塊時，出現了一場小小的騷亂。大家憑直覺感到自己正盯著摩西教義所嚴禁的祭品，思考著這些昂貴的祭盤是否得扔掉，還是要經過無數次驅邪儀式才能拯救它們，這成了非常嚴重的問題。當然，犯了錯的里昂也受到了應有的懲罰。

早在去英國度假之前，我們就已經從邁爾斯家借住的房子，遷居到第七大道一百二十二號的一幢四層樓私人住宅裡。我很喜歡玩那裡的通話管，只要用力把氣吹入通話管中，就會發出尖銳的哨子聲，再按下一個小槓桿，等另一頭的口哨聲出現，就可以聽到對方的回答。

當我聽到女廚師帶著愛爾蘭腔調的洪亮聲音清晰的傳過來：「夫人，有什麼吩咐？夫人？」

我就會興高采烈的回答：「是我班傑明在叫你啦！」而她總會回答：「你自己去玩吧，別再來煩我！」

另外還有一架送菜的升降機，在地下室的廚房和一樓餐廳之間輕輕鬆鬆的上上下下。對一個小男孩來說，將自己塞到升降機裡，一會升上去，一會又降下來一定很好玩；所以那天，我們三個男孩一起鑽進送菜升降機裡，結果把升降繩都弄斷了。

我記得自己曾經跟著父親和母親走進家中的每個房間，包括頂樓的僕人房，而那裡對我來說完全是另一塊「陌生天地」。當時父親拿了一把很大的雞毛撣子和一個普通的畚箕。這些都是逾越節[5]前夕，「尋找發酵的麵包」這個傳統儀式所使用的象徵性工具。

我們會把整座房屋都徹底清掃一遍，把平常飲食留下的汙漬全都抹掉，留作神聖節日時使用的兩整套盤碟鍋壺也會在此時拿出來。

彷彿為了對付飢荒似的，我們貯存了大量的特製食品——裝在橢圓形大盒中、幾十磅重的麵包，還有裝在藍色紙筒裡、必須用錘子敲成一小塊一小塊不規則形狀才能吃的特級硬糖，以及牛奶、果醬、香料等食物。

那麼「尋找發酵的麵包」活動結果如何呢？我們在家中沒有發現任何違背逾越節規矩的痕

---

4 編按：根據猶太教義規定，大部分的魚類都可以食用，但無鱗片的鯊魚、鰻魚、鯰魚等除外。

5 編按：逾越節是猶太人的節日，紀念上帝讓以色列人獲得自由，不再受埃及人奴役。當猶太人逃離埃及時，因為逃得很匆忙，沒時間等麵包發酵，於是帶著用尚未發酵的麵糰做成的麵包逃命。所以逾越節也被稱為「未發酵麵包節」（Festival of the Unleavened Bread），不能吃任何有發酵過的麵粉食品。

跡，這讓我們很滿意，也許也讓十分興奮的上帝感到滿意。我們當然從未找到過發酵的麵包，不過參與活動總是令人興奮的。

愛上雙關語

在我五、六歲時，家裡又遷居到靠近一二五街的褐色沙石造住宅裡。二樓有一扇厚厚的玻璃窗，窗後面的大客廳被作為陳列瓷器的展覽室。而我們男孩是不准進入這個區域的，倘若違反規定，就會受到狠狠的懲罰，因為允許三條小公牛闖進瓷器室絕對是一件蠢事。不過我們還是可以在大人的小心陪伴下欣賞這些瓷器。

這讓我想起了詩歌自成一派的奧瑪．開儼[6]，他曾在陶工家裡發現：「多種形狀和大小的瓷器在地板上沿著牆排列著。」瓷器室裡我最難忘的是一些大花瓶，有的像山一般高；當時我年紀小，無法確切記得最大的那個花瓶是什麼樣子，但永遠不會忘記當聽到它價值一千美元時，肅然起敬的心情。在當時一千美元是一筆很大的數目啊！

除了常在離我家不遠的莫里斯山公園遊玩外，我們還常與母親一起到一二五街買東西，當時這裡是一個極受上流社會歡迎的商業中心。我們會先在韋斯貝克（Weisbecker）市場購買肉品和日用雜貨，其他大部分商品則到一家規模很大的百貨商店——科克公司（Koch and Company）去買。若是要採購重要物品或希望有更多選擇時，我們則會到五十九街上的布魯明黛（Bloomingdale’s）百貨公司去。

當時地鐵還沒有建造，坐高架鐵路不方便，汽車又還不普及，所以我們都是坐有軌電車去那裡。紐約市內有軌電車系統發展得很完善，因為有好幾條相互競爭而又合作的路線。

布魯明黛百貨公司還提供了轉乘服務，會有穿著制服的男子坐在各個重要十字路口的太陽傘下，每把陽傘上都印著兩、三行大標語：「可以轉乘任何電車到達布魯明黛。」這可是我童年時代家喻戶曉的廣告語。

許多年來，我們都穿一二五街賴特商店的鞋。該店在廣告上把「合適（right）的鞋」巧妙的寫成「賴特式（wright）鞋」，在我幼小的心靈裡，對這句簡潔的雙關語[7]留下了很深印象。不久後我也開始成為愛用雙關語的人。

在我生日——也許是六歲生日時，我得到一輛夢寐以求的小拖車。春末或夏初的一天，母親同意我帶著拖車跟她一起去買東西。我們把包裹堆在拖車上，然後母親在街上攤販那裡買了幾束豌豆，把它們插在拖車的周圍。

我們一定十分引人注目——一個美麗年輕的主婦和一個穿水手服、頭髮又黑又鬈的男孩，拖著一輛裝飾華麗的拖車——因為我還記得，當路人駐足觀看、十分羨慕時，我的心裡是多麼飄飄然！

6　譯按：奧瑪．開儼（Omar Khayyám，一〇四八年至一一三一年），波斯詩人、數學家和天文學家。

7　譯按：英語中，「合適的」（right）與該店名賴特（Wright）發音相同，所以作者認為「賴特式鞋」（Wrightform Shoes）是一語雙關。

幼稚園就被退學

五歲時，我開始接受正規教育——不過剛開始時並不順遂。我被送到附近的一所公立幼稚園，該幼稚園設在某幢大樓的二樓。我只記得自己坐在一個裝沙的盒子和一個大貝殼面前玩耍，十分自得其樂，但不久後卻被幼稚園給踢了出來。

當時的我還沒有掌握解開和扣上短褲鈕扣的本領，而其他同學都已通過了這個難關。所以我上廁所總需要正在忙著做事的老師幫助。在碰上這種蠢事好幾次之後，我就被送回家了，從此也沒有再回幼稚園去。

就這樣，無奈的一直等到一九〇〇年九月快要六歲半時，我才去上一年級。哥哥們早都已經開始上學了，而我仍舊是個小屁孩，他們常常擺出一副叫人受不了的架勢，使我迫不急待希望重新開始上學。

有一天，我聽到里昂抱怨他因排隊時講話而受到懲罰。「排隊」是什麼意思？我並不明白，但即使會帶來懲罰，只要能在學校裡排隊那該有多好！

當我終於進入一年級後，我用行動證明自己是一個積極勤奮、年少有為的學生。除了認識字母，我們也會學一些容易的單字，如必然要學到的 bat（蝙蝠）、cat（貓）等等。單詞都印在卡片上，老師會向全班學生展示這些卡片，讓大家辨認。

我學習單字十分出色，所以很快就通過測驗（當時每個學年分成兩學期，分別從九月和二月開始）。我的第一所學校是位於聖尼古拉大道和一二三街之間的第一五七小學。由於我們每天回家吃午餐，所以從學校到家庭一天要來回四次。

當時聖尼古拉大道上已有兩匹馬拉的有軌車，讓我的步行時間不會覺得無聊。紐約是美國最後一個保留馬拉交通工具的地方（當然還有許多有軌電車），而聖尼古拉大道的馬拉有軌車同時也是最後留下的古老車輛。後來這種馬拉有軌車的服務一天只有一次（通常沒有乘客），僅僅是「保留馬拉車輛」的一種形象展示而已。

很早我就明白自己被排除在好孩子和優秀學生的行列之外，其他方面也沒有什麼特殊表現。我的身體健康，卻長得矮小，在體育運動方面遠遠落後於一般人。儘管如此，我還是得參加各項運動，運動量和別人一樣多，只不過都做得不太好，因此我的自尊心不斷受到傷害。

我的動作不協調、不敏捷，常常陷入窘迫的局面。不是把東西打碎、撞到東西，就是把它們弄壞，甚至還會撞傷自己。此外，**我經常會無可救藥的心不在焉，不斷陷入沉思或想入非非。所以我也會不斷聽到別人憤怒的喊：「難道你都沒想過自己在做什麼嗎？」或者「為什麼不看看自己在往哪兒走！」**

流逝的是人，不是時間

在家教老師休假的日子裡，我們三個男孩可以開心的玩耍。有一次我們決定到中央公園看小火車頭，它牽引著孩子們乘坐的車廂往返於六十五街和第五大道之間（後來鐵軌拆除了，原址變成了遛馬場）。

於是我們步行了三英里多的路程，再花上一、兩個小時觀看火車頭噴氣以及小火車兜圈子，即使看過無數次，卻還是那麼津津有味。因為身上沒有錢，我們無法當乘客，但這完全不會影響我們的興致。

接著我們再走很長的路回家。當我們到達褐色沙石建造的家時，天已漆黑，人也精疲力竭了。我們猜想自己可能已經闖了大禍，所以稍微停留片刻研究對策。里昂是老大（雖然他只有九歲），名義上要先對這件事承擔責任，他自告奮勇第一個走到屋裡去，我和維克多則膽怯的跟在他後頭。然而，看到玩瘋了的三個孩子回家，全家都很激動，那時家裡已經報警，綁架或意外事故等種種可怕的可能性，嚇得母親和傭人不知所措。

我記得里昂和維克多兩個被痛打一頓，而我——年紀最小，大人推測我只是兩個哥哥的工具——躲過了挨打之苦，這一回在排行中地位低下的我反倒占了便宜。

在那些遙遠的年代，像中央公園裡一樣的小火車頭常常拖曳著高架火車。它們一陣長鳴，咔嚓咔嚓的從我們頭上駛過，在冬天的晚上我們還可看到火車的爐火和火光。後來高架火車電氣化了，但我們仍可以看到同樣的小蒸汽火車，沿著鐵軌集中排列在稍稍隆起的場地上。不過最後它們也都銷聲匿跡了，我相信它們一定是賣到南美洲的某個國家了。

派克大道上，紐約中央鐵路線要到比較晚期才開始電氣化。蒸汽驅動的火車在露天採礦區駛過，穿越每個街區的行人天橋。四、五歲時，大人常常帶我到天橋上。我興奮的往下看：火車朝著我們疾馳而來，又從我們腳下疾馳而去。

現在不僅大大小小的各種火車頭都已從紐約消失，而且所有的高架鐵路——這些由粗鋼柱和交織的鐵桿組成的龐大結構，曾對下面的街道投下了網狀的陰影——也已無影無蹤，彷彿從來沒有存在過一樣。

這些改變，以及許多其他更加引人注目和驚人的變遷，在我的一生中不斷出現。當我成為年輕的大學生時，我細細品讀了龍沙[8]十四行詩中的著名詩句：

> 光陰流啊流，不斷的流逝，我的夫人；
> 啊，不對，流逝的是我們，而不是時間。

我們離開了人間，而時間和世界依然存在，這是千真萬確的。然而我常常覺得，我曾經了解的世界，以及這個比較單純的世界，所特有的那種悠閒彷彿都已消失——除了還存在於我腦中的那份記憶。

人生的確短暫，然而在某種意義上來說，不管龍沙歌頌什麼，**既消耗時間又使時間永存的，依然是我。**

---

8 譯按：龍沙（Pierre de Ronsard，一五二四年至一五八五年），法國文藝復興時期最傑出、多產的詩人。主要作品有《頌詩四卷》（*Quatre Premiers Livres des Odes*）、《致伊蓮娜的十四行詩》（*Sonnets pour Helène*）等。

價值投資之父葛拉漢：賺錢人生

· 很早我就明白自己被排除在好孩子和優秀學生的行列之外。

· 人生的確短暫，然而在某種意義上來說，既消耗時間又使時間永存的，依然是我。

第二章

做股票的母親，看金融版的我

小時候，我每天都會打開報紙金融版看看「美國鋼鐵」股票的漲跌；儘管那時對金融根本一竅不通，可是我也知道漲時高興，跌時難過。想當然的，母親帳戶上賺到的利潤，在 1907 年金融恐慌中也一掃而光了。

一九〇一年夏天，我們的英國之旅是家族中興旺和幸福的頂點。回美國不久，祖父就在倫敦去世。噩耗是透過電報突然傳來的，我記得父親讀到電報時，立即嚎啕大哭了起來；更清楚記得他坐在一張矮椅子裡，腳斜擱在凳子上，穿著一套舊西裝，袖口故意開衩，鈕扣也扯掉了。我們稱之為「坐七」（sitting shiva），是猶太教正統派傳統的一部分——用以悼念已故祖父的一種隆重儀式。

由富變窮，僅剩「傳家寶」

過了五十年後，我才詳細了解祖父去世時的一些戲劇化細節。那時我和索爾（Sol）叔叔在倫敦街道上散步，他在龐德街和攝政街交叉口的一個轉角停下來，說道：「這裡就是祖父活著時我們開店的地方。」

接著他告訴我，有個**祖父曾經很信賴的經理，從店裡偷走了大筆金錢**。祖父揚言要把他送交警察處理，這個經理卻拔出左輪手槍喊道：「反正我這一生已經毀掉了，如果我殺死你，最糟就是被吊死。而你是一個虔誠的、敬畏上主的猶太人。如果你把手放在《聖經》上對我發誓，不把我的偷竊行為告訴任何人，我就饒你一命！」祖父發了誓，這個人因此沒有被槍決。但是大筆金錢損失和生命受到威脅的雙重打擊，讓祖父的健康開始走下坡，並使他在數個月後，成為了肺炎的犧牲品。

我都稱祖父為「老格勞斯鮑姆」，因為他是一個有十一位尚健在的兒子，和無數孫子、孫女的大家庭之長。他一直以一張舊照片裡的形象活在我的記憶裡——正直、爽朗、留著灰黑色的鬍子、戴室內小帽，神情嚴肅，目光中還閃爍著一絲宗教的狂熱。

小時候，我聽到許多關於他對宗教極其虔誠的故事。那些故事都會提到他的一間學習室，許多學者和信徒都會到那裡禱告和做研究。但長大以後，我的叔叔及堂兄弟們講的故事，卻讓我對他有了不同的看法。他們強調祖父的教育非常嚴格，使得人人都變得很壓抑，而且他絕對禁止他們參加各種娛樂或世俗活動，甚至不允許吹口哨。然而，這位留著大鬍子的可敬老人過世時僅僅五十六歲。

在之前的一次旅行中，父親帶了一臺新的留聲機，他在祖父家一樓客廳裡向弟弟妹妹們展示，可是他放的唱片竟然有口哨聲，祖父從樓上書房裡衝了出來，大喊道：「誰敢在樓下吹口哨？」我的父親一邊笑，一邊大聲回答：「爸爸，不是我們，是唱片。下樓來看看我的新唱機吧！」在其他叔叔敘述事情的原委後，祖父沒說一句話就回書房去了。畢竟他不能和全家的「財神爺」對立。

我還記得在一二八街上那幢房子裡也有一臺留聲機。那年應該是一九〇〇年。我對留聲機喇叭的印象特別深，因為它比我還大！而那時每張唱片在開始播放時，還會有曲目和藝術家的名字，並且像唱凱歌一般加上一句：「由愛迪生公司錄製！」

父親喜歡收集有價值的東西，並且對新奇的東西特別感興趣。他去世時留下三個金錶。其中有一個是「問錶」，當你按下按鈕，第一次的響聲是小時數，接著響刻鐘數，最後再響分鐘數。父親過世後，母親說我們三個兄弟將在成年儀式上獲得這樣的金錶，也就是說，十七歲的我們即可以享受成年猶太人的權利，並承擔所有的責任。

但是這個諾言並未能實現。不久之後，這些金錶連同父親感到自豪的許多其他收藏品都賣掉或當掉了，再也沒有贖回。

父親的收藏品中還有各式各樣特製的手杖，有根手杖裡藏著一把難看的輕劍，另一根裡面藏著一把雨傘，第三根則藏著一隻又長又細的瓶子和三塊鑲配的玻璃。其實，在父親遺留的許多收藏品中，只有一件對我來說是有用的。那是一件運動上衣，不知道母親是用什麼辦法把它搶救下來，還保存了許多年，我把它拿來當作打網球時的服裝穿過幾次。

父親的身材纖細，這件上衣十分適合十八歲時的我。不過我依然記得我的朋友們（不是那些穿著貴氣的紈絝子弟）對這件運動上衣的評語不佳，所以很遺憾，我也就沒再穿上唯一的傳家寶了。

父親葬禮上哭得最響的

當祖父去世時，父親的健康狀況已經不佳，他的氣色不好，聽說他患了一種稱為「黃疸病」的神祕疾病。

在我印象中，我們搬家了無數次，而這一回又要搬到一處公寓裡。這是一二〇街和第七大道上的芬克利夫公寓，當時我認為這幢建築物很氣派。那是一個寒冷的春天下午，我記得第一次走進那間公寓的客廳時，父母親正坐在壁爐的一片藍色火焰前取暖，那是臺以煤氣點火的取暖裝置，簡直讓我入了迷。

第七大道上，就在我家正南方有一個很大的花店，店後面還延伸出一座座的暖房。那時候我已長大，我的哥哥們，特別是維克多，會帶著我做一些小小的淘氣事。

在他的指點下，我準備了一條打了結的繩子，套在一顆大螺絲釘上，再把這顆螺絲釘穿入當時啤酒瓶使用的一種特殊紅色橡皮墊圈中，然後用口水弄濕橡皮墊圈，把它貼在暖房的窗戶玻璃上，墊圈便會緊緊吸著玻璃。

接著我把打結的繩子夾在手指間，每放開一個結，螺絲釘就會往下碰到窗玻璃，發出響亮的咔噠聲，聽起來就像機關槍射擊。總是惹得店主怒氣沖沖的跑出店鋪大聲痛罵、威脅恐嚇，而我們早就逃到街區的另一頭，把我們捉弄人的新發明緊緊揣在手裡。

我們還搞過另一個惡作劇。需要的材料是鵝卵石和牛奶瓶。我們把鵝卵石丟到樓下住戶的窗上，發出尖銳的響聲，同時把牛奶瓶丟到兩幢樓房之間冷僻的過道上，發出的聲音就好像打碎的窗玻璃掉落到地面上。當然，這種響聲總是會引起極大的騷動。

當我們搬入芬克利夫公寓後，也開始了我嚴謹的學校生活。我進入了在一一七街和聖尼古拉大道上的第十公立學校的小學部。那時它就已經是一所老學校了，從「十」這個比較小的數字就可以看出來。

這所學校以獎學金和體育競賽享有盛名。我在小學部只念了一個學期（即半年），九月開始讀三A級，第二年二月就跳到四A級，之後就轉進語法班上課。小學部有自己的校長羅伯茨（Roberts）小姐，在我看來，她是足智多謀且讓人尊敬的人（她也許才剛過四十歲）。

小學部每週都會有一次所有班級的集會，因此教室都經過巧妙安排，牆壁是可動式的，打開後就可以變成一個大禮堂，前面有一個講臺，羅伯茨小姐會高高端坐在臺上，有時候旁邊還會坐著一位貴賓。直到現在，我還清楚記得講臺後面玻璃窗上刻著的語錄：

榮譽和恥辱無論什麼情況下都是並存的：
只要你表現出色，所有榮譽屬於你。[1]

當令人厭倦的集會儀式進行時，我就不斷的讀這些詩句，每一次都對「情況」（condition）這個字的意思感到非常疑惑，因為當時我把「情況」與健康、乾淨和熱鬧的地方等等聯想在一起。

一九〇三年二月一日，當時我未滿九歲，而我很自豪可以加入丘吉爾（Churchill）小姐帶領的語法班行列。丘吉爾小姐的皮膚白皙，金髮碧眼，楚楚可人，不僅極受學校裡男教師的關注，也深獲班上大男孩的好感，大家都樂於幫她做份外工作，甚至是各種雜活。只是這所有的一切都與一個未成年、長得矮小的小傢伙毫不相干，彷彿發生在另一個世界。不過我是真的喜愛丘吉爾小姐，因為她既漂亮又溫柔。

但誰也想不到，在這種愉快的環境中，巨大的不幸正向著我們家襲來。

父親的健康突然惡化，被送到日耳曼醫院（即現在的倫諾斯丘醫院），對一個我說不出名稱的內臟動手術（多年以後我才知道那是胰腺癌）。二月底，家教老師把我們三個男孩從課堂上叫了出來，帶到醫院去。她在醫院裡說，我們可以探視父親，但只能幾分鐘，並且要保持安靜。

我清楚的記得，父親把軟弱無力的手依次放在我們三兄弟頭上，給予我們最後的祝福。我吻了他，而這個時候我只感覺憂愁和驚恐，並不是孝順的愛，隨後我們便躡手躡腳的走了出去。

家教老師把我們帶回大伯伊曼紐爾（Emanuel）家吃午餐。路上她說了些安慰我們的話，我幼稚得信以為真。所以當我的堂姊埃塞爾（Ethel，當時十五歲）焦急的詢問狀況時，我還回她父親有好一點，她放心了一些，但仍半信半疑的大聲問道：「那麼他不會死吧？」我說：「當然不會啦。」但哥哥們出奇的沉默。然後維克多——我的「壞」兄長，同時是我們當中最坦率流露感情的一個——找到一本經書，眼淚似斷線珍珠般在臉上流淌，開始結結巴巴的背誦希伯來禱文。

接著我們回到家裡等候。最後門打開了，有人領著母親進來。她令人憐憫的哭泣著，一見到我們驚駭的臉，她大聲哭了起來：「可憐的孩子啊，你們全成為孤兒了！」

我想這時我們也開始哭了，因為當時我已不算小，不會不懂得從此以後一切都將改觀，不可能再像以前一樣幸福了。後來我曾經多次幻想擺脫掉這個悲傷時刻，我總是想像自己奔到母親身邊，抱住她喊道：「不，媽媽，我們不是孤兒，我們還有妳呢。」

父親安葬在長島的華盛頓公墓裡，當時人們覺得那是個十分遙遠的地方。我還記得乘坐著四輪馬車跟在靈柩車後面，待棺材放入墓地後，在墳墓上擲下一些泥土。那天寒冷刺骨，我們

1 譯按：出自亞歷山大·波普（Alexander Pope，一六八八年至一七四四年），英國十八世紀前期最重要的諷刺詩人。

在公墓外面的一個地方停留，吃些東西，喝點熱飲料。

第二年我們又去了華盛頓公墓，舉行墓碑落成儀式。我們家族的親密朋友，亞歷山大·羅森塔爾（Alexander Rosenthal）在儀式上說了一些話。他把父親的一生比作屹立在墓地上的石碑。石碑的正面銘刻著紀念文字，很莊嚴，已經完工；背面則很粗糙，尚未完成，象徵著父親在三十五歲就英年早逝，只走完人生一半的路程，充滿希望的下半生已經永遠無法發展了。在場的許多人都哭了。哭得最響的是一群專業哭喪者——他們都是老人，經常到公墓來，強行參加每一場葬禮或追悼會，捶胸頓足，呼天號地，僅僅是為了賺一些小錢。

二十五年後，對父親葬禮幾乎已經淡忘的記憶卻又重新想起。這時我也已快到父親過世時的年齡，而我自己也當了父親，有了一個八歲的男孩，也就是我摯愛的第一個孩子艾薩克·牛頓（Isaac Newton）——以他從未見過的祖父名字命名[2]，但這一次躺在棺材裡是我的這個兒子，而淚流滿面的父母則把最後一撮土撒到他的小墳墓上。

父親的去世當然在我的心靈留下了創傷，但也許因為父親長期沒有過問我們的事情，使我們缺乏對他的親密感，所以在某種程度上縮小了他已不在人世所造成的影響。另一方面，**我的童年造就出不會被重大災難壓倒的特殊性格，反而是家庭關係中的小問題（後來是精神問題）使我不堪重負。**

在我看來，里昂、維克多和我一定都覺得，自己該要表現得像理查·修斯[3]的經典作品《牙買加颶風》（*The Innocent Voyage*）中那幫孩子一樣，當他們的一個領袖由於意外事故去世時，一夜之間他的名字也消失在別人的談話和意識中了。

而母親明智的教育，也使我們成長為真正的男子漢，能完全不依賴母親的庇護，準備儘早承擔社會的責任。逆境是痛苦的，但對人的磨練是有益的。我們的損失是巨大的，但最終我們也能指望獲得巨大的補償。

股票讓我家更窮

隨著父親的逝世，家裡的物質生活開始了新的篇章，不過這一篇章很漫長且令人消沉。一開始我們就陷入困苦的境地，使我們連續好幾年都在為了避免生活品質下降而奮鬥。其實父親留下的公司有多種資產，主要是一些古玩、壽險，以及許多個人財產，包括家具和珠寶首飾，但這些財產在往後的幾年逐漸耗盡。

起初，我們做出了很多努力，要把公司繼續經營下去。父親的大哥伊曼紐爾以及兩個小兄弟曾經在他的指導下工作，毫無疑問他們竭盡了全力，但結果卻完全徒勞無益。不久他們就退出不幹了。

之後公司業務交給我母親的兄弟莫里斯（Maurice）接管，他是一個工程師，公認的天才。雖然後來他也在自己事業上卓有建樹，可是當時他既沒有吸引人的推銷術，也沒有父親足智多

2 編按：葛拉漢的父親名為艾薩克・M・格勞斯鮑姆（Isaac M Grossbaum）。
3 譯按：理查・修斯（Richard Hughes，一九〇〇年至一九七六年），英國作家。

謀。到年底左右，公司虧損了很多，剩下的存貨只好全部拍賣掉，多少換回一點錢，而公司也完全停止營運了。

後來，母親在朋友的勸說下，開設了一家供簡單食宿的廉價寄宿公寓；結果這個生意也不成功，兩年後就放棄了。母親還嘗試在股票市場上進行一點投機。我記得她打電話給股票營業員，詢問「美國鋼鐵」（United States Steel Corporation）公司的股票價格。

當時她請了紐約聯合證券交易所（Consolidated Stock Exchange of New York）的一個員工幫忙，因為那裡的交易單位是十股，不用像紐約證券交易所（New York Stock Exchange）裡動輒以百股進出。而這個營業員也是我們家的老朋友，不過因為母親的業務極其微小，所以是由他年輕的兒子在經營。

也因此，**小時候我每天都會打開報紙金融版**看看「美國鋼鐵」股票的漲跌；儘管那時對金融根本一竅不通，可是我也知道漲時高興，跌時難過。想當然的，母親帳戶上賺到的利潤，在一九〇七年金融恐慌中也一掃而光了。

此外，母親開戶的銀行也隨之倒閉，這讓她感到非常不方便。倒不是說她銀行帳戶上存了很多錢，而是不管她的資產有多少，都應該有權使用支票付款。我還記得住在布朗克斯時，曾經到銀行幫母親把一張金額很少的支票換成現金。

當我站在銀行出納臺窗口等候時，聽到出納員用不太低的聲音說：「多蘿西．格勞斯鮑姆（Dorothy Grossbaum）的**信用能值五美元嗎？**」然而我的回答是理直氣壯的肯定；但這次經歷無疑相當屈辱，至今我仍記憶猶新。

那時，幾乎沒有任何一個人能想到許多年後，**報紙金融版對我來說不再高深莫測**，而且愛空想、頑強和有學問的班傑明．格勞斯鮑姆將成為華爾街有地位的人物，也沒有任何人知道，母親當時委託買股票的那家經紀公司後來的命運。

讓我們把時間快轉二十年。當時營業員的年輕兒子現在全面掌權，令人驚嘆的是，這家小公司已經變成交易量可觀的大企業，只因為它在一八八七年就創立了！

從前骯髒如鴿籠般的小房間，被裝潢華麗的辦公室所取代，辦公室裡安裝了不計其數的電話，精神高度亢奮的推銷員透過電話，滔滔不絕的向成千上萬個傻瓜灌輸如何輕而易舉賺大錢，而這些傻瓜的名字幾乎都是從電話簿上隨機挑選的。

這家公司成了美國最大的「投機交易所」（bucket shops）之一。顧客委託的買賣實際上並沒有進行，而他們繳納的數萬美元資金都被挪用——也可以說完全被盜用了。

為了使詐騙成功，投機交易所得要靠不可避免的市場崩潰來銷帳。一九二〇年代大牛市開始時，這種騙人錢財的交易所開始大批湧現——政府當局、刊登他們浮誇廣告的報社，以及接受他們交易的紐約證券交易所，都因為不可思議的漫不經心（或者做出比這更糟的行為），才讓他們得以通行無阻。

隨著股市的繼續發展，這些投機交易所發覺自己越來越沒地位，到最後他們都關門大吉，結束對客戶的掠奪。我母親委託買賣的那家證券經紀公司是最突出的一個，營業員的兒子也是少數入獄被監禁的騙子之一。此後不久，他父親便斷了氣——大家都說是悲痛過度的緣故。

不願為錢改嫁的夫人

在家族消沉的幾年間，父親留給我們的錢全部都用完或虧損掉了；母親的首飾也進了當鋪，從未贖回。而後出現了一個幸運的機會，讓我們擺脫了悲慘的生活，雖然並無法抹滅那段時間所蒙受的羞辱——母親的幾位兄弟姐妹，幫助我們度過了三年的苦難。

我想，每個月僅靠七十五美元左右的收入，還要帶著三個孩子生活，這對一位夫人（母親幾年以前還一直是一幢大房子的女主人，有廚師、僕人和法國女家教老師）來說，生活水準已大大降低了。在我的記憶中，她是一位莊重高貴的太太，她十分矮小，不滿五英尺（按：約一百五十二公分）高。當她走在大街上，周圍跟著三個長大的兒子時，就好像一塊微小珍貴的寶玉，託付給強大的衛士照顧保護一樣。

她的穩重高貴來自於矮小的身材，來自於總是保持著尊嚴和體面。母親不是一個令人眼睛一亮的美女，但是她楚楚動人，到處引來羨慕的回眸。直到七十六歲突然去世前，她都一直保持著嬌美的面貌和細嫩的皮膚。

母親有許多優點，當然也有一些缺點。她最大的長處在於她的勇氣和人生觀。丈夫的早逝使她失去了除了孩子以外的一切，她雖然沒有表現出對丈夫艾薩克刻骨銘心的懷念，但對任何一個男士她都不屑一顧。

儘管有好幾位男士向母親求過婚，在物質上也都有不少可以打動人心的優勢，但她都堅定不移的拒絕嫁給自己不愛的人。大約在她守寡的五年後，一位中年喪妻的男士積極追求她，當時正是我們家經濟最拮据的關頭，我們在長島巴勒公園區與莫里斯舅舅一家合住一幢房子，而且很明顯可以感到，他們把我們當成窮親戚在看待。

那位男士來接母親去吃飯看戲，然後她帶著一盒昂貴的巧克力回家——這盒巧克力在我們看來如同無數顆珠寶那麼耀眼。不久她喚我們到一個小房間去，並宣布有人向她求婚，要我們考慮一下這件事，然後把意見告訴她。

當時我們分別是十六歲、十五歲和十四歲。雖然我們非常認真又得體的討論了這件事，但我不好意思承認，其實我們內心裡都在為經濟上可以擺脫貧苦而欣喜萬分，所以我們很快就做出決定，並對母親說：「母親的幸福是我們首先的考量。如果這次婚姻能減輕您的許多負擔，使您得到滿足，我們根本不想阻撓。相反，我們歡迎這一重大的變化，並且會努力敬愛新父親，做一個有責任感的兒子。」

我們說完，母親對著我們微笑，然後以平靜的語氣對我們說她一直在考慮這件事，但已經決定不接受求婚。也許那位男士是挺合適的，但她不愛他，並且覺得自己永遠都不會愛他。不論結婚後會有多少好處，但只要沒有愛情她就絕不結婚。我們無話可說，吻了她一下就十分失望的走了出來。

錢是在這世界出人頭地的證明

母親不肯再婚，是因為她認為愛情重於財富；然而她的人生觀既不浪漫，也不是不切實際，更不是理想主義者，她的價值觀是追求舒適。金錢對她來說很重要，不僅是為了獲得生活必需品，更有趣的是，**金錢是**過奢侈豪華生活的關鍵，是**在這世界出人頭地的證明**。她對兒子寄託很大的希望，在最苦的日子裡，始終相信全家一定會時來運轉。這個信念一直支持著她。

事實上，她比我們都更有信心，有一件事可以證明。在我快要國中畢業時，兩個哥哥都已經在工作，每週最多可賺十美元。那時有家報紙的民意調查顯示，一般工人如果每週都賺三十美元，就十分滿意了。

母親問我們對這篇報導的看法是什麼？我們一個接一個回答：每週三十美元是相當豐厚的工資，不太容易賺到，如果能拿到這麼多的錢，我們也會十分滿足。**母親看著我們，臉上的笑容帶著輕蔑，她說：「如果你們的抱負真的如此平庸，就讓我太失望了。」**

母親相當講究享樂，喜歡精巧漂亮的東西，除非迫不得已，她是不願意工作的。她常自豪的說，在娘家她是以「豌豆公主」的雅號出名，因為她能感覺出許多條褥墊下面的一粒豌豆來，所以理應可以要求享受特權。

但在丈夫去世後，母親似乎一夜之間變得出人意外的吃苦耐勞、能屈能伸和善於應變。凡是該做的事她都做，甚至擦洗廚房的地板這種最累的工作，她也不辭辛苦。即使沒有錢打扮自己，她也毫無一句怨言。

當然她也會設法把家務雜活交給兒子去做，如果母親起得晚，我們就得自己做早餐；而她也不是那種養尊處優的貴婦：天已經很亮才起床，下午一點後又回房休息。她習慣在起床後和回房前都要喝一杯茶，即使在生活最困難時，茶裡也總要放幾滴奶油。我們小孩子不用做午餐，但是要洗盤子、鋪床和清掃地毯。我主要是跑跑腿，大多數時候是去買東西。

母親也會設法保留過去一些小小的高級享受。她努力克制自己不要過分偏愛精緻美味的食物，但總是無法抵抗某些誘惑。她不時會烤一爐可口的小餅乾，因為加了奶油，所以又鬆又脆。但這種餅乾的成本很高，所以她告訴自己，對於吃慣粗食的一般男孩來說，吃小餅乾太精緻細巧了，所以她會把餅乾裝在一個鐵罐裡，並藏在大衣櫥裡的女性內衣當中。

這個大衣櫥曾跟隨我們家多次搬遷。我強制自己一次只能偷吃一塊小餅乾，一週不超過兩次。但是有一天，母親走進臥房，發現我手裡捧著餅乾罐；當時我正等待一頓打罵來臨，但想不到**她的責備是如此溫和，使我感到更加羞愧**，而且她很快就走出了房間。直到許多年後，當我回憶起這個情景時，我才明白當時母親的內心一定比我更加痛苦。

我們對使用家裡的奶油都很小心——母親從來不許我們在麵包上同時塗奶油和果醬——因為我們吃的都是價格昂貴的甜奶油。對別人來說也許鹹奶油就夠好了，但那不合母親的口味。

她的另一個奢侈享受是在漿果和其他菜餚中加入紅糖。她會把紅糖儲存在水晶容器裡，為了滿足她那苛求的口味，她總會在紅糖裡加上真正的黑香草豆。另外，她還喜歡在奶酪麵包上加些細香蔥，而這些蔥就種在廚房窗臺上的一個小盒裡。

為了三美元失去性命

母親的思維靈活，但見解談不上精闢透徹；她對自己有興趣的話題會十分投入，因此她的談話水準大大高於她的女性好友們。年輕時，她受過很好的教育（對一八八〇年代的一個女孩子來說，她確實讀了不少書），讀過詩歌和優秀小說，能相當熟練的使用幾種語言。但深思熟慮向來不是她的特長。

隨著歲月的流逝，母親越來越不看嚴肅的讀物了，但她仍十分注重學習和研究。她的忠告也不斷鼓舞和激勵我，隨時都要積極的動腦筋。

母親的牌癮很大，她總是為贏錢而打牌，但卻從不會下大注變成真正的賭博。幼年時母親就曾教我們玩惠斯特（whist）、皮奈克爾（Pinochle）以及其他紙牌遊戲的技巧。她很喜歡和我們一起打牌，並會在打牌時教我們計算牌點的方法。

她常說打牌是她唯一能夠做得比我們好的事情，同時也從高人一籌的牌技中獲得了真正的快樂。她喜歡引用一位著名的法國人——大概是拉羅希福可[4]吧——對一位不打牌朋友說的話：「孤獨的老年就要來到，你怎麼辦呢？我的朋友！」這句話對母親特別適用，因為她忍受不了和其他婦女們閒談，只有靠打牌才能消磨時光。

在我們的成長過程中，母親也都放手讓我們自己去面對運動風險。不管該項運動有多大危險，她從不會阻止我們參加，所以我們經常帶著瘀青和內傷回家。她會恰如其分的表示同情，但也不止一次的說**傷口會自己癒合，破掉的褲子卻需要修補或花錢**，讓我們驚訝不已。

母親也時常訓練我們的勇氣，在開辦寄宿公寓時，她睡在地下室的一個房間裡，我和她合睡一張很大的雙人床（我們兩個人睡覺和醒來的時間完全不同，所以也不記得有什麼隱私問題，或因這種安排而造成的拘束）。

有一天晚上她把我從酣睡中叫醒，說她聽到屋子裡有不尋常的響聲，說不定有竊賊闖了進來。接著，她平淡的說：我們得到屋裡各處查看一下。於是她點亮了汽油燈，和我一同開始巡查房間。如果真的發現竊賊，我還真不知道該怎麼辦。我怕得要死，但是我不好意思在母親面前流露出害怕的神情。幸好沒有發現什麼，最後還是回房睡覺了。

母親很高興可以與兒子生活在一起，卻很不喜歡跟其他人一起住，因為和弟弟莫里斯一家合住的那幾年實在太令人討厭了。莫里斯舅舅聰明過人，但是脾氣壞又專橫。他的第一任妻子伊娃（Eva）舅媽溫柔、仁慈、無能，動輒就會被他責備和尖銳的諷刺，卻毫無怨言。

好幾次舅舅在牌桌上訓斥舅媽牌打得很爛時，我們正好都在場，她努力辯解自己做得對，但他會更凶狠的抨擊她，弄得她痛哭失聲。然後母親就會站到伊娃的一邊保護她，姐弟之間的爭論繼續不斷，說的話會突然從英語改為波蘭語，這樣我們這些孩子就聽不懂了。

然而數年後，法國劇作家薩爾杜（Victorien Sardou）的戲劇《桑珍夫人》（*Madame Sans-Gêne*）中的一場對話使我回想起這一切，在劇中拿破崙和他的姐妹大吵時，會突然從法語改用義大利的方言科西嘉語。莫里斯舅舅身上也有許多拿破崙的特徵——如身材矮小，明顯的大腹便便等。

雖然母親帶著我們寄住在弟弟家裡，忍受著他的凌人盛氣，但她敢於站到弟妹那邊，可以看出她過人的勇氣。

4 譯按：拉羅希福可（La Rochefoucauld，一六一三年至一六八〇年），法國倫理學家。

一九一七年，在我結婚後經濟出了點狀況，無法另外幫母親負擔房租，只好把母親接來一起住。正如大家所預想，這種安排的結果很不好。一年後，經濟略微改善，她才擁有自己的公寓，獨自居住，直到二十六年後去世為止。

母親完全不接受我們的建議：找個老朋友合住；她的朋友中不乏寡婦，可以從中挑選一個作伴。當然，我們關心的是母親年事日高，可能遭到意外事故或生病。因為母親的身體不太好，中年時還罹患過心臟病和胃病。

醫生囑咐她要嚴格控制飲食，但她幾乎完全不予理會，因為她認為：以放棄大多數使生活變得有價值的東西為代價，來延長生命是毫無意義的。儘管這麼明顯忽視自己的健康，她卻從來沒有生過真正嚴重的疾病。那些年她都獨立的生活著，只有少數幾次因為身體不舒服才需要別人的幫助。

母親的獨立、勇氣和很深的牌癮都是她逝世的部分原因。一九四四年十月的一個晚上，她在西端大道一個朋友的家裡玩皮奈克爾牌。半夜過後，她在獨自回家的路上碰到了搶劫。在醫院裡她告訴我們，因為她不肯交出手提包，所以搶匪狠狠的打她，並把手提包強搶過去，逃之夭夭。這場意外造成她的頭骨破裂，且在第二天就過世了。然而，當時母親的手提包裡大約只有三美元。

令人啼笑皆非的是，母親總是擔心強盜對她的兒子們行凶，每當她在報紙上看到有人在搶劫中被殺害的新聞時，她都要我們許諾，如果遭到搶劫一定不能抵抗，應該要立即悉數交出身上財物。

當然她知道這也是她應該遵循的明智方針，然而當她真的面對搶匪時，竟拒不順從——即使身上只有三美元。這是出於本能的抵抗，正如她一生中曾抵制過的不正義和所有不公平一樣。

從當時的環境來看，母親的死是不幸的，但我想在她的心中這不是一個悲劇，因為她害怕的絕不是突然的死亡，而是病魔纏身或年老無助；這種難以忍受的折磨，她逃過了。我相信，為了她自己，同時也為了親人，母親寧可選擇突然的離世，也不願長年累月遭受折磨痛苦。

價值投資之父葛拉漢：賺錢人生

- 我的童年造就出不會被重大災難壓倒的特殊性格，反而是家庭關係中的小問題使我不堪重負。
- 小時候我每天都會打開報紙金融版，那時沒有任何一個人能想到許多年後，金融版對我來說不再高深莫測。
- 金錢是過奢侈豪華生活的關鍵，是在這世界出人頭地的證明。
- 傷口會自己癒合，破掉的褲子卻需要修補或花錢。

第三章

我那軟弱、堅強，又有點虛榮的彆扭個性

記憶力好一直是我的優點，而我對學習的內容也非常感興趣，所以從很小的時候開始，我就下定決心透過學習提高自己的文化修養、增長知識，並且構築未來的生活。

大概在父親去世後三年，我逐漸在生活中建立起了往後的人生價值觀。一九〇三年到一九〇六年，我住在西一一六街二四四號，於附近的第十公立學校讀書。入學時，我還是一個天真無邪、十分靈敏的兒童；而小學畢業時（剛滿十二歲）的我，已經知道要如何使自己**堅強的對付命運的捉弄，如何用各種方法賺一點小錢，如何集中精力完成該做的工作，尤其是如何依靠自己去理解**、奮鬥和做好其他一切事情。

總的來說，這種轉變對我有益嗎？我認為是的，但其他人明顯並不認同。他們說，在這種轉變時期所經歷的壓力和貧困，扭曲了我的性格，讓我和周圍世界之間樹起了一道很厚的牆，使我無法與其他人建立持久、真正親密的友好關係。關於這點我會在之後的敘述中探討，而現在我只談談一個孩子如何適應，在他看來基本上是沒有同情心的世界的過程。

或許有人以為我是三兄弟中比較被忽視的，事實恰恰相反；每當我需要支援時，都會得到幫助，只是有時大人不管我，讓我靠自己的努力，堅強而茁壯的成長。舉例來說，在一個極其寒冷的冬天，我到一一〇街，就是以前的中央公園湖上去溜冰。當然我是徒步來回的。我記得回到家時已經快凍僵了，因為冷得很難受，眼淚也幾乎要掉下來。

母親幫我脫掉外套，讓我坐到火爐旁，搓熱我的雙手，讓手恢復血液循環，還給我喝熱茶。也許你會說，這一切都很理所當然，可以證明什麼呢？但是這個情景卻讓我留下了不可磨滅的印象，因為這是我記憶中的唯一一次，母親或別人對我身體小小不適表示關懷的情景——也許我生病臥床時除外。在我們家，只要傷口不嚴重，母親都會要求我們自己處理，而且還不能發半點牢騷。

顯然，我與哥哥的關係也是讓我變堅強的原因之一。他們絕沒有恃強欺弱，事實上他們特別愛護我，這種感情持續了六十多年，但他們的年齡比我大，體格比我魁梧，力量比我強，生活的經歷也比我多得多。在十一、二歲的年紀，也無法期望他們對我流露出大公無私或多細膩的感情。

幸虧我也不記得他們對我有什麼特別不公平，甚至虐待的事情（這種對不公平或令人氣惱事情的健忘，也成為我最突出的性格，甚至有時到了讓別人或自己愕然的地步）。但我確實曾被不友善的對待過，那次讓我心裡覺得好難受，所以決心揭露哥哥們的種種劣行。我計畫在他們生日時，把他們說過的刺耳話語，和做過的不公平行為都寫在清單上，然後標上「寬恕」的字樣，作為生日禮物送給他們。然而最後我並沒有這麼做。

職業分尊卑，九歲便知

和舅舅住在一起時，我們兩個家庭人口眾多，合住在一幢有九個房間、只有一個盥洗室的公寓裡。起初我們兩家各有四口人，舅舅家包括莫里斯舅舅、伊娃舅媽、海倫（Helen）表姐（她與維克多同年齡），以及比她小七歲的拉爾夫（Ralph）表弟。後來又有一個表妹愛爾西（Elsie）出生了。一個盥洗室能夠讓那麼多人使用，一定需要想辦法，經過非常巧妙的安排。我也完全不記得曾因為家裡生活設施不足，而碰到什麼特別的麻煩或不便。

我們還會想盡辦法張羅到各種需要的東西——當然不僅是食物和衣服，還有溜冰和打棒球的器具，後來還包括網球拍和球。當時這些東西當然比現在便宜，但我們只能挑可以討價還價的商品。

我們的棒球通常是五美分一顆，偶爾才能用十美分一顆的高檔貨。我的網球拍值一美元，是我的生日禮物；而網球則是從曼哈頓網球俱樂部買來的舊貨，二十五美分三個，品質很好，可以用很久。

買這些東西的錢從哪裡來呢？在我的記憶裡，我們好像一直都有拿到零用錢（也許每週只有十美分），再加上生日時得到一些額外的錢。但我們也全都非常努力，從找得到或想得出的任何工作中，獲得一些微薄的收入。然而就像大多數家庭一樣，我們訂閱了《星期六晚郵報》（*The Saturday Evening Post*），這是當時最受歡迎的週刊。

出版商在每期雜誌上都會刊登廣告，招聘一些男孩到街上銷售晚郵報，並說服和開發訂戶。當我剛滿九歲時，我就去簽名應徵了（或者不如說是母親代我在申請書上簽了名）。他們每週給我三十本，每本賣五美分，我就可以賺兩美分。

出版商第一次給我刊物時，還附送了一條漂亮的棉布圍裙，裙子上有一個裝零錢的口袋。我記得自己站在一一六街和第八大道之間高架鐵路出口處，對著來往的行人大聲喊道：「看《星期六晚郵報》！剛剛出版，五美分一份！」我還記得自己曾經短暫在街上當報童賣日報，但是不久後就被母親阻止了，當時她說：「父親不會喜歡你做這件事。」顯然虛榮心使我們家把在紐約街上賣《星期六晚郵報》週刊看作是可尊敬的、能鍛鍊性格的事，而賣日報則低人一等、有損尊嚴。

一生只打過一次架

放學後，我們經常在街上玩耍。當時我有兩、三個同年齡的親密朋友，我和他們天天見面。我最知心的好朋友是悉尼．羅戈（Sydney Rogow），他住在一一一街，身材瘦長（他的父親和叔叔在布魯克林區外擁有一家小百貨商店）。大部分時間我都會到他家附近去，我們一群人會玩一種類似打棒球的遊戲，或穿四輪溜冰鞋玩街頭曲棍球。

當時還沒有汽車，而馬車對我們在街上的活動也幾乎不會造成什麼困擾。另外，我們也常常玩「抓貓」（cat）遊戲。所謂的「貓」，實際上是一塊削尖的木頭。你用一根木棒打它尖尖的鼻子，當它跳到空中時，你再盡可能把它打到最遠的地方去。對手則要盡力抓住它，否則就必須撿起落地的貓，朝你放木棒的地方丟過來。最後再根據丟過來的貓，與木棒之間的距離來計分。

我已經許多年都沒看到美國小孩玩「抓貓」遊戲了，然而今年（一九六七年）在造訪亞速群島的聖瑪麗亞小島時，我發現一群小孩正在玩相同的遊戲，彷彿就像時鐘倒撥了半個世紀。我請孩子們讓我看看那根木棒，他們好奇的將木棒交給我，可是我再也打不動貓了。我給了年齡最大的一個孩子二十埃斯庫多[1]，讓他去買糖果分給大家吃。

還記得有一次，我無意中讓母親受了很大的驚嚇。就在街頭玩遊戲時，我沒發現自己正站

1 編按：埃斯庫多（escudos）是葡萄牙於一九一一年到歐元發行前的流通貨幣。

在街道中央，突然兩邊都有有軌電車駛來，把警示鈴搖得震天價響。不知是出於虛張聲勢，還是因為孤立無援，那時我挺直身體站在軌道之間的狹窄過道上，接著有軌電車拚命搖著鈴相互對開過去。

人們看不到被電車擋住的我——這個場面正好對著我們家窗戶，偏偏母親恰巧向窗外張望，把她嚇得半死。當兩輛電車交錯離去後，我若無其事的向母親揮揮手，但母親似乎驚嚇過度，說不出話來。其實當電車駛近我時，我也相當忐忑不安。

穿過樓梯平臺，二樓住著另一家房客弗米利（Vermilyes）一家。他們家有一個與我同年齡的男孩約瑟夫（Joseph），和一個比我大三歲的女孩黑茲爾（Hazel）。我們五個小孩與他們相處友好，但沒有非常親密，因為我們的宗教信仰不同。其實這個問題在我們小孩之間並不明顯，而是以一種隱蔽的方式約束著我們的關係。

當大人見面時，彼此都彬彬有禮的談話，雖然住得近在咫尺，但三年的生活中卻從不曾跨進對方的門檻——除了我們搬走前一、兩個月的那次例外。弗米利家邀請母親、莫里斯舅舅、伊娃舅媽上他們家去喝茶。回來後，莫里斯舅舅說，他們確實非常和藹可親，可惜在我們快要搬家時兩家才相互了解。又或許，弗米利家的這一次好客是因為隔壁的猶太鄰居即將搬走，這就不得而知了。

我一生中唯一的一次出拳動武，就是年幼時與約瑟夫．弗米利打架。我不記得是如何打起來的，但是我倆就在家門前的街道上，我的哥哥、路易士堂哥和其他小孩團團圍著，慫恿我們進行較量。對峙可能持續了一、兩分鐘，我們用力揮拳出擊，但一拳都沒有來得及打下去，大人們就來了，打架停止了，我們兩個十一歲的孩子也鬆了口氣，而觀眾們卻大失所望。

至於往後的歲月裡，**我是如何做到避免打架的呢？**不是因為我逆來順受，或被排除在爭鬥之外，或乞求饒恕，而是我生性極其溫和，從來不會挑起事端。但為什麼別人也會避免向我挑戰呢？也許是我這一生都很幸運。

但最可能的解釋是，在童年（喜歡打架的時期），我幾乎總是與年齡和身材都比我大的孩子待在一起，**大孩子和小孩子打架是違背年輕人騎士風度原則的**（「為什麼你不和同年齡的孩子打？」這是在場的人會提出的問題）。

第三個解釋是（聽起來有點高深莫測），我的某種氣質能保護我不會被別人挑釁，幾乎人人都喜歡我，甚至庇護我，他們覺得我確實不屬於那幫淘氣的孩子。

嫌貧愛富家族尤甚

我有個朋友就住在我們家對面，是一個裁縫師的兒子，名叫卡夫曼（Kaufman）。他們會在自己店鋪櫥窗上貼一、兩張關於附近戲院最近或將要舉辦的演出海報幫忙宣傳，所以卡夫曼常常會拿到免費的入場券。

好幾次，卡夫曼邀請我一起在週六時去看演出，因此看戲成了我生活中的大事。但是當家裡大人知道我和裁縫的兒子來往時，他們稍微皺了眉頭，雖然我們家買不起昂貴的東西，但嫌貧愛富的情緒還是那麼強烈。

還有一個家境十分富裕的男孩（哥哥維克多的朋友），常常會到我們公寓玩。他有一個繼父，在我們眼裡簡直是一頭奇怪的動物，他的口袋裡總是裝著許多硬幣。我記得他會坐在床上或椅子上，把一大把硬幣拋向空中，撒落在房間地板上，臉上流露出恩賜的神情，喊著：「搶吧！搶吧！」我們三個男孩便伸出雙手，跪在他的面前，盡快把這些硬幣拾起來——當時錢對我們來說太重要了。

這個有錢人家的男孩（我已忘記他的名字），曾讓我們的童年生活經歷過許多冒險。他告訴我們，每一年聖誕節，紐約市民主黨的坦慕尼協會（Tammany Hall）[2]會在托尼．帕斯特戲院為窮苦兒童舉辦慶祝會，把一棵大聖誕樹上的玩具分送給每一個參加者。他說可以為我們三個人弄到入場券。

但是母親會允許我們去參加盛大的聖誕節慶祝活動嗎？以前，所有猶太人都是懷著不滿和害怕，而不是忌妒的心情看待聖誕節的。可是母親這次竟然極其寬容，允許我們去了！關於這次聖誕慶祝會，我清楚記得的一個重要時刻是我們在戲臺前走過，索取掛在巨大的聖誕樹上或放在樹下的一件玩具。我拿到了一個「靈活飛鳥」牌的小雪橇——這是我做夢都想不到的意外收穫。

只不過命中註定我無法長久享受這個極好的禮物。一月下起第一場大雪時，我帶著小雪橇到莫寧賽德公園附近長長的滑雪道去。滑雪道從莫寧賽德高地開始向西延伸——大約在一一三街，然後突然左拐到一一〇街，轉向下面的莫寧賽德車道，接著再朝左急轉彎，到達地面的一個街區。

滑了幾圈後，突然身後一輛坐著六個大人的長雪橇撞倒了我；我應該有段時間失去了知覺，而當我醒來時，沒有任何人注意到我，我的小雪橇也消失得無影無蹤，雖然我在山坡爬上爬下無數次拚命的找，可是再也沒有看到它。那天我幾乎是淚流滿面的回到家裡。

沒錢有沒錢的玩法

除了聖誕節，還有三個節日也讓我留下深刻的印象。第一個是七月四日獨立紀念日。這一天人們會歡樂的不斷喧鬧，頻頻放煙火，甚至對空鳴槍。黎明時我們會被街道上玩具左輪手槍斷斷續續的射擊聲驚醒。

每個「夠格」的青年都會有一把二十二毫米口徑，或比較顯眼的三十二毫米口徑小手槍，還有大量空包彈供節慶使用（有些傻瓜吹噓他們發射的全是真子彈）。到了下午，街道上到處是子彈殼，一片雜亂，我們會在街道上盡量撿彈殼，口袋裡能裝多少就撿多少（撿彈殼做什麼？我記得把一個彈殼夾在兩個手指的指關節之間，然後對著彈殼吹，可以產生極響的哨聲）。

年齡太小的孩子不能用左輪手槍，所以就用玩具手槍（cap gun）替代。他們還有各種爆竹，包括中國製造的鞭炮。這些鞭炮會捆在一起出售，而且只要一分錢；而一次燃放一整串鞭炮，

2 編按：最初為美國的愛國慈善團體，專門用於維護民主機構，尤其反對聯邦黨的上流社會理論；後來則成為紐約一地的政治機構和民主黨的政治機器。

也可以順便展示一下放炮者的勇敢。

但是對於必須數著手指花錢的人（里昂、維克多和班傑明）來說，他們會把一英寸長的鞭炮拆下來，然後用許多不同的方式一個個燃放。我們喜愛的玩法是用舊報紙製作一個小盒子，把點燃的爆竹塞入盒內，再把盒子拋出窗外或者從屋頂上丟出去。那種爆炸聲是相當驚人的。

此外當時還會有一些海報，上面寫著某家商號宣布他們會主辦燃放「世界上最大的爆竹」。我們便擠在圍成一大圈的人群中，接著戴著高高頭盔的警察會把大家與爆竹隔開一段距離，以策安全。我們好奇的盯著有導火線的大紙筒看，既欣喜若狂，又有點擔心的等待著震耳欲聾的響聲。

有時不慎發生火災，就會出現很多由馬拉的消防車，接著會看見幾十個孩子在後面追逐，但是大多數火災太小，不值得我們花時間觀看。大多數家庭也都會購買一些晚上觀賞的小煙火，像是火箭、羅馬蠟燭、聖凱薩琳車輪等，黑夜一來臨，他們就從公寓窗戶或在街上施放。

然而現在，所有煙火都必須由領有執照的專業人員施放，並受到政府當局的嚴格控制。我們這種上了年紀的人總愛懷舊，但已不會為偉大、光榮的七月四日所發生的大火災而感到遺憾。家破人亡這個代價確實太高，已遠遠超過了五彩繽紛的禮花怒放，和狂歡作樂的意義。我是帶著複雜的心情寫這一點的，因為在一九二八年，我當上了美國最大的煙花製造公司「出色」（Unexcelled Manufacturing Company）的董事和（名義）副總經理。而我也沮喪的看見公司許多年的業績，因為「過一個安全健康的獨立紀念日」這個口號，而損失慘重。

至於萬聖節，我們誰都不知道這個節日的真正意義。對當時的我們來說，這一節日充滿了妖怪、巫婆，以及點上蠟燭的南瓜——可是這些東西實際上從未進過我們猶太人的家裡。在我們的生活中，萬聖節的真正意義是在傍晚時刻於街上漫遊，把上衣反穿，拎著塞滿了麵粉的長統襪，以此相互攻擊或襲擊附近的其他人，使對方的衣服上留下很難擦掉的白色條紋。

每年的十一月還有一個「選舉夜」（因為紐約市市長兩年一任，逢奇數年分選舉）。對年輕人來說，選舉活動最重要的就是舉行篝火大會。一堆堆篝火是各幫青少年聚集的領域，然而他們當時給警察帶來的麻煩，比現在的青少年要少得多。

在選舉日之前，各幫青少年會收集各種材料（主要是從雜貨鋪收集的空紙箱），然後把它們貯存在地窖裡或空地角落，等待篝火熊熊燃燒之夜的到來。如果祕密的藏匿地點被另一幫少年知道了，就會帶來一場大破壞。「一一〇街那幫人偷了我們的材料」，這是一個最令人心疼的消息。「選舉夜」到來時，每隔幾條街道的中心會及時堆起木頭、點上火，熊熊燃燒很長一段時間，周圍都會有一大群入了迷的觀眾。

二十世紀初紐約街道上的感恩節，會看見許多小孩子穿上大人的衣服，在街上討錢。「感恩節，給點錢吧！」是向每一個過路人提出的節慶制式詞句。不過儘管我們早已一貧如洗，我們三兄弟是不被允許參加這種化妝假扮乞丐，向路人要求施捨的活動，因為這與我們「可敬的社會地位」不相稱。而現今這個習俗也還在，只是時間變了，假扮乞丐乞討的活動已經變成了萬聖節的盛事。

小學跳級四次還能斜槓

不管是當時，還是往後的歲月裡，**我最大的興趣就是做家庭作業**。我是一個好學生，為了學到知識會在讀書時全心投入，並懷著取得優異成績的雄心。再大量的家庭作業我都可以做得又好又快，還可以利用各種零星時間。母親常常誇張的說，她想不透我怎麼可能會有這麼好的成績，她總是看到我在做除了家庭作業以外的事情——**讀一些學校沒有要求的書**。

我在校的第六年，紐約市的小學發生了「馬克斯韋爾考試」（Maxwell Examinations）事件。這些學校的總監是一個叫做馬克斯韋爾博士的可怕傢伙，他宣稱自己很不滿意紐約市學校的教學水準和學術能力，於是他親自出了一系列英語和數學試卷，要讓每個小學生做。各個年級的考題都極難，評分也很嚴格。那次考試我的英語成績是令人失望的六十八分，但第二名的孩子也只得了四十二分，我的分數還是比較突出。

不過在數學考試中發生了一件令人難過的事。正面的黑板上寫著五道題目，看來並不難，我很快就做完交卷、走出教室，這時其他人還在考試。後來伯京斯（Birkins）博士把我叫進校長辦公室去，他說：「班傑明，你怎麼搞的，為什麼不答最後兩道題目呢？」

你可能猜到其中的原因了，第六題和第七題寫在教室後面的黑板上，我沒有發現，也沒聽到老師有說。我完美的回答了前五道題，得了七十分——這也是本校最好的成績。伯京斯博士遺憾的搖著頭對我說道：「如果你把另外兩題也寫了，本來可以使你自己和我們學校出名的。」

當我進入第十公立學校七A級「分科制班」時，我的學校生活真正變得津津有味了。不過我體面的升入這個班級的第一天，卻根本不體面。學期開始後不久，我突然從六B級提升到七A級（每個年級分成兩個不同的級別）。由於這是我第四次跳級，那時我才剛滿十歲，校長助理領著我和其他幾個孩子到新的班級去。這個班四十多個小學生全是男孩，他們看了我一眼之後，就爆發出哄堂大笑。

我並沒有像這些十二歲的男孩一樣穿著正式的諾福克套裝（Norfolk suit），仍舊穿著象徵小男孩的水手式連衣褲。他們把我看成某種怪物，我也開始極其不喜歡自己的模樣。當天下午我在家裡大吵大鬧，搞得母親無可奈何，最後她帶我到一二五街的服裝店，替我買了第一套諾福克套裝。

現在回想起來，我的堂哥路易士・格勞斯鮑姆（Louis Grossbaum，大家都叫他路易）對我的生活產生了很大的、而且大部分是有益的影響。他是我大伯的第二個兒子，和里昂同齡。我從未碰到過像他那樣出類拔萃、多才多藝的人。

一方面，他是一個傑出的學者，在希臘語、拉丁語和數學方面卓有成就，獲得過高額的獎學金，在哥倫比亞大學和工程學院也得過許多獎。按照我不高的標準，他還是一個體育運動能手，因為當時勤學苦讀的人往往體質衰弱。最使大家驚訝的是，他似乎也擅長經商。

起初，他會在自己所住的麥迪遜大道送麵包賺點錢；後來他開始給西第五大道、東派克大道上有錢人家的孩子當家教老師。在我幼稚且不切實際的心目中，他似乎什麼都懂——包括對女孩子也十分了解，**在很長的一段時間裡，女孩對我來說仍是一本沒有涉獵過的書**。

後來我們這一幫孩子的領袖路易發現，到波羅地球場（Polo Grounds，後來改名為洋基〔Yankees〕）去**銷售「棒球卡」是個發財的好機會**。這副卡牌設計得像精美的風景明信片，並印著棒球隊每個隊員的照片，還有比賽日程表和記分卡，上面有相當完整的資訊。每賣掉一副牌，我們就可獲利兩美分。我記得平均每個工作日，每個人大約可賺二十美分，而在週末一天舉行兩場比賽的日子，則可賺到一美元。

在我圖書室的資料堆中，有一本老舊的棕色封面筆記本，裡面都是銷售棒球卡時，某個夏天所寫的日記。**我不間斷的記下每天的銷售情況**、棒球賽的結果，以及我做過的其他事情。有時候是用韻文記述，但實際上不過是寫寫蹩腳的打油詩。

當我把這個筆記本遞給路易看時，他神氣活現的在第一頁上做起文章來，對年輕的堂弟寫了一些勉勵的話。第一句話「了解你自己」是用希臘文寫的，最後一句評語則是用他剛學會的拉丁文寫的。我對他的學問欽佩得五體投地，因而發誓也一定要成為拉丁文和希臘文的學者。

而數學上的天賦，也讓我在人生中第一次賺了一大筆錢。有位比我大一個年級、身高也比我高的朋友切斯特．布朗（Chester Brown），他的代數學得很差，於是他的母親每週付給我五十美分，要我教他三節課時數的代數。

現在我已記不清楚，自己怎麼能夠教授一門尚未在學校裡學過的課程，所以這個故事的某些細節也許有錯。但是當時我確實已經開始當家教，而且往後也一直很穩定的擔任家教老師，直到最後我在加弗納斯島，為列倫納德．伍德（Leonard Wood）將軍和其他軍官的兒子進行輔導為止。

在當時，一到天黑，除了在街角閒蕩或待在家裡做功課以及看書外，實際上沒有其他事情可做。我並不關心晚上的街頭生活，在我看來街上的男孩都是粗俗的、無聊的，因此我有許多時間看書。

知己都在書本裡

我的閱讀量相當驚人，每隔兩星期，我就會從圖書館借回四、五本書，此外我還讀了不少無傷大雅的禁書，都是傳來傳去的，其中有著名的法蘭克·梅里維爾叢書和尼克·卡特[3]的偵探小說；圖書館提供給我的精神食糧還有羅洛叢書、霍瑞修·愛爾傑[4]和奧列佛·奧普蒂克[5]，以及諸如狄更斯[6]、史蒂文生[7]和查爾斯·雷德[8]這些名家的經典作品。

---

3 編按：法蘭克·梅里維爾（Frank Merriwell），二十世紀初期系列小說的主人翁，他精通棒球、籃球、田徑，在耶魯就學時還屢破奇案。後來有許多青少年小說模仿。尼克·卡特（Nick Carter），十九世紀末美國一套通俗小說中的偵探名。

4 譯按：霍瑞修·愛爾傑（Horatio Alger，一八三二年至一八九九年），美國作家，終身致力於少年文學的創作。

5 譯按：奧列佛·奧普蒂克（Oliver Optic），美國兒童文學作家威廉·泰勒·亞當斯（William Taylor Adams，一八二二年至一八九七年）的筆名。他共寫了一千篇故事、一百一十五篇小說，大部分以叢書形式出版。

6 譯按：查爾斯·狄更斯（Charles Dickens，一八一二年至一八七〇年），英國小說家。主要作品有《匹克威克外傳》、《雙城記》等。

7 譯按：羅勃·史蒂文生（Robert Stevenson，一八五〇年至一八九四年），英國小說家、詩人，成名作為《金銀島》。

後來我發現**閱讀對我的影響甚鉅**。一般人看書只是為了通過考試或是一時消遣，看過之後很快就忘了。雖然在學校裡學過、讀過的東西大多數我也忘掉了，但實際上記住的仍不少。記憶力好一直是我的優點，而我對學習的內容也非常感興趣，所以從很小的時候開始，我就下定決心透過學習提高自己的文化修養、增長知識，並且構築未來的生活。

事實上，**我的學習是一個持續不斷的過程**。在往後的人生中，每當再次看到一本我已經讀過的書，總是特別高興。最近（一九五七年）我注意到兒子巴茨（Buz）在寫一篇評論華盛頓・歐文[9]《沉睡谷傳奇》（*The Legend of Sleepy Hollow*）的報告。

許多年前我在學校裡也看過這篇小說，我記得這篇小說從米爾頓[10]的《失樂園》（*Paradise Lost*）中引用過一句詩：「早已引發出來，纏綿的甜美」，描寫主角伊卡布（Ichabod）在唱歌時提高聲音後鼻腔裡發出的回聲。

我稍微花了一點功夫，找出了那段在一九〇四年曾引起我的興趣，但此後再也沒有看過的詩歌，而我很常這樣。國中讀到《失樂園》時，我就會聯想起《沉睡谷傳奇》中「纏綿的甜美」這個短句；在後來的歲月裡，每一次也都會產生聯想，以致我忍不住暗自背誦起米爾頓詩歌中的許多段落。

我對文學的記憶能力，也不斷使自己和別人感到驚訝。昨天我到比佛利山的一位眼科醫生處檢查眼睛，他要我讀一段字體從大到小的文章。我看了幾個字後問：「這段文章選自《富蘭克林自傳》（*Autobiography of Benjamin Franklin*）吧？」醫生回答：「是的。」他似乎非常驚訝，以致他把印著那段文章的卡片藏起來（我相信是無意的）。

結果我沒有做完這次測驗。他從未碰到過一個能辨認出這段文章出處的病人。我若無其事的說，那本書我只讀過一次，那是六十多年前念小學的時候。也許我應該再補充一句：那本書在我的下意識中留下了特別深的印象，因為在海闊天空馳騁的幻想中，我曾經把自己想像為奧德修斯[11]（Ulysses）、班傑明·富蘭克林[12]和維克多·雨果[13]的美妙混合體（年紀一大把了，還毫不害羞的自我吹噓，真不好意思）。

奧德修斯是我童年時代的偉大英雄之一。儘管人們對《伊里亞德》（*Ilias*）讚不絕口，稱其為世界上第一流的詩歌，可是老實說，在羅伯特·格雷夫斯（Robert Graves）嘲諷性的改寫本問世之前，我從未能讀完它。

然而《奧德賽》（*Odyssey*）卻是從一開始就讓我入迷，在往後的歲月裡，這種魅力也未曾

---

8 譯按：查爾斯·雷德（Charles Reade，一八一四年至八八四年），英國作家。主要作品為《修道院和爐邊》（*The Cloister and the Hearth*）。

9 譯按：華盛頓·歐文（Washington Irving，一七八三年至一八五九年），美國作家。

10 譯按：約翰·米爾頓（John Milton，一六〇八年至一六七四年），英國詩人。以三首長詩《失樂園》、《復樂園》和《力士參孫》著稱於世。作品反映了他的理想的毀滅和大無畏的精神。

11 編按：譯自希臘文拼寫為Odysseus，由拉丁文轉寫為Ulysses。早期《奧德賽》英文譯者採用了拉丁文轉寫的譯名，這個傳統和耶穌英譯採拉丁化譯名很類似。

12 譯按：班傑明·富蘭克林（Benjamin Franklin，一七〇六年至一七九〇年），美國外交家、科學家，參加過《美國獨立宣言》的起草工作。

13 譯按：維克多·雨果（Victor Hugo，一八〇二年至一八八五年），法國作家。十九世紀法國浪漫主義文學運動領袖。

消減；主角的意志和勇氣、苦難和勝利在在吸引著我，雖然我並不清楚其原因。起初我以為這是由於主角奧德修斯的個人魅力，因為他的性格和命運與我如此的不同。直到長大成人之後才開始意識到，**自己的性格中也存在著不少奧德修斯那樣典型的缺點和優點**。

作為一個年輕人，想到奧德修斯歷經飄泊流浪和艱苦考驗，最終凱旋歸來，與潘妮洛碧（Penelope）團圓，並且自此之後兩人永遠過著幸福的生活，心裡十分高興。但是幾年之後，英國詩人丁尼生[14]的偉大詩篇使我認識了真正的奧德修斯，他在島上的家及其妻子的床，從來只不過是一個臨時落腳點。

最後一段話縈繞在腦海中，好似向我的價值觀、抱負和期望提出了嚴峻的挑戰。我常常反覆在心裡背誦：「去努力，去爭取，去發現，不要屈服。」再後來，我讀了但丁（Dante Alighieri）的改寫本，領會到奧德修斯不畏險阻的遠征和轟轟烈烈的犧牲，正如他在《神曲》（*Divine Comedy*）的〈地獄篇〉（*Inferno*）中，那些令人難忘的片斷所描述過的那樣。

現在，我手頭上又有一本同樣主題的宏偉史詩，那是天才的希臘小說家卡山札基（Nikos Kazantzakis）寫成的。也許當奧德修斯又一次告別他的妻子以及已婚的兒子時，年齡與我差不多。也許他是永遠不老的，如同有時候我感到自己也不會老一樣。

不管怎樣，從他起伏不停的思潮中，從他永不平靜的心思裡，從他堅強無畏的身軀中，以及從他高高聳起的水手帽下面，我都能感受到始終吸引著我的一種反傳統的理想，好像一個吸力變得越來越強烈的無形磁極。

這種經歷有點像普魯斯特[15]在心裡不自覺的記住了他的幼年時光一樣。但是對普魯斯特來說，他記住的場景大都是一些片段，例如著名的啜茶或彎腰解開靴子上的鈕扣，而讓我回憶起昔日場面和背景的幾乎都是文學詞語，特別是詩歌。

一個人記憶的獨特性無疑反映了其性格的獨特性。在這兩種情況下，毫無疑問，我的獨特性就是許多相互矛盾的表現。六十五年前我記到腦子裡的無數文史故事，至今還記憶猶新，我甚至還可以複述出來；但是卻幾乎記不住已查閱過幾百次的電話號碼，還有時常拜訪的朋友公寓地址，以及常見的人名（儘管有時在間隔很久之後，我還能正確的說出比較陌生的姓名和地址，這使他們驚詫不已）。

我時常採取斯韋沃[16]的方法，使自己擺脫那種尷尬的處境。如果記不起某一個理應十分熟稔的人時，不妨若有所思的說：「請務必原諒！有三樣東西我老是忘記，一是名字、二是面孔。還有——這第三樣東西我又記不得了！」這使得我在社交場合中，能將丟三落四的缺點變成大夥的玩笑話，不致搞得自己太難堪。另一方面，我也在許多年之後還叫得出從前一位學生的名字，使他大吃一驚。

我的記憶力之所以會表現出矛盾的狀況，關鍵在於我把人、事及想法區分得很清楚。**我記**

---

14 譯按：阿佛烈・丁尼生（Alfred Tennyson，一八〇九年至一八九二年），英國維多利亞時代最傑出的詩人。著名的詩作有《尤利西斯》（*Ulysses*）、《伊諾克・阿登》（*Enoch Arden*）、《過沙洲》（*Crossing the Bar*）等。

15 譯按：馬塞爾・普魯斯特（Marcel Proust，一八七一年至一九二二年），法國小說家。以對童年往事的回憶為素材，創作了著名的小說《追憶似水年華》（*À la recherche du temps perdu*）。

16 譯按：伊塔洛・斯韋沃（Italo Svevo，一八六一年至一九二八年），義大利小說家。

住的是「學到的東西」而不是生活瑣事。因此從學習、閱讀、工作和生活中學習到的經驗，會給我留下特別深刻、且常常是難以磨滅的記憶。

但是在生活其他方面（如社交、體育運動、旅行），我對發生的事或見到的人幾乎都沒有留下什麼印象。因此，如果我以某種方式把一位學生與課題，或他對課題的突出表現緊密的聯繫在一起，那麼我就會記住他的名字。即使某個人特別的和藹可親或令人討厭，我或許也不會因此而記住。

在紐約的大都會藝術博物館，我記得看到過一個用石膏做的羅馬凱旋門複製品。這件複製品下面的標牌上寫著「塞提默斯・塞維魯凱旋門」（Arch of Septimus Severus）。當我第一次讀到銘刻在標牌上的文字時，真的驚呆了。

他們竟然拼錯了一位古羅馬大帝的名字！[17]可見博物館對這位大帝的不重視，以至於不去糾正這樣顯眼的錯誤！但是我在感情上的反應，無疑比這小小的大錯誤更加令人奇怪。

人們也許會套用哈姆雷特的短句問：「塞提米烏斯・塞維魯斯對於他，或者他對於塞提米烏斯・塞維魯斯有什麼重要呢？」我必須坦白的說，塞維魯斯從某方面來講已經是我的「朋友」，而某些活著的人並沒能成為我的朋友，更確切的說，我沒有能與那些活著的人交朋友。

當我十五歲時，塞提米烏斯已經透過愛德華・吉朋[18]的巨著進入了我的生活，我特別關注塞提米烏斯與國內外敵人的鬥爭，我對他堅持執掌輝煌的羅馬帝國權力表示讚頌，我知道羅馬帝國的崩潰是不可避免的，但我強烈的希望它盡可能晚一點到來。

塞提米烏斯曾跋山涉水來到我的祖國英國，修復了哈德良長城（Hadrian's Wall）[19]；因此他在我年少時仍易受影響的思想中，就和那位更加偉大、更加複雜的皇帝哈德良聯繫起來了。後者是我閱讀本著作時所敬佩的人物，許多年後透過閱讀瑪格麗特・尤瑟娜（Marguerite Yourcenar）的傑作《哈德良回憶錄》（*Memoirs of Hadrian*），對他有了更全面的了解，並且對他的故事產生了強烈共鳴。

所以我生活中的真正朋友和知己是哈德良、塞提米烏斯和其他無數個歷史人物（甚至包括

---

17 譯按：正確的拼寫應為塞提米烏斯・塞維魯斯（Septimius Severus）。他是古羅馬皇帝（一九三～二一一年在位），塞維魯王朝的開創者，在位期間，加強中央集權，連年出征。

18 譯按：愛德華・吉朋（Edward Gibbon，一七三七年至一七九四年），英國歷史學家、作家。他的六卷本《羅馬帝國衰亡史》（*The History of the Decline and Fall of the Roman Empire*）涉及一千三百餘年羅馬史，文筆優美、原始資料完整、富批判精神，是啟蒙時期史學代表作。

19 譯按：羅馬人奉羅馬皇帝哈德良（Hadrian）之命，為阻止皮克特人（Pict）南下，鞏固羅馬帝國對英格蘭的統治。於一二〇年至一二三年在英格蘭北部建造長城，全長約一百二十公里，沿途築十六座城堡，目前該長城遺址已成為旅遊名勝。

20 譯按：古斯塔夫・阿道夫（Gustavus Adolphus，一五九四年至一六三二年），瑞典國王古斯塔夫二世。一六一一年即位後著手行政、司法改革，一之前的專制局面，後又積極發展採礦業，實行徵兵制，逐步使瑞典跨入強國行列。

21 譯按：埃克塞爾・烏克森謝納（Axel Oxenstierna，一五八三年至一六五四年），一六一二年出任瑞典首席政務大臣。三十年戰爭期間執掌內政外交，並為古斯塔夫二世的軍隊提供後勤。古斯塔夫二世死後，成為克莉斯蒂娜女王攝政院主要成員，親自起草憲法，同時統轄德意志事務。

22 譯按：維吉爾（Virgil，西元前七〇年至西元前一九年），古羅馬詩人。

23 譯按：荷馬（Homer，約西元前九年至八世紀），古希臘吟遊詩人，他的名著《荷馬史詩》由《伊里亞德》和《奧德賽》兩部組成，描述了早期希臘人遠征特洛伊的戰爭故事。

瑞典的古斯塔夫・阿道夫[20]和烏克森謝納[21]）。在這些作家中，維吉爾[22]對我的影響比荷馬[23]大，米爾頓對我的影響比莎士比亞（William Shakespeare）大，萊辛[24]對我的影響比歌德[25]大。對我來說，這些作家的作品比當時周圍的人重要得多，留下的印象也深刻得多。

家道中落讓我變得崇拜金錢

最後，我在公立小學畢業時獲得了最高分，以微小差距勝過我最親密的朋友羅戈，也讓我獲得了畢業生致詞的機會，並成為校刊的編輯。不過除了寫過一首較長的詩以外，我不記得曾為校刊做過其他什麼事。

當我在畢業典禮上致詞時，心中充滿了自豪，而我敬愛的老師貝恩（Bayne）先生，在綠色封面的紀念冊上，用他那有力的大手寫下的祝福，更讓我覺得豪情滿懷：「向詩人、主席和畢業生致詞代表致以最美好的祝願。史蒂芬・F・貝恩。」

但我在第十公立小學的日子也是在懊悔自責中結束的。當時校方鼓勵畢業班購買純金製作的校徽，每枚五美元。這個價格遠遠超過了可以要求家裡給我的數目，而在同伴拱我去哄騙母親要這筆錢時，我並不願意承認家裡貧窮。

校徽買來不到一個月，我就把它搞丟了。除了畢生懊悔自己缺乏自信的性格外，這件事什麼也沒有留下來。我安慰自己，心裡想：母親一定會同情我的弱點和虛榮心，因為她自己多年來也一直是這種虛榮心的犧牲品。

當時幾乎每個家庭都想顯得比實際富裕些，對我們來說，不要讓別人看出我們其實很貧困尤其重要。在母親談起昔日輝煌時，她也盡量不懷著太多遺憾，但仍有許多事使她想起往事，難以釋懷。

然而，會讓她想起這些事的原因，主要都是因為那些善意的老朋友。他們仍對我們忠心耿耿，毫無嫌貶之意，但是他們的經濟狀況與我們差距顯著，母親無法視而不見。更明顯的是，他們到我家來拜訪、或者我們去他們家拜訪，都會造成母親的壓力，她必須盡量掩飾我們的貧困，讓我們在落魄中仍保持著體面，並始終使生活水準比收入允許的範圍再高一點。

我們三個男孩子就在這種令人氣餒的環境下成長，也或多或少改變了我們的價值觀。我一直以為，自己的天性是遠離物質而重視智識，甚至精神層面的生活；但童年時期的困難處境，對我們三兄弟影響巨大，我對金錢越來越敏感和崇拜了。對我來說，是否成功的主要指標，基本上就是能不能大把大把的賺錢，大把大把的花錢。

不過在經過數十年人生的浮沉之後，我才掌握到生活的真諦：「**最了不起的理財策略，是能在自己能力所及之內，過上滿足的生活。**」

---

24 譯按：戈特霍爾德．萊辛（Gotthold Lessing，一七二九年至一七八一年），德國啟蒙思想家、劇作家、文藝評論家，為建立德意志民族的現實主義文學和戲劇奠定了基礎。

25 譯按：歌德（Goethe，一七四九年至一八三二年），德國作家，世界文學巨匠之一。著名代表作有《少年維特的煩惱》（*Die Leiden des jungen Werthers*）和《浮士德》（*Faust*）。

價值投資之父葛拉漢：賺錢人生

- 十二歲時，我已經知道如何使自己堅強的對付命運的捉弄，用各種方法賺一點小錢，集中精力完成該做的工作，尤其是如何依靠自己去理解、奮鬥和做好其他一切事情。
- 我是如何做到避免打架的呢？不是因為我逆來順受，或被排除在爭鬥之外，或乞求饒恕，而是我生性極其溫和，從來不會挑起事端。
- 閱讀對我的影響甚鉅，我的學習是一個持續不斷的過程。
- 我記住的是「學到的東西」而不是生活瑣事。因此從學習、閱讀、工作和生活中學習到的經驗，會給我留下特別深刻、且常常是難以磨滅的記憶。
- 最了不起的理財策略，是在自己能力所及之內，過上滿足的生活。

第四章

十三歲就半工半讀

隔壁有兩個男孩正在玩類似打棒球的遊戲，當我再拿起籃子，蹣跚的準備啟程時，其中一個在我背後大喊：「幹活去吧！你這頭牛！」當時我氣得快要掉下淚來。

從第十公立小學畢業後，我被推薦進入紐約市立學院中學分部——湯森哈里斯高中。在其他中學要讀四年的課程，該校只需要三年，但會要求學生必須在這三年當中，學完四年的教學內容，甚至更多，因此錄取和在學的成績標準比較高。

湯森哈里斯高中的人數很多，一年級大約有四百個學生，分成二十個班。由於全體學生是嚴格按姓氏字母順序編班，據說有個班的學生全部都姓科恩和康恩（Cohens and Cohns），而我們班所有同學的姓則都是G開頭的。

開學第一天，我有幸交到一個同齡的同學，名叫弗雷德里克·F·格林曼（Frederick F. Greenman），從此成為我畢生最親密的朋友。在我們的這個姓G的班上，還有一個身材矮小的莫里·戈特沙爾克（Morrie Gottshalk），雖然他命中註定以後會當上那所規模很大的大學校長，可是當年入學時卻是外貌平平、神色憂鬱的孩子。

我必須老實說，大多數在湯森哈里斯高中教過我的老師我都已經忘記了，但其中有兩位在我的記憶中比較突出：一位叫愛德華多·桑佐瓦尼（Eduardo San Giovanni），會講拉丁語的可怕老師，真正教會我這種複雜語言的就是他。

我仍然記得他用咄咄逼人的口氣問：「加登（Garten），第二個變格的特徵性母音是什麼？」加登回答了。接著桑佐瓦尼老師問：「加登先生，地球是圓的嗎？是圓的？那麼你的成績也是圓的——零分。」他沒有虛偽的謙遜，總是自豪的告訴班上學生，他曾用拉丁文跟教宗在梵諦岡的庭園談話。

另一位是幾何學老師，外表極其文靜平凡，在氣質上與熱情奔放的桑佐瓦尼截然不同。他的名字叫莫里斯．拉斐爾．科恩（Morris Raphael Cohen）——當時是一個名不見經傳的人，但後來在哲學編年史上卻聲譽顯赫，顯然教幾何不是他的強項。

湯森哈里斯高中的課表安排得很緊湊，強調學生要下苦功，所以這門課要求學生在一學年內，學完平面幾何和立體幾何全部十二冊。然而科恩老師卻沒有事先做好分配，妥當安排該給我們的回家作業，直到六月初，我們班都還沒能完成這些作業。

於是有一天他宣布了一個使全班大吃一驚的決定：「各位，明天起，我們將教第十冊。」通常他的教法是把一大群學生叫到黑板前，指定每一個人做一道不同的題目。前面提到的加登又高又胖，天性樂觀，善於結交朋友，但成績不好，所以我或戈特沙爾克時常會迅速完成我們的習題，再與加登交換位置，幫他完成黑板上的作業。而當時的科恩老師正潛心閱讀各類其他著作，不會發覺這種情況。

大約七年後，我再次遇見了科恩老師，他已成為大學教授，而我是哥倫比亞大學妄自尊大的高年級學生，對哲學和法語興趣濃厚。當時巴黎索邦大學的雷蒙．布特魯（Raymond Boutroux）教授到哥倫比亞大學來演講，題目為：「亨利．伯格森（Henri Bergson）是實用主義者嗎[1]？」布特魯全程用法語演講，一開始時說道：「各位先生、女士們，伯格森當然是一個實用主義者。」而演講結束時他也同樣斬釘截鐵的宣稱：「因此，伯格森根本不是實用主義者。」

1　編按：實用主義（Pragmatism）又稱實驗主義、試驗主義，是產生於一八八〇年代的現代哲學派別，在二十世紀的美國成為一種主流思潮。

我茫然的走出演講廳，認出了科恩老師那鬈曲短髮和不吸引人的相貌。他彬彬有禮的跟我打招呼，而我用當時哥倫比亞大學師生面對與紐約市立大學相關者一貫的嘲諷口吻和他說：「你好，科恩老師，你對哲學也有興趣嗎？」科恩老師謙虛且微笑著回答道：「有一點。」就逕自走了。

與我同行的一位學生驚訝的瞪著我，大嚷道：「大笨蛋！難道你不知道莫里斯．科恩是公認的威廉．詹姆斯[2]接班人嗎？」我不知道。但是這一次**我的愚昧無知讓我得到了一個終生難忘的教訓：永遠不要傲慢的對待別人。**

幹活去吧！你這頭牛！

當我就讀中學時，母親決定從莫里斯舅舅家搬出來，開始經營一個供食宿的廉價寄宿公寓。她在哈勒姆一二八街租了一幢褐色沙石的房屋，我不知道她是怎麼替這幢房子張羅家具的。母親沒什麼經營能力，而當我們發現這幢房屋面向馬車行的馬廄時也悔之晚矣。隨著夏天的來臨，天氣越來越熱，寄宿公寓環境的缺點不僅我們自己，連房客都明顯的感覺到了。

剛滿十二歲，我就已是個雄心勃勃的孩子，自覺必須尋找一份有收入的工作貼補家用。當時離家不遠的地方有一家撒克斯頓牛奶店（Saxton's Dairy），門外張貼了一張「招聘男童」的廣告。當我去應徵工作時，撒克斯頓牛奶店的經理懷疑的看著我說：「你不夠強壯，做不了這份工作的。」我向他保證我可以，而且還工作賣力又可靠。

那時的法律允許在夏天雇用任何年齡的工人，薪水不限，於是我得到了這份工作，每週薪水兩美元。起初工作很順手，我推著裝商品的小車到附近各個公寓，然後把商品搬到地下室，找到通知顧客的銅鈴和通話管，進行聯繫。接著把裝著商品的升降機拉上去，再把它拉下來，拿走錢，如果要找零，還要裝上零錢再次把升降機拉上去。這個工作不怎麼忙，但似乎每個客戶都住在六樓那麼高，讓我得費些勁。

不過後來送貨車交給了別人，我不得不開始手提裝著商品的籃子。手提籃子常累得我精疲力竭，特別是在八月初灼熱的陽光下工作。有一次我放下沉重的籃子擦汗，讓酸痛的手臂休息一會，隔壁有兩個男孩正在玩類似打棒球的遊戲，當我再拿起籃子，蹣跚的準備啟程時，其中一個在我背後大喊：「幹活去吧！你這頭牛！」當時我氣得快要掉下淚來。不久之後，維克多（他比我健壯）接替了我的工作，他的狀況就比我要好多了。

那年夏季結束時，我們放棄了一二八街上那幢氣味「芬芳」的房子，把我們的寄宿公寓搬到一一四街附近，曼哈頓大道三五〇號一幢類似的褐色沙石房。而在那裡，我的心也第一次被愛情觸動了。

一直以來，我把漂亮女性分成兩類：一類是母親那樣，另一類是來自另一個星球的生物；而這種極端的態度我想是教育環境使然。除了在幼稚園那以失敗告終的兩週外，我就再也沒有

2　譯按：威廉·詹姆斯（William James，一八四二年至一九一〇年），著名的美國哲學家和心理學家，實用主義創始人之一。

在男女同校的課堂上待過，某種不友善的力量剝奪了我與同齡女孩正常接觸的權利。唯一的例外是表妹海倫，不過她對於我的思想或感情幾乎沒有什麼影響。

那時我所迷戀的是一位楚楚動人、才華橫溢和活潑樂天的女孩，我敬慕她，她也很喜歡我。可惜，她是風華正茂的十八歲，而我仍是青春期前的十二歲。她的名字叫康斯坦斯·弗萊希（Constance Fleischmann），她和媽媽在我們的寄宿公寓租房間，因為她就讀的伯納德學院就在附近。

沒有人會像康斯坦斯那樣和藹可親的對待一個像我這麼怕羞的孩子。她主動教我法語，儘管我還有許多其他的功課，但對這門課我是全身心投入的。不久以後，我的藏書中多了普羅斯佩·梅里美[3]的小說《高龍巴》（*Colomba*），這本書有許多詞彙、注解，以及扉頁上康斯坦斯用她那美麗的手寫下的題詞：「我愛小不點。」

我們還會一起朗讀法語詩。有一首雨果寫的詩〈墳墓和玫瑰〉（*La Tombe et la Rose*），她說這是她很喜歡的詩，叫我背熟。我不僅非常積極的背誦（至今仍然記得），而且還把它翻譯成英語。就像許多浪漫而又想表現的男人一樣，我寫過相當多關於自己的詩，但自我評判的感覺告訴我這些詩缺乏天才的火花，而翻譯別人的傑作則可藉助他們的靈感。不過翻譯是需要花功夫的，還得加上一點技巧，我應該做得到。然而，在把無數希臘文、拉丁文、法文和德文翻譯成英文（還有將把A·E·豪斯曼[4]的一首詩從英文譯成法文）的過程中，我個人也獲得了很大的滿足。

這裡忍不住要把自己翻譯的一首雨果的小詩抄錄在下面：

墳墓詢問玫瑰：
澆灌你那黎明的眼淚，
可愛的花兒，你要用來做些什麼？

玫瑰詢問墳墓：
生靈墜入你常開的洞窟，
你對他們做了些什麼？

玫瑰說道：陰森的墳墓，
淚水灑進淒淒暗影，
我給化作芬芳琥珀，甘甜蜂蜜。

墳墓說道：哀怨的花朵，

3 譯按：普羅斯佩．梅里美（Prosper Mérimée，一八〇三年至一八七〇年），法國作家和歷史學家，知識淵博，並通多種語言。

4 譯按：阿爾弗雷德．愛德華．豪斯曼（Alfred Edward Housman，一八五九年至一九三六年），英國學者和著名詩人，曾任倫敦大學和劍橋大學拉丁文教授。

每個靈魂前來會我，
都被我化作蒼穹的天使。

抗拒猶太教禮儀的猶太少年

我快十三歲了，所以大人們開始訓練我參加猶太兒童成年儀式。關於這件事，我只能說，由於我頑固的拒絕依慣例發表感謝父母的致詞，以及莊嚴宣誓遵守猶太教戒律和禮儀，使得會堂長老十分失望。在猶太會堂安息日晨禱上，我聽過無數次這種演講，對其千篇一律、單調乏味，以及明顯的虛偽已經產生了強烈的反感。於是我迅速拋棄了信仰。

我發覺以前毫無疑問接受過分繁瑣和古老的宗教儀式，與理性和舒適格格不入；**宗教信仰的訓誡教化對我這麼一個敏感的人來說，所具有的真正意義和魅力，反而被一大堆反覆不斷的隱語弄得透不過氣來**。主日學校和會堂也就成了討厭的地方。

不過在年少還較容易受影響的時期，我也曾被猶太教的倫理觀念所激勵。星期五晚上，我會充滿感動的傾聽年輕唱詩班的吟誦，如果猶太教教士的傳道勸誡沒有把感情表達出來，我的內心甚至會出現渴望的反應。但是這種日子為時不長。

隨著年月的推移，我越來越不遵循曾牢牢恪守的猶太教禮儀和慣例，最後它們便完全在我的思想中消失了。

但正如許多其他人一樣，這並不意味著我失去了對宗教的全部興趣；相反的，長期以來宗教成了我主要探索和思考的目標。各種宗教教義、信仰和經驗，都提供了我無窮無盡的研究課題。人們對宗教的切實需要，與他所信仰宗教的含糊性之間有著鮮明的對照，我們很難否定宇宙中神的存在，但同樣難以接受的，也是那些「據說」是神向人暗示之無數相互矛盾的教義。

甚至連一神教，也會使多疑的人半信半疑。只供奉一個神這種想法，從簡單明瞭這點來看是具有吸引力的，但它是否符合冥冥世界的現實面則是另一個問題。在大學時代，我讀了威廉·詹姆斯的《多元的宇宙》（*A Pluralistic Universe*），對作者明晰的推測印象很深，因為它們和我心中一直在醞釀的想法很吻合。

作為西方世界一個好奇多問的公民，我從基督教教義和歷史中發現了許多吸引人的地方；耶穌也在我很小的時候，就以相當幽默的方式變成了我的英雄。在猶太兒童成年儀式上我收到的大多數禮物都是圖書，其中有一本是年輕猶太教教士送的，他是我們家一個相當親密的朋友，那本書叫《大衛家的王子》（*A Prince of the House of David*）。

幾個月後我在讀這本書時，驚訝的發現，它是由一系列描述耶穌的生平和殉難的書信體故事構成。我並沒有因為猶太教士的禮物而皈依基督教，但是那本書介紹了一位在往後人生中，從未停止吸引我的人物。

當然我心中也會納悶，為什麼那位猶太教士要送給我那麼奇特的禮物？幾年後我遇見了他——他已成為聞名遐邇的魯道夫·科菲（Rudolph Coffee）博士，他也告訴了我無意間造成那次難堪和內疚的原因。

他曾請我們的一位共同朋友為我挑選一本合適的書。於是那位太太匆匆到書店去選購，看到那本薄薄的書，也沒有費心看一下，就推斷是一本關於猶太英雄的著作。她把書名念給科菲博士聽，當時科菲也沒有覺得不妥。儘管後來他知道了那本書的內容，但糾正這個大錯誤為時已晚，想做解釋也很尷尬，也就不了了之了。

在《盧森堡之夜》（*A Night in the Luxembourg*）中，雷・德・古爾蒙（Remy de Gourmont）談到猶太人時評論道：「一個民族的奇異命運——他們拒絕接受他們帶給世界的神。」雖然歷史上有許多結果與預期相反的事情，但沒有一件與這兩大宗教的關係相同：不引人注目的東方世界，竟然能把它的宗教思想，強加給在淵源和性格上，如此不同的整個西方民族及世界上。然而，儘管猶太人創造了偉大的基督教，他們卻不是因為基督教本身而得以延續好幾個世紀。

當在閱讀《新約聖經》（*New Testament*）時，人們會對它的道德倫理與神學之間的對比感到驚訝。耶穌的道德教義比《舊約聖經》（*Old Testament*）前進了一大步——倒不是思想的新穎，而是在於想像力豐富的表達。但是在預測世界末日即將來臨，敘述地獄和天堂的環境時，耶穌似乎陷入了一種天真甚至迷信的地步，在智力上比猶太的舊先知們中的精確概念稍遜一籌。對於非宗教信徒來說，在耶穌死後建構出來的基督教教義，確實是信仰超過了理智。

在西方世界，若有人在一生中改變了宗教信仰，是相當令人吃驚的。當然也有人是從容自在的放棄信仰，甚至放棄對宗教的興趣，這與宗教曾施加強有力的思想控制相比較，也很令人驚訝。

我常常對年輕人說：「**你必須對上帝經過深思熟慮之後，才有權不相信祂。**」已經與傳統宗教教義一刀兩斷的人，自然能夠毫無困難的建立起完全忽視宗教的生活方式。想到我們地球上有幾百萬相信上帝、天堂和地獄存在的人，和其他幾百萬從來沒有這些觀念的人共同生活、一起相處，這未免也太稀奇。

在一生深入思考宗教這個大問題後，至今我仍未能得出應當接受宗教信仰的結論。但是我對維持宗教信仰，並以宗教信仰作為他們在這個世界上正確行動的指南、應付逆境的堅強後盾，以及寄託救苦救難、生命永恆希望的人一直非常尊敬和羨慕。

如果擁有信仰是如此美好，如果任何人都可自由信奉，我何不樂意接受呢？但是每一個思想健全的人，都不會僅僅因為信仰使他快樂，就去信教的。

篤信宗教的法國數學家、物理學家帕斯卡（Blaise Pascal），也許說服了許多擅長數學的讀者相信基督教，以此避免落入不信者要下地獄這種極小的可能性。但是帕斯卡本人也一定認知到自己的論述過了頭，他的言論也依然無助於人們在幾十種教義相互衝突的宗教中，選出最好的一種。

所以我滿足於直到臨終仍舊在尋求難以捉摸的真理，仍舊在探討尚未得到解答的老問題，仍舊一直在溫和的批評上帝，不肯向那些只要找到上帝便願為他全力效勞的人顯靈。

下面讓我簡要、坦率的表明對猶太教的態度。我忍不住要想，猶太人生下來就該是猶太教徒，或許是一種不幸，如果允許他們生下來就是基督教徒，他們的命運也許會好一些。然而就我自己的情況而言，我必須坦率的說，生下來就成為猶太教徒這件事，只帶給我少許的不便，而猶太教賦予我的一些個性和才智也抵消了這些缺點。

在我幼年時期，即使在美國，猶太人遭遇到的排擠問題也非常明顯，我親身經歷過的許多事件，或與基督徒關係不和等，所幸在這個時代已煙消雲散（雖然不是全部）。

最近為八個住在比佛利山的猶太兒童舉辦主日學校時，我驚訝的發現他們都未曾聽說過「反猶太主義」（anti-Semitism）這個詞。在我像他們那樣的年齡時，反猶太主義是我們生活環境中一個重要的成分，它影響了我們與「外界」打交道的方式，也在我們的文學作品和幽默中起了很重要的作用。

但成年之後，我發現能夠在紐約地區生活是非常幸運的，我的商業和學術活動都與無數基督徒發生密切的聯繫，卻極少由於宗教信仰而遭到拒絕或難堪。當然，這與我注意保護自己，盡量避免可能會受到冷落的社交或談話不無關係。

我必須坦白的說，我對自己出身的猶太民族缺乏忠誠感；忠誠本身無疑是一種美德，但是從思想的角度來看又是一個很大的缺點。忠誠就好像盾牌，表面閃閃發光，而背面則可能銘刻著偏見、不容異說和盲從。

我相信自己會毫無保留的忠於理想、偉大的事業、我們欽佩的事和人；也會出於責任感，按照傳統的，並且無疑是正確的標準，為應當效勞的人民和機構忠心耿耿的工作。但是，我不能僅僅因為自己恰巧是其中一分子就熱切的獻身。也許這是我性格上的一個弱點，一個由於這一生注重的是思想、而不是感情所產生的明顯缺陷。

事實上，就連許多猶太教徒似乎也看不起猶太人——至少看不起那些出生在世界上較貧困地區的猶太人。我並沒有看不起猶太人，只是認為，幾百年受侮辱和受壓迫使得猶太人的性格既有低劣的一面，也有高尚的一面，既有粗俗的一面，也有文雅的一面。然而我相信，在正常的條件下，猶太人會拋棄苦難帶給他們的吝嗇和狡詐，而代之以才智和思想的敏捷——這是他們最了不起的優點。

媽媽創業，害我開啟掙錢人生

母親的寄宿公寓最後以營業虧損慘重而告終。實際上在我們將全部財產拍賣之前，赤字就已經出現了。我還記得家產被公開拍賣時，簡直無地自容的羞慚心情，以及其他民眾對拍賣興奮激動的奇特場面。

在拍賣的那一天，我們每個男孩都分到一項小小的工作。由於我是全家的計算高手，任務就是計算變賣家具所得的收入。當一件又一件物品按荒唐透頂的低廉價格拍賣掉時，母親顯得非常難受；但是在立式鋼琴找到了兩位決心要買的競標者，最後以一百五十美元的可觀價格賣出的那一刻，我看到可憐的母親露出今天唯一的笑容。

看來我們除了回去與莫里斯舅舅合住之外，沒有別的選擇了。這個地方離購物中心有段距離，而要到湯森哈里斯高中就更不用說了。如果要從我的新住處去上學，得先坐電車，然後轉乘高架鐵路，穿過布魯克林橋，最後再轉乘新建的地鐵到一三七街和百老匯。每次搭車要花上一個半小時。最困難的是每次都得花費五美分，一週來回就要一美元。

不過我在火車上度過的漫長時間也沒有白白浪費，搭車的時間幾乎夠我做完所有的家庭作業。我還記得當火車慢慢駛過布魯克林橋時，我正在學習一年級的希臘文，不時也會抬起頭來瞧瞧，還可以看到當時正在興建中的曼哈頓大橋。

為了賺一點錢，我願意做任何十三歲小孩可以做的工作。我曾看顧過燒煤的大爐，除了要把沉重的幾大桶煤炭從地下室拖上來，然後傾倒在馬路的凹坑中這件事讓我累得半死外，其餘倒不大難。

我還當過一位名叫巴倫德斯（Barondess）的男孩的數學家教，他就住在路口，與我們相隔幾戶人家。他的父親是著名的勞工運動領袖約瑟夫·巴倫德斯（Joseph Barondess）。我們兩家很快成為至交，我曾多次聽到約瑟夫和莫里斯舅舅熱烈的討論時事。

我的收入主要來源之一是替莫里斯舅舅打字——打印他寫給各個客戶的報告。這些報告有非常多頁，我都是用奧利弗（Oliver）打字機打出複本。這臺打字機只有三排鍵盤，但每個鍵上有三個字母而不是兩個（直到很久以後，我才忘記當時好不容易學會的打字機操作技巧，雖然不知道這種技巧現在還有什麼用處）。

後來我用生日時拿到的零用錢，加上一部分打工收入，買了一輛二手的自行車，買到自行車的那天，開心到令我永生難忘。我推著自行車到一條僻靜的馬路上，經過半個小時的摔跤和搖搖晃晃的騎行，我憑自己的力量學會了騎自行車。

當夏天來臨時，這輛自行車帶來很大的便利，我幾乎每天都騎車載著鄰居兼好友克勞德·加斯納（Claude Gassner）到公立小學體育俱樂部運動場，興致勃勃的打網球，而我的球藝也因此有了很大的進步。

同時我也很認真刻苦的學習法語，打下了可以與康斯坦斯一起學習的薄弱基礎。至今還保存在我的圖書室裡唯一一本法語書，是貝爾納丹．德．聖皮埃爾（Bernardin de St. Pierre）所寫的《自然科學》（*Études sur la nature*）。

這本書是父親在英國銀行家摩西．蒙蒂菲奧里（Moses Montefiore）爵士的藏書出售會上買來的，曾經裝飾得很漂亮，但現在已經破損了。這本書出版於一八〇〇年左右，小開本六卷，內頁是黃色的，字體很舊，而且不是很清楚，裡面的法語文法也相當古老。

聖皮埃爾是典型的十八世紀法國作家，他集博物學家、科學家和浪漫主義作家於一身。他寫了關於動植物和各種科學理論的文章，題材廣泛，其中有一篇竟是關於南北極冰塊融化所造成的潮汐！另外他也做出了各種哲學推測。

我會先在《希思法語詞典》（*Heath's French Dictionary*）中查閱我不認識，或不清楚其含義的詞，接著把它連同英語對應詞一起抄在一張紙上，最後把這些生詞表上的英語釋義，和法語釋義輪流遮蓋起來，盡量用兩種語言寫出確切的翻譯。

到那個夏季結束時，我已經掌握了幾千個相當專門的詞彙。由於這許多詞都與外國的動植物有關，所以很快就因為沒有機會用到而忘掉了，但不少單字還在記憶中。後來我在會話中有時會使用非常專門或古老的法語詞彙，往往使法語教授大吃一驚。但可惜的是，許多印象深刻的法語詞彙我都發錯了音，由於我是透過閱讀而掌握這些詞，因此對於這些法語詞如何發音的想法，也常常如同聖皮埃爾的科學理論一樣錯誤。

當莫里斯舅舅的事業越來越成功後，他遷居到華盛頓高地一幢相當漂亮的公寓裡，我們則搬到布魯克林區邊緣的一個小地方貝斯海灘去住。母親很高興又一次可以依靠自己的力量生活，我們也都欣然忍受這間樸素房子帶來的諸多不便。

不過因為新家離曼哈頓更遠了，我就無法繼續留在湯森哈里斯上學。我十分無奈的轉學到布魯克林男子中學，那裡實行四年制，不像湯森哈里斯的三年制。我曾出於虛榮心，決心要驚人的在十五歲就進入大學，而這次轉學也意味著我必須放棄這個缺乏根據的抱負。

那年，布魯克林中學來了一位新校長——沙利文（Sullivan）博士，他後來成為紐約州的歷史學家（他在曼哈頓商業中學教過我的哥哥里昂歷史課）。當我拿著湯森哈里斯高中的轉學卡走進他的辦公室時，受到冷冰冰的接待。但在他看了我的成績單後，那圓圓的臉龐馬上變得笑容可掬。他說：「這樣的轉學卡我很願意看到。」「幾乎所有從湯森哈里斯轉到我這裡來的學生都是因為成績不及格而被開除的。儘管他們會拉低全校的平均成績，但我還是不得不讓他們入學。」的確，布魯克林中學在美國一直因教學出色而享有很高的聲譽，我也真的很慶幸自己能進入這個學校求學。

我在布魯克林讀了兩年，獲益匪淺。雖然因為進度安排困難，我未能繼續學習希臘語，但我專心致志、津津有味的學習拉丁語。儘管我欽佩西塞羅[5]的雄辯，但我也始終看不慣他的自傲自大和自我吹噓。經典作家中我真正喜歡的是維吉爾。我從他身上找到了完全符合想像的思想和才華。有人說他模仿荷馬的史詩，但作品缺乏荷馬那種直截了當和簡潔有力，我姑且承認這個說法，但是他畢竟彌補了荷馬的不足，我充分領會到了這一點——我體會到他的敘述與荷馬有細微差別，無論詩的意義還是詩的音韻，維吉爾都表達得淋漓盡致。

維吉爾的作品並不天真樸素，但也算不上深奧莫測和故弄玄虛，更沒有一點隱晦。我認為他和布拉姆斯[6]在音樂上的成就一樣。然而不知怎麼的，布拉姆斯對我的影響遠超過貝多芬。

儘管古典語言對我的內心生活具有無法估計的價值，但我不贊成硬性規定學生要學習拉丁文（其次是希臘文），甚至也不贊成強調選修這些課程。因為這兩種語言都需要耗費大量心血，花許多小時苦練之後才能達到自得其樂的境界。

苦練不是一件壞事情，但是我看到許多同學花了那麼多時間和精力，到頭來還是徒勞無功，過了幾年他們幾乎忘掉了所有的概念和詞語。學習任何語言——不論古代的還是現代的——都應該為了證明花下去的功夫值得，**達到可以永久掌握的程度**。

如果在達到這個程度之前停止學習，以前所學過的全部內容都將隨著歲月的流逝而遺忘，有時遺忘的速度之快，令人不可思議。但如果持續堅持學習，越過障礙，到達彼岸的話，就能永遠掌握這種語言，在往後的一生中可以很輕鬆的運用和發揮。

如果只是為了「智力訓練」而學習外語，卻不關心語言所表達的文學和文化，對我是完全沒有吸引力的。在真正強化的英語學習中，你可以從學習速讀技巧、理解閱讀內容、記住規律和某些特別的細節，以及清楚簡潔、符合語法的表達自己或別人的想法中，得到大量的「智力

5 譯按：西塞羅（Cicero，西元前一〇六年至前四三年），羅馬政治家、律師、作家、演說家。他的詩詞皆含有很大的自我吹噓成分，在古代即受到批評。他遺下書信九百多封，在信中有時為抬高自己，對事情敘述得不夠客觀。

6 譯按：布拉姆斯（Brahms，一八三三年至一八九七年），德國鋼琴家、作曲家。重要的作品有合唱《德意志安魂曲》、《D小調第一號鋼琴協奏曲》、《C小調第一號交響曲》。作品表現出十九世紀的浪漫主義精神，也保留了古典音樂的傳統。

訓練」。

如果讓我來安排學習課程，前八年的時間將只會有兩門課：英語和科學，當然後者包括數學在內。但是在之後的英語課程中，要再加上歷史、地理和禮儀，當然這些課也不能和文學分開。

儘管我一直是個拼寫能手，但理智告訴我，學習英語拼寫幾乎沒有什麼內在價值，掌握拼寫之所以必要，僅僅是因為傳統歷來如此。只要能充分表達想說的意思，我也很高興讓大家愛怎麼拼寫就怎麼拼寫（如同莎士比亞時代大人物所做的那樣）。

每個人都希望改善目前的教育制度，雖然這裡不是發表見解的地方，但是我還是必須大聲疾呼：那些天才學生應該從小時候起就特別鼓勵和對待，他們應當學習外語，並以此作為標準課程的補充，因為學校課程教得太慢，無法讓他們保持興趣，充分投入。

我在布魯克林中學的成績比上不足，比下有餘，在班上名列第三（讓我為自己辯護一句，班上的學生都是極其優秀的）。當時我編寫了一篇故事〈大陰謀〉（*The Great Pie-Plot*），投稿給學校一年一期的文學刊物，那是一本厚厚的書，用紅黑色的校徽裝飾，刊名為《記錄者》（*The Recorder*）。

我也參加了幾次班際辯論，而我的辯論才能讓我被選入「芒社」（Arista），這是在我畢業那一年所建立的紐約市中學名譽團體。但使我獲得最大成就感的，卻是在中學網球聯賽中取得的勝利。

該年早些時候我曾參加網球隊選拔，但沒有受到任何人注意，而後在與網球隊長詹寧斯（Jennings）的三盤較量中贏了兩盤，算是我個人的一大勝利。詹寧斯曾打敗過另一位好手塞德里克．梅傑（Cedric Major）。後來梅傑贏得了全國退伍軍人盃網球單打錦標賽冠軍，他的球藝一定在我們那次聯賽之後大有提升。他還成為「里海谷鐵路」（Lehigh Valley Railroad）網球隊長，但於六十歲時死在網球場上。

在布魯克林中學時大家都認為我是書呆子，在體育方面完全不行，要是那次聯賽的時間不是那麼尷尬，在網球賽中的勝利本來可以大大增加我在同學中的威望，但因為聯賽是我們畢業之後才舉行，所以誰都不知道我獲勝這個驚天動地的消息。我們的體育主任聽到這個消息時，還問道：「你是怎麼打贏的？」

發明開門裝置想賺專利使用費

後來我們又搬家了，這一次是從布魯克林搬到布朗克斯區的凱利街。好笑的是，兩年前我住在布魯克林邊緣，到曼哈頓北部的中學去讀書；現今住在布朗克斯邊緣，到布魯克林區中心的中學去讀書。

十五歲時，我設計出一樣東西——這是一生中多次讓我絞盡腦汁，但沒有什麼了不起的發明中的第一項。在我們所住的這幢公寓裡，來訪者在樓下按門鈴，鈴聲會在廚房響起，主人按一個控制樓下大門開關的按鈕，就可以讓來訪者進門。

由於我年紀最小，每次鈴響起時，我就不得不放下書本去按按鈕，所以我對開門的責任很惱火，於是產生了發明的念頭。我想可以把電線從門鈴連到按鈕上，這樣就可以切斷電流，打開樓下的門閂。

經過多次笨拙的努力，我終於把這種裝置安裝好，並運作起來。我甚至在電線上裝了一個小開關，在全家人外出，不想讓門打開時，可以關掉該裝置。我幻想自己發明的小玩意兒安裝在全世界每一個公寓裡。

這個裝置的製作成本很低，按我家公寓裡的試裝成本計算，安裝一個可以輕而易舉賺進一美元。當然，其他城市想獲得安裝許可的專利使用費更可觀。我這個不切實際的幻想家打算重振門楣，甚至要使家庭達到新的富裕高度。

但不過幾天，我的夢想就化為泡影。毛病出在哪呢？首先，機械製作就有困難，因為門閂只有在人持續把手指按在樓下門鈴按鈕上時才會慢慢轉鬆。但是來訪者通常在按下門鈴，注意到門閂發出咔噠聲後，就會鬆開門鈴，想抓住門把開門。當他的手指離開門鈴按鈕時，咔噠聲立即停止，大門又重新關上。來訪者只好重按一遍——也許重複幾遍——結果總是老樣子。這時候，我們之中的任何一個只得下樓來幫忙。

來訪者都說我們的發明不怎麼樣，於是我們做出蹩腳的解釋；但是會操作這種裝置比不知道如何操作更糟糕，我們公寓裡的所有年輕人沒多久都懂得如何操作。他們會若無其事的按住門鈴按鈕，另一隻手則巧妙的握住門上門把，把門打開。

當我們在樓上納悶為什麼我們的房客還沒有露面時，其他人就已經衝上樓，走進自己的房間了。不久後母親忍無可忍，吩咐我拆除這該死的裝置，我只得忍痛割愛。此後很長一段時間裡，我苦思冥想各種解決這個問題的方法，實際上卻再也沒有實踐過。

價值投資之父葛拉漢：賺錢人生

· 我的愚昧無知讓我得到了一個終生難忘的教訓：永遠不要傲慢的對待別人。

· 宗教信仰的訓誡教化對我這麼一個敏感的人來說，所具有的真正意義和魅力，反而被一大堆反覆不斷的隱語弄得透不過氣來。

· 你必須對上帝經過深思熟慮之後，才有權不相信祂。

· 如果在達到可以永久掌握的程度之前停止學習，以前所學過的全部內容都將隨著歲月的流逝而遺忘。

第五章

一波三折的大學路：我的務農和學徒經歷

我已經掌握了對其他人不端行為視而不見、聽而不聞的本領。在特別容易受到影響的年齡，體驗了和以往完全不同的農場生活方式，讓我對這些往事留下了強烈和持久的印象。

一九一〇年六月的某天凌晨三點三十分，澤西市鐵路的終點站就像一座空蕩蕩的大穀倉，只有已經習慣黑暗的眼睛，才辨認得出候車室裡拱頂的輪廓。一個角落上有芝麻綠豆大的黃光，旁邊電話亭的門半開著，這道光就是從那裡射出來。

狹窄的電話亭裡坐著一個才剛滿十六歲的青年，他是候車室這座大建築物內唯一的人。他很不舒服的屈身坐在靠近電話機的小椅子上，電話就安裝在牆上。在木架上的綠色燈光下，他拿著一本厚厚的綠皮書，法蘭西斯·培根（Francis Bacon）所寫的《學術的進展》（*The Advancement of Learning*）。

我睏極了，我從未這麼晚還沒睡，熬夜使得我渾身酸痛。所有的一切都在催促我打瞌睡：深夜、緊張的神經、勞累、周圍的黑暗、寧靜和沉寂、我正在閱讀的冗長著作——這一切就像泰山壓頂一樣向我襲來。但我決心不入睡，幾乎完全依靠意志力才使沉重的眼睛張開著，因為我不能再一次錯過火車的時間了。一想到這件事，就覺得自己太荒唐可笑了。

離凌晨五點上火車還有很長的時間，我又回想起昨天下午自己犯下的愚蠢失誤。我怎麼會這麼無能，像小孩子一樣的怕羞呢？

前天午餐後不久，我向母親道別，要出發到紐約州新米爾福德去，在雅各·巴曼（Jacob Barman）先生的農場當暑期員工。這件事是布魯克林中學的數學教授韋弗（Weaver）博士安排的。與他那不拘小節、待人刻薄的形象完全不相稱的是，他傾全力幫助城市少年體驗農村勞動和生活節奏。我馬上就被他的雄辯給說服了，所以我與另外三個同學簽了名，表示暑假願意到農場當學徒。報酬是每個月十美元，外加食宿。

自己的草率自己收拾

這是自從七年前母親守寡以來，我第一次離開她。在告別時她激動不已，但濕潤的眼睛還是假裝很愉快，嘴裡老生常談的說著：「親愛的，好好照顧自己，記得寫信給我！」我迅速跑下樓梯，提起母親的小衣箱，箱子裡裝的東西不多。我感覺自己幾乎一下子變成了大人，或者說差不多長成男子漢了。口袋裡放著農場主人巴曼寄來的新米爾福德單程車票，以及大約五美元的現金。

我先坐地鐵到科特蘭街，然後坐船到紐澤西州，整整提前一小時到達火車站。我在一個令人很不舒服的長凳上坐下，打開旅行袋，拿出培根的論文。旅行袋裡還裝了其他幾本書，但嚴格說起來它們是供正式學習用的：用希臘語寫的《長征記》[1]以及一本標準希臘語語法書——這本書是布魯克林中學古典語言系主任賴斯（Reiss）博士送給我的畢業禮物。我在他的「維吉爾著作選讀」班上表現十分出色，所以這位好心的教授（個性與他的鬍鬚和濃重的德語口音很相配），鼓勵我在即將到來的「漫長的暑假夜晚」繼續學習希臘語。

除了這本薄薄的語法書，我還帶了一本紅色封面、書名為《帕爾默完美書寫法》（*The Palmer Method for Perfect Penmanship*）的書。這本書也是一位老師送的，不過並不是要獎勵我

---

1 譯按：《長征記》（*Anabasis*），希臘文史學家色諾芬（Xenophon，西元前四三一年至前三五〇年）的散文敘事作品，記載希臘雇用傭兵奪取波斯王位的故事，文筆生動，敘事詳盡。

的寫字技巧高超，而是為了糾正我的一個缺點：我的字糟糕透了，家人卻溺愛的說，這個毛病只是進一步證明了我是個天才。

然而英語系的愛德華（Edwards）老師，因為我字跡醜陋而把我的作文成績扣了五分。他說：「這五分遠遠無法補償你的字對我視力和心情的損害。」所以愛德華給了我這本帕爾默書寫練習冊，硬要我答應他，再一次利用漫長暑假的夜晚挺直手肘，轉動肩膀，一心一意練習書寫。

培根的著作是家裡逐漸減少的藏書中唯一一本我沒有讀過的書（原先家裡有一整套世界文學叢書，還有許多其他書，不幸的，這些年來幾乎所有的書都被一個善於扒竊的兄弟拿去換錢花了）。

所以坐在候車室裡，我只得硬著頭皮啃培根的著作（這是本乏味難讀的書），一直讀到快乘車時，我便走到售票處窗口，詢問到新米爾福德的火車要在哪個月臺上車。售票員不耐煩的回答：「五點十二分，九號月臺。」我大吃一驚，因為巴曼在信中說的是四點三十分。但是我不好意思再去問售票員，於是又回到座位上等待，再看一會兒書。

快到四點三十分時，我想售票員也許講錯了，所以趕緊奔到售票窗口再次詢問。然後我發現了自己的愚蠢以及售票員的粗心。因為我只說「新米爾福德」，他就把去賓州新米爾福德的火車發車時刻告訴了我，因為賓州新米爾福德，比紐約州同名的城市和火車站重要得多了。沒錯，去紐約州新米爾福德的火車確實是在下午四點三十分發車——就在十秒之後！

我衝了出去，只見車門在我面前關上。下一班火車要到第二天早晨五點鐘。那是一列裝載牛奶的返程車，把空牛奶罐從城裡運回到養乳牛的鄉下。現在我幾乎要等十三個小時。怎麼辦？

我好想回家去吃晚餐，並在床上休息一下，但是我的自尊心否定了這個想法。我無法對母親老實的說出自己的失誤，也無法面對兄弟們嘲笑式的同情，這時他們應該剛好下班回到家了。

我想耐心等待，自己打發這些時間，才顯得出男子氣概。所以我花了一個多小時搭乘伊利渡輪在哈德遜河上旅行。只要不下船，我就可無限次數乘坐。起初，紐約市的輪廓、河上交通、溫和的六月天氣都使我心曠神怡，我幾乎為這次失誤而感到高興，但是到第十趟航程時，我厭煩極了。接著吃了一頓便宜的晚餐，散步了很長一段時間，在火車站打瞌睡，然後再去坐六次渡輪。最後我只能又一次在木頭長凳上坐下來，手裡拿著培根的書，等待凌晨五點的到來。

現在我有許多可以思考的時間，於是開始盤算高中畢業後，上大學的希望和計畫。儘管這一次愚蠢的疏忽不斷闖入腦海中——「我怎麼會這麼蠢呢？」——實際上我對自己已有的成就十分滿意。

作為一個天資過人的學生，我每門課都學習得很好，名列前茅。當然我的抱負是上大學，最好能進哥倫比亞大學，並強烈渴望可以獲得普立茲獎學金——這筆金額可觀的獎學金可支付我全部學費，外加離家在外的生活費用。為此，我參加了難度極大的入學考試。事後我把記得的答案與一些友善的對手比對，有把握可以拿到數一數二的名次，遠遠超過其他幾百名競爭者。因此我應該感到非常快樂。

然而父親去世後，貧困的歲月對我只有輕微的影響。它們讓我養成了很看重金錢的性格，願意為賺一點小錢而努力工作，花錢的習慣也極其保守。

不過在凌晨兩點鐘，我碰到了一件新的倒楣事。突然候車室裡所有的燈光都熄滅了，我陷入一片漆黑之中。顯然在清晨之前再也不會有火車進出，所以沒必要在空蕩蕩的候車室裡浪費電力。

在黑暗中我不知道怎樣才能驅散不斷湧現的睡意，只好盲目的從一堵牆到另一堵牆來回走動。後來我發現了候車室裡唯一的電話亭，在這個小空間中有一盞小電燈，而更讓我欣喜的是，燈光還亮著，找到了救命稻草！我打開那本已讀了不少的厚厚綠皮書，把它豎靠在架子上，拚命集中精力吸收培根用誇張筆觸傳授的新知識，同時不使昏昏欲睡的眼睛闔上。

過了一會兒，我抬起頭來環顧四周。我注意到剛剛還是黑暗一片的候車室，有了微弱的灰白色光線，夏季裡漫長的一天已經透過伊利車站的窗戶來到了。一些乘客開始走進了候車室，我不再孤獨，也知道自己不會再錯過火車了。

不是務農的料

在農場裡，我替巴曼先生打了兩個月的工，這只占了我到目前為止（一九五八年）的人生中千分之二．五的時間，然而這段短暫的打工生活，比許多為時較長的經歷留給了我更深刻的記憶。這倒不是說在新米爾福德過得很愉快，相反的，那裡的工作很辛苦乏味，並且我也迫不及待的等待解放那天的到來。

即使是去當不用勞動的農場主人，我也一點都不想回到農場去。然而也不是苦難使我記住了那裡的許多情景，在那裡我完全沒有受到虐待，而且**我已經掌握了對其他人不端行為視而不**

見、聽而不聞的本領。應該這麼說，在特別容易受到影響的年齡，體驗了和以往完全不同的農場生活方式，讓我對這些往事留下了強烈和持久的印象。

巴曼先生大約六十三歲，鬍鬚雪白，滿臉皺紋，似乎真的很老。一八四八年政治動亂之後，他跟著父母從德國來到美國。美國內戰快要結束時，他正好十八歲，加入了聯邦軍隊。我不知道他是否真的打過仗，但可以肯定他是一名資深的老兵，每月領取的養老金占他現金收入很大的比例。

巴曼先生擁有一個小農場，即他家周圍的幾英畝土地，再加上離公路不遠處的一塊牧草地。他有兩頭乳牛，名字都叫露西（Lucy），幾隻豬、許多雞，還有一匹種田和運輸絕不可少的馬。他還種了各類蔬菜和水果，外加飼養家畜用的牧草和苜蓿。他會把一部分的牛奶賣掉，剩下的留著自用，並把其中一些製成奶油和乳酪。

巴曼與他的第二任妻子同住，以及在學校裡當教師、第一任妻子所生的女兒。兩位女士都跟我很合得來，但她們彼此卻一點也處不來，巴曼時常需要仲裁她們的糾紛。

用餐時，我們都會跟斯內德克（Snedecker）先生同席。他在村裡經營一家雜貨店，是一個容易發脾氣的老單身漢，整個暑假我與他只說過幾句話。而他的人生，就如同村裡其他人一樣，悲喜交加。

過去十八年裡他曾與新米爾福德一位年輕女士訂過婚，只等賺了足夠養活妻子兒女的錢，他們就成婚。但他的小本生意似乎從未發達過，於是婚禮一年又一年的延後，最後這位女士與斯內德克先生訂的婚永遠沒有希望了。

村裡一些生意人經常會到巴曼這裡用餐，然後付很多餐費給巴曼家，因為他們的胃口很大。我仍然記得，當時我正在吃飯，有個人傲慢的看著我，並且發表意見：「你是這樣吃蛋的嗎？我吃了將近六顆蛋，都沒有弄髒我的盤子呢！」

巴曼家還有一個神祕的地方——那裡住著一個不露面的人！過了很長一段時間後我才知道是誰，雖然在到達農場後不久，我就發現大家都會避開那間小屋。

那時我住在頂樓的一個小房間裡，房內有床、小櫥櫃、盥洗盆和煤油燈，不過沒有電燈和自來水，當然也沒有汽車和電話。就像當時大多數農家一樣，廁所建在戶外，家裡用的水通常是我從農場周圍的水井裡抽上來的。洗澡時，我要先在煤爐上燒一壺水，接著倒入一、兩桶冷水，用布蓋好，拿到頂樓，放在我房間的地板上。

我的工作時間很長：早上五點半巴曼太太就會叫醒我，迅速穿好衣服後，我睡眼惺忪、跌跌撞撞的走到牛棚進行第一件工作——幫大露西和小露西擠奶，然後吃早餐。在一個真正的莊稼漢看來，我像挖壕溝一樣費勁的擠奶工作也許微不足道，但我還是得飽餐一頓才行。

接著我要餵雞、餵豬、顧馬，完成這一天指定要我做的各項工作，直到晚餐時，再次擠奶和餵料之後，一天的工作才算做完。星期六也像其他日子一樣要工作，星期天則只要做一些例行公事就行了，所以每星期我得做六十到六十五個小時的工作。

在這個農場裡我學到了許多東西。擠牛奶是一件很辛苦的工作，還沒從四個乳房擠出足夠的牛奶之前，我的幾個手指就已經累得沒有力氣了。一不小心，乳牛還會熟練的撞翻牛奶桶。

馬也需要仔細照料，給馬套上馬具複雜得驚人，而且必須定時餵馬，把燕麥放在牠鼻子底下的飼料袋，再將乾草放到馬廄裡，還需要經常用馬梳刷牠們身上的毛。此外，馬廄（連同乳牛棚）當然都必須不時打掃乾淨。我覺得這項工作最令人厭惡，然而我只能顧影自憐，把自己比做為奧革阿斯國王（King Augeas）服務的海克力斯（Hercules），只不過這裡沒有一條能幫我清掃的河流。

雞則關在工具庫上面的一個大房間裡，要用相當高的梯子才能進入雞窩。我每天要提兩次雞飼料上去，而當我的腳剛踏上梯子最下層時，就會有雞開始在房間四周奔跑，其餘的雞立即依樣跟上，我可以聽到雞群驚慌奔跑，而且越跑越快的嘈雜聲。

在我把門推開後，嘈雜聲變成全堂喧鬧，接著我看到了一個奇怪的景象，房裡再也沒有領袖，每隻雞都在徬徨的亂竄，沒完沒了的繞著圓圈。牠們一點也沒有注意到我，顯然忘記自己為什麼要奔跑了。要牠們停下來是沒有意義的，所以我都趁牠們在周圍狂奔的時候，抓幾把飼料灑下去。過了好一會兒，一隻饑腸轆轆的雞停了下來，大口吞食飼料，然後另一隻雞也開始進食。漸漸的，狂奔的雞不再躁動，開始安定下來吃東西。這時我已把桶裡的飼料倒空、走下梯子，一切恢復平靜。日復一日，每次餵雞總是會出現一樣亂哄哄的景象。

豬的行為也不聰明，但是方式不同。每次牠們都要吃兩大桶廚餘，當我走近豬圈時，牠們會把大嘴貼在飼料槽上。餵豬的唯一方法是把廚餘傾倒在牠們頭上。雖然任何時候豬的形象都不太美，但是經過這種「洗禮」之後，模樣就更加令人作嘔了。

巴曼為自己學過農業知識而自豪，他是周圍鄰里中唯一會種苜蓿的人。在美國東部，當時知道苜蓿的人比較少。巴曼說這種植物能增加土壤中氧的含量，動物又愛吃。不幸的是，為了取得好收成，苜蓿一定要種在山坡上，所以我的雇主就挑選了最陡的山坡種植。

收割的日子到了，我們得用割草機（由那隻溫馴的馬來拖拉）割苜蓿。割草機勢必會向下滑動，而這時候就需要我出馬了。當巴曼舒服的坐在機器後面時，我不得不頂著灼熱的太陽，在下坡處使出全力擋住割草機不讓它往下滑。

不過在寬闊的牧草地割草就不會這麼折騰人，我只要站在乾草車上，接住不知疲倦的農民們用草叉拋給我的大捆乾草，然後盡可能平穩的堆好就可以了。早上和中午各有十五分鐘休息，在茂密的樹蔭下從一個小牛奶罐裡喝一點涼水，真是愉快的時刻。而更令人高興的是，一天工作結束後驅車回家，懶洋洋、非常舒適的躺在乾草車的頂部，嘴裡使勁嚼著乾草的時候。

不過接下來的工作卻不怎麼輕鬆愉快，這個工作叫做「藏乾草」，也就是把載回來的乾草全部貯藏到穀倉上一個頂棚裡。這一次換巴曼拿著草叉站在大車上，而我站在通往頂棚的小入口處。當乾草向我拋來時，我要伸出手臂去接住，然後把它拿到頂棚的某個合適的地方去。天氣酷熱難當，灰塵飛揚令人窒息，收藏乾草的活似乎沒完沒了。當最後一綑乾草塞進滿滿的草棚時，我心裡有說不出的高興。

性知識初體驗

當然，農場也是年輕人了解性知識的最好地方，如果你混跡於農場牲畜當中，就絕不會對這件事天真無知。有一天，大露西「春情勃發」，是時候帶她到公牛那裡去「生個小牛犢」了。

但交配得要靠鄰居家的公牛幫忙，而巴曼又必須去參加農村交易會，於是他說：「沒關係，班，你自己把露西帶到瓊斯（Jones）家去。交配這種事不難，而且他們會幫你的。」但其實我不太相信自己辦得到，不過雇主的命令必須服從。

第二天，巴曼坐著馬車走了，我用短繩套住露西的脖子，牽著牠上路。這頭母牛特別膽小，容易受驚嚇，我只能用力拖著牠走，終於把牠拉到了瓊斯的農場。在瓊斯家的門廊上，一個大約十四歲的女孩坐在搖椅裡。

「你來買什麼？」她問。

我很窘迫，臉孔已經緋紅。

「我是巴曼先生家的。我……我……我帶這頭牛來……」

「噢，你帶牠來找公牛的，」她若無其事的說：「你可以在牛棚周圍找到牠。」

「瓊斯先生在哪裡呢？」「爸爸到南邊牧草地去了。不過沒關係，你可以自己弄。」

我無法對這個冷靜沉著的少女啟齒，自己一點也不懂得母牛與公牛如何交配。我拉著露西在牛棚周圍轉，希望事情能「自然發生」。那頭公牛獨自待在牛欄裡，看上去龐大、強壯、結實。牠正在柵欄裡跺腳，我敢保證，牠的鼻子已噴出情慾來。我把露西拴在籬笆上，絕望的看著四周，期待有人來幫忙，但就是連個人影都不見。我不知道在那裡站了多久，冥思苦想如何對付那頭公牛。但隨著時間過去，我孤立無援，也越來越害怕。

最後，瓊斯小姐和她腰身很粗的母親把我救出困境，不過我也丟盡了面子。她的母親說：「年輕人，我想你自己對付不了那頭公牛。你最好把這頭活潑的母牛先領回家去，改天讓巴曼再帶過來。」

沒等她說完，我就拖著不願離開的露西踏上回家的路。當時我感覺得到背後那個懂事女孩輕蔑的目光，然而擺脫困境的極度喜悅，讓我早已將羞愧感拋在腦後。巴曼聽了我的敘述，覺得很有趣，也不責備我。「讓你獨自到那裡對付那頭公牛，是我的錯。」他說。

幾天後，我和巴曼、露西一起再到瓊斯家，而這一次露西總是盡力跳越我們所經過的籬笆。但一到達目的地，露西就莫名其妙變得害羞，我們不得不將牠拖往牛棚。那頭公牛似乎渾身都是按捺不住的衝動，巴曼和瓊斯兩人緊緊抓住公牛的套頭，我則做些露西的伴娘該做的事。但我很遺憾，那些事情妨礙了我觀察家畜交配的過程。

通常在吃過晚餐，做完最後一件工作後，我就會拿著一盞燈上樓，回到臥室開始自學。我在靠著希臘語法書的幫助下閱讀《長征記》，儘管從未讀完這本書，但也確實讀了不少。這本文學書沒能引起我的興趣，雖然我知道很多人認為它是一部經典作品。

小說中的一個情節令我永遠難忘。當阿波羅（Apollo）在歌唱比賽中打敗了馬爾西亞斯（Marsyas）後，阿波羅活活剝掉了他的皮。該書有一張描繪這種可怕行為的插圖，這張圖是從某個古代樑柱或壺罐上複製下來的。在一剎那的啟蒙和絕望中，我看到了人類一系列墮落和殘忍行為。

即便古希臘人追求真理和完美，用偉大的哲學箴言「不要越軌」（Nothing in excess）來約束自己，但仍舊非常喜歡看到別人痛苦的樣貌，這都應歸咎於阿波羅——光之神、歌之神和快活之神——他在把一個活生生之人的皮膚剝下來時，竟顯示出一種虐待狂的滿足！對我來說，這將我從馬爾西亞斯的神話，直接拉回到了現實之中。波特萊爾[2]在《旅程》（*Le Voyage*）中寫到「為盛宴充作調味汁和香料的血液」時，已領悟到了隱藏在我們文明後面，這種野性的強烈迸發。

篩選積在大煤爐裡的煤屑也是我的工作之一，農屋的後面有一大堆，巴曼在煤堆旁安裝了鐵做的篩煤器，並教我如何轉動曲柄。煤屑被剁細後，會從篩網中濾出，而煤仍會留在桶裡。我必須花很多時間做這項工作，且大部分時間都是在烈日下進行。而為了讓這項工作變得比較有趣，我會把篩煤器正對幾個蜂窩。當我鏟煤屑時，就會聽到無數忙碌的蜜蜂嗡嗡的飛過我的眼前，但我並沒有像丁尼生那樣對蜜蜂入迷，他曾寫道：

> 古老榆樹上的鴿子在呻吟，
> 不計其數的蜜蜂嗡嗡嗡的低語不停。

而我也從最初的焦慮不安，再到接受現實、埋頭工作，最後進入到與那些孜孜不倦、盲目

2 譯按：夏爾．皮耶．波特萊爾（Charles Pierre Baudelaire，一八二一年至一八六七年），法國詩人、美學理論家。主要作品有詩集《惡之華》（*Les Fleurs du Mal*）、《巴黎的憂鬱》（*Le Spleen de Paris*）等。他的詩摒棄了浪漫派的矯揉造作，對萬事萬物進行現實的探索。

服從巴曼夫婦嚴厲吩咐的工人們建立起友誼的階段。

我也在這裡遇到了一些與我同齡的少年，但與他們相處的時間很少。我還記得一件特別有趣的事，那時我在公路上一邊走，一邊煞有介事、滔滔不絕的告訴他們紐約市的奇觀，吹噓那裡汽車多到人們不會再對它大驚小怪。

然後這時有一輛汽車出現在公路上，極快的朝著我們開過來。我的同伴們立即一個箭步衝到附近的田野裡，但是我繼續若無其事的沿著公路漫步。這輛汽車發瘋似的猛按喇叭，在我旁邊幾乎擦身而過。司機一定以為我瘋了——我那時確實是昏了頭，但這也使我的同伴留下很深的印象。

寄給母親的蘋果

巴曼家的蘋果樹會結出品質極好的蘋果，那也是我看過最大最紅的蘋果，所以我決定寄顆蘋果給媽媽吃。於是我把蘋果包好，寫上地址，拿到郵局去。這個郵局其實在雜貨店裡面，占據其中一個小角落，店主斯內德克也兼任郵局局長。他問我：

「你想怎麼寄，孩子？」

「我不知道。有什麼好辦法嗎？這是蘋果。」

「啊，蘋果！」（這些城裡的小夥子一定是瘋了）「如果你真的要寄，必須用一級郵件寄。不然蘋果絕對會爛掉，但郵資大概是蘋果價錢的五倍。」

我的智力、孝心和錢包都受到了挑戰。「用一級郵件寄！」我斬釘截鐵的說。八十九美分郵資是一筆不小的開支。後來母親寫信告訴我，她很欣賞我的一片孝心，但花那麼多郵資顯得非常輕率——我想是不是因為蘋果寄到時，看起來已不大好了？

不久以後母親到新米爾福德來看我了。她每年夏天總會設法安排幾天假期，這一次她想了一個絕妙的主意：自費到巴曼家住一星期，而巴曼一家也很高興額外獲得八美元的住宿收入。八月初母親來了，母子團圓真幸福！她也很快就與巴曼家的三個人成為朋友，然而她在兩天內了解到的巴曼家，比我在這裡一個月知道的還更多。

事實上，她解開了巴曼家那間小屋的謎團。這間小屋裡住著巴曼先生的姐姐，一個癲癇病人。我不知道為什麼這種疾病要讓她過囚禁般的生活，也許當時這是公認可以對付癲癇病的辦法。看到母親走進小屋，與坐在轉椅裡的一個老太太談話，你可以想像我是多麼的驚訝。關於她們的會面，母親只對我說，這位病人說話時神志很清醒。

奢華家具使我無緣獎學金？

有一天，我從哥哥維克多那裡收到了一封信，信中激動的報告我申請普立茲獎學金的考試結果。「妙啊，妙啊！你贏了，你贏了！你名列第七！」

大紐約地區所有公立中學的參賽者中，大約只有二十名學生可以獲得這筆可觀的獎學金。如果我能名列第一、第二甚至第三，我都會真正感到興奮激動，可是目前的名次似乎只能帶給我安慰而已。大家都很有把握的告訴我不需要擔憂，而普立茲獎學金機構的人員也及時拜訪我們家。母親很愉快的會見了他們，然後約定和我面試的時間，待我回到紐約後就立刻前往。

八月二十八日終於來到了。我向巴曼一家溫馨的（但絕沒有流淚）告別。我沒有錯過回家的火車，因為這次農場主人親自送我上車。

當我回到紐約後，就到派克街的世界大廈，參加普立茲獎學金面試。考官是《普立茲時報》（*Pulitzer Dailies*）的總編輯艾爾弗雷德．哈姆斯沃思（Alfred Harmsworth）先生，同時也是普立茲獎學金委員會的主席。

我很緊張，但哈姆斯沃思先生很快就使我放鬆平靜下來，我很自在的談了自己的愛好和抱負。當他問我最喜歡什麼書，我興致勃勃的回答《羅馬帝國衰亡史》（*The Decline and Fall of the Roman Empire*）。這本書我從頭到尾津津有味的讀了一遍。哈姆斯沃思先生似乎對我的話印象深刻，說我是他碰到第一個會讀這種文學書的孩子。面試結束了，而當時我認為結束得很完美，在向家裡人彙報時，我表現出對面試結果很強的自信。

一週後，根據通知所示，我打電話給哈姆斯沃思先生的祕書想知道我的命運。電話裡傳來如同洽談生意一般的回答：「對不起，你沒有入選。」好一陣子，我驚訝得目瞪口呆，接著我有氣無力的問：「能不能告訴我，弗雷德里克．格林曼拿到獎學金了嗎？」「格林曼？他拿到了獎學金。」「很好，謝謝你。」談話結束了。

這一結果讓人大失所望，所有的光輝和希望突然在我的生命中消失了，並不僅僅是因為普立茲獎學金的金額很高。他們每年給付獲獎者一百五十美元支付大學學費，連續四年；如果需要住宿，每年另外還可以拿到兩百五十美元的生活費。當時，人們若有這麼一大筆錢，就可安心的在一流學府裡認真念書。

雖然我也曾強烈渴望效仿格林曼，毫不猶豫選擇崇高的哈佛大學，但因為母親還無法接受我長時間離開她，我也拋不下陪伴母親的責任，所以打算進入哥倫比亞大學，這樣我就可以住在家裡讀大學。現在一切的計畫都取消了，無論哈佛還是哥倫比亞都將與我無緣。

母親和哥哥們一樣對我的不走運感到沮喪，而且十分氣憤。他們的班尼（Benny，班傑明的小名）成績名列第七，怎麼會被刷掉？而名次遠遠排在他後面的其他人（包括他的幾個朋友）反倒被選中了？儘管聽起來挺稀奇的，母親最後竟然把原因歸咎於我們的家具！

雖然經過多次的清理和搬家，我們還是保留了路易十六時代的椅子、沙發和其他幾件精緻的家具。儘管當時它們已經破舊，仍舊顯示出一些奢華的氣派。而普立茲獎學金是根據需求、學習成績是否優秀，和品行是否良好來考慮授予的。母親說，雖然我們申明家境貧困，但調查員一定認為，即使沒有獎學金我也上得起大學。（如果調查員真的如此認為，那麼他就大錯特錯了！）

然而**我對自己名落孫山的原因另有看法。我認為這是自己性格弱點所致**，多年來我一直在努力克服法國人稱之為「壞習慣」（Mauvaises habitudes）的東西，我內心對宗教的極端拘謹，加上當時流行的一些驚世駭俗小冊子，把這種壞習慣的影響提升到道德的高度。

我暗自思忖，目光銳利的哈姆斯沃思先生一定已察覺到我思想缺陷的祕密，所以才把我的獎學金授予比我更加優秀的某某人。這一解釋甚至比母親怪罪家具的說法更加憑空想像，奇異怪誕。

因為勢利心態而輟學

第一個令人憤慨的打擊結束後，母親很快變得嚴肅和務實了。如果我不能上哥倫比亞大學，就一定要上紐約市立大學，那裡是免學費的（感謝上帝）。下課後我也可以找個工作，賺點必要的零用錢。

於是我在紐約市立大學註冊了，但心情卻很憂鬱。為什麼呢？這純粹出於十足的勢利眼。市立大學不像哈佛、耶魯和哥倫比亞那樣擁有許多傑出的教授，這是事實。但它擁有嚴格高效率的課程，也培養出不少訓練有素的畢業生，校友中就有許多著名人士。

不過因為它是一所免費的大學，來這讀書的大部分都是社會地位較低的窮學生，而且極大多數是猶太人。進入這所大學而非哥倫比亞大學，意味著我正接受低下的社會地位和承認失敗。儘管我盡量客觀的看待這件事，但老實說這種會引起別人反感的結論，也有它一定的道理。

紐約市立大學學生與一流大學畢業生相比，在社會和就業方面處於一定的劣勢，這種態度反映出一九一一年美國人普遍的勢利心態，而我也接受了這種扭曲的價值觀念，所以我的屈辱感就更加強烈。

當然，我在紐約市立大學的生活並不愉快。源於不健康的心態，所以我對這個學校所有的一切都感到不滿意、不稱心。有一天我的抽屜忘了上鎖，裡面的兩本書就不翼而飛，而丟了書是要賠償的，我沒有任何零用錢的來源，頓時感到既氣餒又厭惡。絕望之中，我做出了極端的決定：放棄求學，找工作去。

我的第一份工作是安裝門鈴的按鈕。第一次上班時，大約有六個男孩圍著一張桌子，桌上有幾個籃子，盛放著各種零件。在稍加指點之後，我學會了簡單的裝配動作，隨後就變成這個小組裡的一名老手。我們的工作從早上七點開始，一直到下午五點半停工，中間有四十五分鐘的午餐時間。每週大概會花五十五個小時工作，一個星期中同樣簡單的手工操作要重複多少次，我已經不想去計算了。

為了消磨看起來沒完沒了的時間，我開始一邊工作，一邊默背詩歌。慶幸的是，那段時間讓我記住了大量的詩作，包括格雷[3]的《墓地輓歌》（*Elegy Written in a Country Churchyard*）、《魯拜集》[4]的全部詩歌，甚至《艾尼亞斯紀》[5]的前四百行詩。我坐在遠離人群的地方，一面忙碌、熟練的操作著簡單的工作，一面與偉大的詩人們「談心」。

過了一段時間（大概兩個星期）後，我對裝配按鈕的單調乏味越來越厭煩，於是重新在報紙上的招聘版找工作。紐約市中心有間電話機工廠正在招聘員工，週薪五美元，很吸引人。所

3　譯按：托馬斯．格雷（Thomas Gray，一七一六年至一七七一年），英國浪漫主義詩人。

4　譯按：《魯拜集》（*The Rubaiyat of Omar Khayyam*）原是十二世紀波斯詩人奧瑪．開儼的作品，後經英國作家愛德華．費茲傑羅（Edward Fitzgerald）譯成一部英國文學名著，英國人經常引用其中的抒情詩句。

5　譯按：《艾尼亞斯紀》（*Aeneid*）羅馬詩人維吉爾所著的史詩，敘述艾尼亞斯在特洛伊淪陷之後輾轉來到義大利，最終成為羅馬人祖先的故事，共十二卷。

以星期一清晨，我就馬上到這家髒兮兮的電話機工廠等候，當時來應徵的人也相當多。

不久，老闆洛夫勒（Loeffler）先生進來面試我們每一個人。他詢問我的教育情況，聽說我有高中畢業，印象非常深刻。接著問我的經歷，還特別詢問是否會操作鑽床。我回答他可以，所以我就被錄取了。

第二天我就開始上班，工作時間是上午七點半到下午六點。而到新工作地點要乘坐地鐵的時間更長，但我還是可以跟之前同樣的時間起床，比較不方便的是晚上七點鐘我才能回到家，只能剛剛好趕上吃晚餐。

洛夫勒錄取我時，還同時錄取了其他四個男孩，而我們五個也讓他的小工廠顯得更擁擠了。很顯然的，他不會一直雇用我們。一個年紀比較大的老雇員對我們說，這是老闆每年都會耍的花招。他打算生產許多零件作為儲備用，只會雇用我們到這些活做完（大約一年）為止。

洛夫勒電話公司在一幢很小的樓房裡，但這個工廠卻有許多機器，同時進行著很多生產任務，製造私人電話設備。當時大多數的私人電話都安裝在派克大道、第五大道、西端大道和河濱大道上的大型公寓房子裡。

我們的工作還包括在走廊上安裝總機，在每間公寓裡設置電話機，以及連接它們所需要的複雜電線。在我學徒生活結束後的許多年裡，每當我去拜訪住在這些大道上的朋友時，常常會注意到電話機上洛夫勒的商標，心想這些設備也許是我安裝的。

洛夫勒的信條是「絕不付錢給別人去做自己可以做的事」。因此他買進價格最便宜、品質最粗糙的元件，然後自己切、鑽、磨、鑄造、裝配，直到完成。就拿在電話機裡振響的鈴來說吧，他買進一根長鐵棒，要我們把它切割到鈴芯大小，接著用特殊的繞線機在鈴芯上繞銅線。

鈴的其他零件同樣是在自己廠內製造，其中像是鈴舌上的小圓球。我們也會使用車床，製造那些較大型的金屬零件；在拋光機上給橡皮按鈕上光；裝配複雜的電線系統……等等。我可以自豪的說，這些工作我都做得很好。但剛進工廠時，我其實笨手笨腳的，對手動工具和電動機器全都一竅不通，不過我漸漸學會了操作的一些小訣竅，手指反應變得更靈敏，更加穩當，目測也更加準確。

而我也對電話系統運作時，涉及的機械和電路等問題產生了興趣，不久後我便開始研究安裝使用的複雜圖紙。有次洛夫勒不在，一位電氣承包商來訪，急切的要求派人排除電線系統中一些複雜的故障，我的好運降臨了！我在稍加檢查後立刻找出了問題，從此以後我就成了洛夫勒寵愛的員工。

不放棄，「重返」哥倫比亞大學

為了遵守對母親的諾言，我早在前一年秋天就寫信給哥倫比亞大學，詢問能否申請從二月開始的新學期獎學金。回信寫道，雖然該校在年中不會頒發獎學金，但我可以在春天時再寫一封信，去申請一九一一年九月的學年獎學金。

所以四月初時我又寫了一封信，幾天後就接到哥倫比亞大學校長，弗雷德里克·科普爾（Frederick Keppel）打來的一通令人捉摸不透的電話，他告訴我：我要申請的獎學金無法提供，但他有一件事想在我方便時和我討論，問我有沒有時間跟他會面？

我在電話裡解釋說，我每天工作到下午六點，也許可以安排提早一小時下班。科普爾校長表示很高興，我們便約在第二天下午六點。當時我真的不知道這究竟是什麼意思。第二天下午，我用去漬油盡量洗乾淨積滿油汙的雙手，然後搭上西線地鐵，步行到不遠處的校長家。心頭怦怦直跳的我按下了門鈴，接著科普爾夫人開門領我上樓，走到一個壁爐裡正燒著火的書房，說校長馬上來。

幾分鐘後，校長進來了，他高大英俊、衣著講究，井井有條的樣子和迷人的微笑結合得十分完美。有人端來了茶，我們一邊喝茶，科普爾一邊愉快的和我聊了幾分鐘關於工作的開場白，然後他才言歸正傳：

「你知道，註冊處對於你的事感到非常不好意思，我也有同感，因為在當校長之前，我是大學註冊處的主管，而我卻沒有盡好責任。」

我既迷惑不解，又焦慮不安，以致不知該說什麼好。

「格勞斯鮑姆，事實上，」他繼續說：「去年你爭取到了這裡的獎學金，但是我們沒有頒發給你。」

「怎麼……怎麼會這樣呢？」我脫口問道。

「你有一個哥哥或堂兄，叫路易士．格勞斯鮑姆（Louis Grossbaum），他也在我們學校拿過普立茲獎學金，已經讀了三年。在我們決定給你獎學金後，註冊處把你們兩人的名字搞混了，而因為他們不能把獎學金給一個已經拿過的學生，所以就把名額給了在你後面的一位申請人。」

他還告訴我，他們原本要提供給我哥倫比亞校友獎學金，該獎學金提供全部的學費，每年授予申請進哥倫比亞大學求學，並在入學考試中獲得最高平均成績的候選人。我已達到了這個要求——而在普立茲獎學金名單上，排在我前面的六個男生都獲得了那筆津貼，或者在別的地方申請到入學費用。如果我仍想進哥倫比亞大學，他們可以提供從該年秋天開始的校友獎學金。而該獎學金與我現已不再夢寐以求的普立茲獎學金一樣豐厚！聽完他的話，我只好說：「這件事非常有趣。」然後補充一句，「但使我損失了整整一年的時間。」

「確實是損失，」科普爾回答，「我們真誠的為做錯事而表示歉意。你多大年紀了？」

「剛過十七歲。」

「啊，那現在我真的可以告訴你，不必再難過了。如果你一年前便開始讀大學，那還太年輕了，沒辦法從大學裡充分學到知識。**在這家電話機製造廠接受訓練對你很有幫助，你將比其他同年齡的孩子更加懂得處世之道**，變得更加成熟。不管怎樣，只要你勤奮攻讀，也許三年裡就可以拿到學位了。」

會見結束了，我歡喜雀躍的回到家。我們在凱利街的家中充滿了無比的歡樂，但是母親在擦乾眼淚後一遍又一遍的說：「我永遠不能原諒他們曾使我的班尼那麼傷心。」

價值投資之父葛拉漢：賺錢人生

- 我已經掌握了對其他人不端行為視而不見、聽而不聞的本領。在特別容易受到影響的年齡，體驗了和以往完全不同的農場生活方式，讓我對這些往事留下了強烈和持久的印象。
- 紐約市立大學學生與一流大學畢業生相比，在社會和就業方面處於一定的劣勢，這種態度反映出一九一一年美國人普遍的勢利心態，而我也接受了這種扭曲的價值觀念，所以我的屈辱感就更加強烈。
- 我對自己名落孫山的原因另有看法。我認為這是自己性格弱點所致。
- 在電話機製造廠接受訓練對我很有幫助，我將比其他同年齡的孩子更加懂得處世之道。

第六章

大學，
該體驗什麼生活？

1912 年 9 月到了，我在哥倫比亞大學的二年級也開始了。我繼續在美國運輸公司從下午四點做到半夜，每週上課加上家庭作業時間，大約得花費 21 個小時。

一九一一年九月，我以校友獎學金獲獎者的身分進入哥倫比亞大學。因為一些課外的學習，以及我在高中時已經讀過了許多教材，使我能輕鬆通過大學裡的分班考試，讓我得以在程度最高的班級裡上課。若想畢業，總共需要取得一百二十個學分——每一學分需要一個學期、每週一個小時的課程。我一開始把目標定在三年後畢業，而事實上僅兩年半我就取得了畢業證書。

在許多年前廢寢忘食的仔細閱讀法蘭克．梅里維爾的系列小說時，我就對大學生活有了自己的想像。當然，我知道梅里維爾在耶魯大學待了極長時間，而且他也參加了除了課程以外，大學生的所有活動（也許這是他大學生活持續這麼久的原因）。

我總是幻想大學生活是年輕人最愉快的時期，是教育、友誼、愛情、運動和各種娛樂美妙結合的時期。天啊！回顧我自己的大學生涯，我不記得有過這麼幸福的插曲。事實上我能記住的寥寥無幾。

我對大學時代最深刻的印象是下意識的，它經常在我的夢境中重現。通常沒有什麼夢會這麼鮮明生動，在清醒後還會留在腦海中，但在我離開哥倫比亞大學後的五十三年期間，有一個夢頻頻出現。

在夢中，我還是一個大學生，正要去上一堂「口頭問答課」，但是我的課表搞丟了，不知道該到哪間教室上課。我從這棟樓找到另一棟，從那間教室找到另一間，努力想搞清楚自己該在哪個班級上課。在又一次的尋找後，我坐進了一個教室，可是我因為沒有做功課，在夢裡，我十分焦慮：要是老師叫我起來背誦的話，要如何用謊言度過難關呢？

這兩個難題在夢中始終沒有得到解決，因為我總是在費了九牛二虎之力，試圖解決這些困難時就醒了過來。我相信心理分析學家應該可以告訴我，這些訊息到底意味著什麼，但是它們與我大學生涯的實際情況幾乎沒有什麼連結。

大學剛入學時我並沒有馬上嶄露頭角。一年級新生必修課之一是歷史課，學的是西歐史。與大多數的學生不同，我在高中時已經上過這門課，所以不太情願再學一遍。而這門歷史課的期中評量我得到了C——這使我一下子清醒過來，下半學期我重整旗鼓，在這門課及其他課程中，都取得了至少是B的成績。雖然以現在的角度看來，當時的成績似乎不太重要。

最後我以全班第二名的成績修完了全部課程，在畢業典禮上也受到了表揚（可惜沒有獲獎）。現在回想起來，也不知道那時是如何取得這個好成績的——因為每週課表上的學習目標都很重，而且我還要打很多的工。

主修文學卻成了理學士

我的法文是跟若爾當（Jourdain）教授學的。這位法國人文化知識淵博，對宗教抱持懷疑態度，而且喜歡講髒話。若爾當教授一方面以其智慧深深的吸引著我，另一方面又讓帶有傳統老派顧忌的我感到驚詫，真是新奇。

若爾當是第一個和我結為朋友的老師，作為「美國法語教師協會」的祕書，他每年必須寄發幾次活動通知信給會員們。他讓我謄寫姓名地址，疊好通知信並裝入信封，每小時付給我一美元優厚的報酬，而且我還能得到一張參加他們會議的免費入場券。

一九一四年，第一次世界大戰爆發前不久的一天晚上，著名的伊維特・吉爾貝[1]在會上朗誦了一首埃德蒙・羅斯丹[2]創作的反戰詩。當時她已經老了，可是頭髮仍然紅得發亮，聲音依舊慷慨激昂，使我深深受到感動。

多年後，我從詹姆斯・亨埃克[3]的《彩繪的面紗》（*Painted veils*）中讀到一篇文章，敘述他在格林威治村，聆聽伊維特・吉爾貝朗誦波特萊爾的《陽臺》（*Le Balcon*）。他說：「那是由無與倫比的朗誦家，朗誦的一首不朽詩歌。」這就是土魯斯—羅特列克[4]和法國小說家普魯斯特所了解的吉爾貝，而我也有幸曾經親耳聽她朗誦過一次！

有天晚上，若爾當教授邀請我到他家享用晚餐，餐後他大聲朗讀拉伯雷[5]《巨人傳》（*La vie de Gargantua et de Pantagruel*）中的一章，為他的妻子和我助興；這一章講到那位魁梧的年輕王子，為了做愛而去尋找最高級的衛生紙。若爾當教授越讀越大聲，若爾當太太也不時相當做作的笑著，我卻聽得十分尷尬。

無論如何，我都很難認同晦淫作品有什麼風趣之處；我認為下流話與風趣風馬牛不相及。性愛是重要的，從許多方面來說可以振奮人心；然而我認為，有關性愛的笑話比較適合那些出格、荒唐和機智的挑逗，能讓我們聽了哈哈大笑，又不會感到難為情。

另一位法語教授卡米耶・方丹（Camille Fontaine），則勸我參加法語教授協會主辦、一年一度的全國性法語比賽，爭取可以搭船去東方旅行的大獎。比賽在伯納德學院舉行，這是我第一次和唯一一次走進伯納德學院的大門，也是第一次和唯一一次，與女性坐在同一個教室裡。

事實上，這一次大多數參賽者是女性。考試分成作文和翻譯兩部分，我不記得當時指定的題目是什麼了，但我永遠不會忘記要我們翻譯的文章：勒南[6]著名的《在阿克洛波利斯的禱告者》（*Prayer on the Acropolis*），因為我把開頭一些詞翻譯錯了。然而，使我驚訝的是，在翻譯方面我拿到了三等獎，作文方面也受到了表揚。

方丹教授說他為我感到驕傲，幾天過後，獎品發下來了——兩本相當難以歸類的法語書，用次等皮面裝幀，但印得還可以。他在法語班全體學生面前鄭重的把獎品頒給我，我裝出熱情洋溢的樣子答謝。

下課後，方丹教授示意我留下。他從辦公桌抽屜裡拿出一支非常漂亮的自來水筆，有點尷尬的說，那些書不足以獎賞我所作出的努力，而他收到許多學生送給他的鋼筆，擱著沒用，所以問我是否願意接受他個人贈送的這份小獎品？他的好意使我很感動，但恐怕不久後這支珍貴的鋼筆就會遺失了，就像我弄丟大多數的小東西一樣。

---

1 譯按：伊維特・吉爾貝（Yvette Guilbert，一八六七年至一九四四年），法國歌唱家、朗誦家，舞臺劇兼電影女演員。以大膽直率的唱腔，演唱巴黎下層階級歌曲而聞名。

2 譯按：埃德蒙・羅斯丹（Edmond Rostand，一八六八年至一九一八年），法國戲劇家。

3 譯按：詹姆斯・亨埃克（James Huneker，一八六〇年至一九二一年），美國音樂、美術和文學評論家。

4 譯按：土魯斯－羅特列克（Toulouse-Lautrec，一八六四年至一九〇一年），法國畫家。

5 譯按：弗朗索瓦・拉伯雷（François Rabelais，約一四八三年至一五五三年），法國作家。因代表作《巨人傳》聞名遐邇，對後來法國和英國作家產生很大影響。

6 譯按：約瑟夫・歐內斯特・勒南（Ernest Renan，一八二三年至一八九二年），法國研究中東古代語言文明的專家、哲學家、作家，以有關早期基督教及其政治理論的歷史著作而著名。

在大學裡我讀過許許多多德國文學作品，從某種程度上來說我甚至成了行家。我選修威廉．艾迪生．埃爾韋（William Addison Hervey）教授關於歌德、席勒[7]和萊辛的課，最後十分光榮的獲得了A+，這是別的同學從未得過的好成績。

我最主要的研究是把歌德的劇本《在陶里斯的伊菲革涅亞》（*Iphigenia at Tauris*），和尤里比底斯[8]的劇本進行比較。我還上了弗雷德里克．赫塞爾（Frederick Heuser）教授講解關於黑貝爾[9]、克萊斯特[10]和格里帕策[11]的課。

在一九一五年畢業之後，我再次拜訪了赫塞爾教授，他對我訴說教這門課的種種難處，因為德國的封鎖，導致無法進口這三位作家的著作。於是我向大學圖書館捐贈了全套黑貝爾和萊辛的著作——主要是因為我獲得的獎品中正好有這兩位作家的精品，當然教授的認真教學也打動了我。

不過最後我對德國文學失去了興趣；在第一次世界大戰以前，我十分欽佩德國人的精神，這個民族的科學效率和多愁善感相結合，迷住了我那尚不成熟的判斷力，導致我忽視，或者說原諒他們的大聲威嚇、對比自己社會階層高的人的奉承，和對比自己社會階層低的人的欺凌。

而在一九一四年到一九一八年期間，**我對德國人的「大眾心理學」（Volkspsychologie）產生了強烈的反感，幾乎完全厭惡一度使我深深著迷的德語和德國文學**。也許，我朦朦朧朧的感覺到了希特勒不合邏輯的激烈言詞，與甜言蜜語背後的集中營陰影。

而我的拉丁語學習又是如何呢？恰恰因為這是我最喜歡的課程，所以我決定在哥倫比亞大學不再繼續學習這門課。既然我有能力在家裡利用課餘時間閱讀拉丁文書籍，還有什麼必要去選修關於賀拉斯[12]、卡圖盧斯[13]、盧克萊修[14]和塔西佗[15]的課？

我曾努力去熟悉這幾位以及其他一些拉丁文作家，事實上，賀拉斯已成為我相當密切的朋友。然而不再在大學裡攻讀拉丁文的決定，卻造成了一個相當荒唐的結局：我不能獲得文學士學位，因為當時要求學生在大學裡必須學習拉丁文，於是最後**我成了一名理學士**。

但事實上，我在大學裡並沒有修過一門自然科學的課程，完全是因為我在中學讀的物理和化學，已達到了獲得理學士學位的要求，而我主修的數學成績也相當不錯。有一次，我偶然碰到科普爾校長，他說我破壞了該校長久以來的傳統：「以前我們總是說，哥倫比亞的理學士學位獲得者不必懂拉丁文。由於你的緣故，這個傳統已不再存在了。」

7 譯按：弗里德里希．席勒（Friedrich Schiller，一七五九年至一八〇五年），德國偉大的戲劇家、詩人和文學理論家。
8 譯按：尤里比底斯（Euripides，西元前四八〇年至四〇六年）古希臘三大悲劇作家之一。
9 譯按：弗里德里希．黑貝爾（Friedrich Hebbel，一八一三年至一八六三年），德國詩人、戲劇家，也是德國十九世紀最偉大的悲劇作家。
10 譯按：海因里希．馮．克萊斯特（Heinrich von Kleist，一七七七年至一八一一年），德國劇作家。十九世紀法國和德國的現實主義、表現主義、民族主義和存在主義運動的詩人全都將他奉為楷模。
11 譯按：法蘭茲．格里帕策（Franz Grillparzer，一七九一年至一八七二年），奧地利劇作家。
12 譯按：賀拉斯（Horace，約西元前六五年至前八年），古羅馬文學「黃金時代」的代表人之一。
13 譯按：卡圖盧斯（Catullus，約西元前八七年至前五四年），古羅馬最傑出的抒情詩人。
14 譯按：盧克萊修（Lucretius，約西元前九九年至約前五五年），拉丁詩人和哲學家。
15 譯按：塔西佗（Tacitus，約五五年至約一一七年），古羅馬歷史學家、政治家、文學家。

由於我主修數學，所以我聽了許多數學方面的課程。我記得最清楚的教授是赫伯特・E・霍克斯（Herbert E. Hawkes），他在科普爾當上戰爭部助理部長（Assistant Secretary of War）之後，繼任哥倫比亞大學校長。

我曾向數學學術討論會提交了兩篇論文，第一篇和幾何學公理有關；老師們常說，公理是不言而喻、無法加以證明的。我把自己想像為小笛卡兒[16]，並對兩點之間最短的距離是直線這個公理，做出了自認為最精確的證明。霍克斯教授對此印象頗深，於是要我向學術討論會提出自己的論證。而我很晚才想到應該去了解一下，歐幾里得[17]本人關於這條公理說過些什麼。

在大學圖書館裡收藏的歐幾里得大部頭著作中，我發現了與兩點之間最短距離是直線這條公理附在一起，後來數學家想出來的四種不同驗證方法。於是我年輕時自以為的偉大夢想，又再次化為了泡影，心裡不免有點難過。然而還是有值得安慰的地方：我的證明與書上所述的四種方法不同，霍克斯教授也覺得把我的證明方法告訴大家是值得的！

因此大學圖書館特許我外借珍貴的歐幾里得著作的第一卷。我提交了論文，並認真負責的彙報了我的證明方法，然後拿著這本書回家去。可是我卻在地鐵裡遺失了這本書，從此再也未曾找到。

後來圖書館要我拿出十五美元了結此事，雖然這個金額要比賠整套書低得多，不過賠償這件事在經濟上對我還是一個重大打擊。記得當時我憂愁的低聲抱怨：「**榮耀的道路只把我引向貧困**。」

同時我對哲學也非常感興趣。第一年我聽了一年級學生必修的邏輯課。後來我又聽了弗雷德里克・A・伍德布里奇（Frederick A. Woodbridge）教授的哲學史課。在第一個小時，伍德布里奇教授會為教室裡滿滿的學生們講課，第二個小時我們便會分成若干小組，由年輕的助教對我們進行小測驗。伍德布里奇的講課很精彩，學生們幾乎個個屏氣凝息在聆聽。我仍記得他用類似以下的一些話開始論述康德[18]：

伊曼努爾・康德是最偉大的哲學家，他對後輩產生了比幾乎任何其他人更廣泛的影響，但是有時候我真希望他從未誕生過。

有一次，伍德布里奇引用一段令人振奮的資料作為講課的開場白，主題是笛卡兒，特別是笛卡兒著名的二元論，把人的精神和身體分成兩個獨立的世界。接著伍德布里奇引述我的話，他說：「在準備跟你們講笛卡兒的時候，我很難不提及你們的一位同學，在評價二元論的文章中寫過的一句話。這句話說：『誰也無法將笛卡兒分開的東西結合在一起。』」

至於英語，我聽了布蘭德・馬修斯（Brander Matthews）的小說課，這門課很有名。當時他

16 譯按：笛卡兒（Descartes，一五九六年至一六五〇年），法國數學家和哲學家。
17 譯按：歐幾里得（Euclid，西元前三二五年至前二六五年），希臘化時代的數學家，被稱為「幾何學之父」。
18 譯按：伊曼努爾・康德（Immanuel Kant，一七二四年至一八〇四年），德國自然科學家、古典唯心主義哲學創始人、啟蒙運動最重要的思想家。

已快要結束傑出的教學生涯了，而哥倫比亞大學校園裡的布蘭德．馬修斯禮堂也使得他可以流芳百世。他有一張令人難以忘懷的獅子臉，配上落腮鬍子顯得更加有光彩。

我也在約翰．厄斯金（John Erskine）這位受歡迎的教師、作家和音樂家麾下學習過（後來他當上音樂學院院長）。有一次，厄斯金稱讚我在評論《咆哮山莊》[19]論文中提出的見解。我指出，這本充滿暴力情節的小說之所以創造出可怕的印象，原因之一是小說情景中沒有出現過一個警察或其他法律代表，這在英國是不可能存在的怪事。厄斯金對我說，這個看法對於研究這部經典作品是一個新的重要貢獻。

我還師從另一位優秀的教授卡爾．范．多倫（Carl Van Doren），我給他看過我最早寫的一些簡短愛情詩，這些詩就像男子會長鬍子一樣，不可避免的從我的筆尖流露出來。多倫和我一起努力修改詩句，不得不說，那些詩句真的非常需要依靠他的技巧進行加工。

在我畢業後，一九一四年的夏天，多倫被任命為一所高級女子預備學校的校長。他寫信問我是否願意考慮到他那裡當英語教師，那裡有愉快的環境、優厚的報酬以及晉升的良機。在考慮過後，我還是推辭了他的提議，理由是恐怕難以勝任。

此後我好幾次頑皮的想像自己——一個怯生生的二十歲青年——正在努力向一群社會名流之女、年齡和我非常接近的女孩們教授英語，這會有什麼情況發生呢？一九三七年，我再次見到了外表老得多的多倫，他的女兒將與我的孩子一起從林肯學院畢業。

而現在，一九六七年，當多倫的侄子在電視智力測驗節目中贏得很大一筆獎金，後來又被揭露出他是串通作弊才獲獎時，我再次想到多倫一家。在我們一生中，別人總會這樣出現、消失和重新出現。

在哥倫比亞大學中有位英語教授，是我交往最密切、最重要的朋友。他的名字叫阿爾傑農·杜維維埃·塔辛（Algernon Duvivier Tassin），畢業於哈佛大學，後來對戲劇感興趣，並跟隨著名的美國演員朱莉亞·馬洛（Julia Marlowe），到各地去巡迴演出許多年。他也寫過不少劇本，但是從未商演過。

我跟隨塔辛學習口語表達，這門課要求學生朗讀一段文章，並清楚解釋內容，以及動腦提出爭論。第二年我上了他的另一門課，叫做「每天一題」。每次上課，我們都必須交一頁作文，而題目會在前一天宣布；天天寫作文是一件令人非常緊張的事，但這麼做絕對可以教會我們如何寫好英文。

塔辛很喜歡批閱我的作文，大約在該學期中期，他要求我們寫一系列，整整一頁長的人物性格描寫。我寫了最熟悉的人——母親、兄弟、路易士堂哥，以及我當時的女友阿爾達（Alda）。有一天，塔辛叫我到他的辦公室去，嚴肅的問我：「所有這些人物描寫都是你自己完成的嗎？」我驚訝的回答：「當然是我寫的。」他說：「如果真的如此，那我必須說，你是一個偉大的天才。我從來沒有碰到一個像你這樣年齡的人，能觀察得如此細緻入微，又表達得如此簡練、精確、有力！」

---

19 譯按：《咆哮山莊》（*Wuthering Heights*），英國女作家艾蜜莉·勃朗特（Emily Brontë，一八一八年至一八四八年）的代表作。

這些話讓我的腦袋發熱，然而除了那些文章外，我再也沒有繼續發展自己的人物描寫技巧。不過在之後的歲月裡，塔辛仍然是我的親密朋友，同時在經濟景氣和蕭條時期，也都是我的金融業務夥伴。

而在大學生涯中令我獲益最多的活動，應該就屬「英語—歷史—哲學討論會」了。每兩星期一次，一小批優等生聚在一起，在厄斯金、伍德布里奇和著名歷史學家詹姆斯・哈威・魯濱遜（James Harvey Robinson）的指導下，我們會就某個課題展開討論，這些討論都對我有很大的啟迪。

其實，我在哥倫比亞大學並沒有交上什麼知心朋友。如果要問是因為忙於學習和工作，還是因為性格上發生了什麼事，妨礙我結交朋友？那無疑是後者，因為同樣的問題在今後的歲月中一直造成影響。

倒不是說我在交朋友方面有什麼困難——事實上交朋友對我而言太容易了。在哥倫比亞大學，有群朋友就曾盛情邀請我加入最大的猶太兄弟會——Zeta Beta Tau，不過我謝絕了，我說自己既沒有時間，也沒有錢，但其實我本來可以抽出時間和借到錢的。

就讀大學期間（一九一一年九月到一九一四年六月），我做過各式各樣的工作，由於哥哥們承擔了家庭的預算開支，所以我至少得為自己的開銷和大學學費賺到足夠的錢。因此一年級時，每天下午五點到十點半，我在靠近中國城街上的一家電影院當出納員，每隔一週的星期日則要連續做十二個小時。我的工資是每週六美元，其中六十美分得花在車費上。這也是我第二次在戲院工作，第一次是一九一〇年夏天，在專門表演歌舞雜耍的「展望劇院」當帶位員。

老實人偶爾也會走偏

既然我盡力完全如實的寫這本書，就必須把一些回憶起來多少會傷自尊的事告訴大家，這些事與私吞錢財有關。雖然在漫長的從商生涯中，我獲得了「忠厚老實」的聲譽，不過在這段期間裡，我也曾走偏了幾次。

在我很小的時候，我非常渴望吃糖果，而當時那位嚴厲的家教老師總是給得很少，所以我時常從母親的錢包裡偷一便士，去販賣機那裡換糖果吃。有一天，閃閃發亮的便士塞不進投幣口，我大惑不解，只好拿回家。後來才發現其實這是一枚價值五美元的金幣。母親因為找不到這塊金幣一直坐立不安，結果又莫名其妙的發現金幣回到了她的錢包（一九〇〇年時一個人的錢包裡放著金幣一點也不稀奇）。一想到自己是偷了五美元而不是一便士，就讓我心緒不寧，所以發誓從此再也不偷錢了。

第二次則是發生在展望劇院當帶位員時，我接受了一點小額賄賂，讓那位觀眾得到比他原本座位更好的位置。雖然現在看來這也是件小事情，但總是使我心煩。我還發現一種只用十張戲票就可以讓十一個觀眾進場的方法，在手頭拮据的幾個星期裡，我用這個方法私吞了幾美元，不過我為此感到不安，所以也就很快洗手不幹了。

最後一次私吞錢財，是我在從事金融事業中唯一的一次，為此我在道德上深感懊悔。我的投資公司參股的其中一家企業，有一些土地因建造公路被政府機構收購，而我們有權從中獲得合理的賠償。

我們聽說為了迅速又滿意的取得好結果，花一大筆錢聘請「合適」的律師事務所幫忙是必要的。在這種情況下，我們就像大多數企業一樣，採納了這個切合實際的忠告。我的合夥人是個律師，後來他因擔任「幕後推手」而收到了一些回扣。由於我們訂有分配收入的綜合協議，所以他把一半所得給了我；我本來不該接受這筆錢，所以後來為此一直懊悔不已。

事實上，**我性格上的弱點，也讓自己在某種程度上能容忍親戚、朋友、同事或下屬的貪汙行為**；我雖然不同意他們的做法，卻又從不舉發或懲罰貪汙者。如果他們的竊盜是由於沉重的經濟壓力而引起的（通常都是這種情況），我往往會憐憫，而不是譴責他們。我只會對出於習慣、貪婪、墮落而做壞事的富人，以及濫用名譽和別人信任的小人嗤之以鼻。

例如，在我看來，一九二五年到一九三二年間，紐約市長吉米・沃克（Jimmy Walker）的行為是相當不體面的[20]；他垮臺之後還是很受歡迎，死後有人讚美他捧為聖徒，這就讓我對他們的所作所為十分失望。

休學工作，連校長都支持

六月初，大學第一學年結束時，一位朋友路過劇院，跟我聊到他剛剛開始從事一份很好的工作：日班每月有四十美元工資，夜班每月則可拿到五十美元。而他們剛好需要更多的大學生，他想介紹我去。

當然我很感興趣，經過簡短的面試之後，我在合約上簽名，一週六天，夜班從下午四點做到晚上十二點。公司名稱叫「美國運輸」公司（U. S. Express Company），而我的老闆M・A・費希爾（M. A. Fisher），則是一位**提升工作效率的專家**。這份工作也意味著我人生的一個重要階段展開了。

當時的州際貿易委員會（Interstate Commerce Commission）已經對全國運輸收費制訂出全新的標準——用所謂劃區法取代複雜的站到站收費法。運輸公司為此提出抗議，斷言新的收費制度將毀了他們。為了證明自己抗議的立場，他們經過精心準備，在一天之內把所有業務都處理完畢，然後用新的收費率計算每筆運輸費用，從而證明新的方法如何大大減少了他們的收入。

其他四家大運輸公司——亞當（Adams）、美國運通（American Express）、南方（Southern）和富國銀行集團（Wells Fargo），也準備了類似的證明，只不過當時他們都只能用純手工作業。此時一家財力不足、不受重視，名字叫做計算—製表—記錄公司（Computing-Tabulating-Recording Corporation，縮寫為CTR）的企業，發明了迅速分類、整理複雜資料，並列印成報表的新製表機（Hollerith machines），而費希爾決定運用這個機器，為這些大運輸公司提供服務。

據說當時這家公司的股票價值，遠超過實際的資產估值，在市場上只值幾百萬美元，所以後來發現這家公司（也就是現在的IBM）的股票在紐約證券交易所（New York Stock Exchange）以幾十億美元的價格出售時，我也絲毫不感到奇怪。

運輸公司的資料，都放置在華盛頓街七十六號的辦公室。我們這些幫手接受培訓，學習把

---

20 編按：吉米．沃克因外遇、受賄等醜聞而遭到罷免。

原來的資料打在卡片上，接著把卡片插入整理分類機，以便按照新費率計算費用和收益，最後再放入製表機，列出各種總數。計算時也會碰到許多複雜的因素，例如州內運輸和州際運輸之間的差異等等。

儘管工作內容基本上是單調枯燥的重複動作，但在許多方面還是十分有趣的。我的一個同事，以前在哥倫比亞大學的同班同學，名叫盧．伯恩斯坦（Lou Bernstein），是一個精力充沛的小夥子，同樣也對這份工作感到有興趣。

我和伯恩斯坦一起與費希爾先生討論工作，他很高興我們對他的想法感興趣，所以邀請我們在星期天下午到他家好好暢談。而我們的討論對他或對我們自己，都將產生意想不到的結果。

一九一二年九月到了，我在哥倫比亞大學的二年級生活也開始了，我繼續在美國運輸公司從下午四點做到半夜，每週上課加上家庭作業時間，大約得花費二十一個小時，而伯恩斯坦也開始改做夜班，我們每天都在一起工作。

有天晚上我們聽到了一個令人驚訝的消息：費希爾先生為了助手違反公司規章的問題，與會計主任爭吵後，便辭職不幹了。而當時我們不知道這項工作的結局會是如何。不久，總會計師泰特（Tait）先生走進我們的工作室，嘴裡噴著酒氣——像他這種人喝酒並不是什麼新鮮事。他表示要見伯恩斯坦和格勞斯鮑姆，所以我們就走到他面前。他告訴我們，聽說我們兩人的工作能力很受賞識，於是他請我們在夜班結束後到他的辦公室去。

在辦公室裡，我們簡短的談了一下，泰特問我們：是否認為自己可以替代費希爾主持這項專案？是的。我們能否立即把操作過程的每一步完整扼要的寫出來？可以。我——班傑明．格勞斯鮑姆——能否申請休學來做日班，並主持這項專案？我告訴他自己得與科普爾校長商量此事，並要求報酬一定要付足。而後我們同意第二天晚上十點，帶著寫好的操作大綱、系主任關於我休學的決定，以及我的工資要求再到他的辦公室來。

第二天就像做個美夢一般過得很順利，當我一五一十的把情況告訴科普爾校長後，他的臉上洋溢著熱情。很久以前，他就熱心的倡導大學教師應該要從商，我的要求也正好和他的主張符合。「班，想辦法休學吧！如果你能經過充分準備通過期末考試，我保證你會得到現有各門課程的學分。」學校方面的障礙就這樣輕而易舉的消除了。

然後我們開始著手編寫操作手冊。這份手冊寫在一塊很大的硬紙板上，並且還用尺在紙板上畫了線，每個操作步驟都由伯恩斯坦用剛健有力的字體寫出（要是他也像我一樣寫字潦草，天知道情況會怎麼樣）。

在手冊下方我們還特別寫了一句畫上兩道底線的話：「為了準確無誤，所有步驟都有待核對和再確認。」一到十點，我們就帶著手冊走進泰特的辦公室。他從頭到尾看了一遍，不過有點不太明白，因為他從未真正理解這個專案；但是我們把每個操作步驟安排得乾淨俐落，合情合理，特別是關於核對和再次確認的標語，給他很深的印象。

泰特明顯鬆了一口氣（很可能他自己工作的成敗也未定），他重複了一遍昨晚提過的問題，我們一一回答。然後他問我：「主持這項工作你要多少工資？」我堅定的看著他的目光說：「你得加我一倍工資，先生。」他馬上回答：「行！」我突然意識到要求每月支付一百美元工資似乎太客氣了——可是既然話已說出口，我也不好意思再要求了。伯恩斯坦的工資則每月增加了五〇%或七五%，但是他不需像我這樣向學校請假。

做出這些安排之後，泰特似乎更加如釋重負了。事實上，他的心裡對我們充滿著感激之情。他擁抱我並說道：「班，我永遠不會忘記你們為我們所做的一切。不用擔憂，我可以擔保，當你回到大學去時，一定會在經濟上幫助你通過考試的。」

在我們準備轉身離開時，他又問：「班，告訴我，你多大了？」我還不能對他老實說自己才剛過十八歲，所以扯了一個謊（我很少說謊的），告訴他現在已經十九歲，快到二十歲了。他搖搖頭，喃喃自語道，**那麼年輕就可以拿到一份豐厚的工資。看來他對我們的感激之情只有五分鐘熱度，現在已經消退了**。

至於在我們正式接受這項工作之前，是否曾經與費希爾先生談過話？我記不得了，但是我們後來在某個日子，確實曾為了一件他遺留下來的事和他見過面，當時他對我們非常友好，然而他心裡究竟是怎麼想的就不清楚了。

而後我擔任了四個半月的經理，雖然我和伯恩斯坦對技術問題瞭如指掌，可是我仍懷疑自己的工作是否有保持高效率。我把原來紙卡設計中，未涉及的某些運輸業務數據進行分類製表，這也讓我受到了表揚，但是作為一大批雇員的經理，我無疑還不夠成熟，缺乏圓滑的處世手腕。

我們接受工作後的次日來了兩個新員工，他們分別叫格雷納（Greiner）和萊恩（Ryan），原本是會計部人員，都很聰明能幹，他們奉命調來徹底學習這個專案，準備以後接管。雖然我和伯恩斯坦對此很生氣，可是不得不說這是泰特十分明智的一步棋。

接著就發生了一件瘋狂的事。為了消除副總經理普拉特（Platt）對我們工作進度的不滿，泰特決定我們必須輪流管理三班，而我得負責其中的兩班——不僅是早上八點至下午四點的日班，還有半夜十二點到早上八點的大夜班。

這樣一天只留給我八個小時吃飯、睡覺和娛樂。不管怎樣，畢竟我還年輕，能夠承受這副重擔。不過這麼看來，每天要回到布朗克斯睡覺顯然是辦不到了，所以我就在科特蘭街的「史密斯—麥克納爾」（Smith and McNeill's）——一家歷史悠久、遠近聞名的小旅館過夜。

在下午四點日班結束後，我會隨便吃點東西，大約五點就爬到床上睡覺，請人在十一點半把我叫醒。接著在夜深時繼續我的工作，連續做十六個小時，中間有兩次四十分鐘的休息時間。公司章程規定，如果加班，工資增加一．五倍，即每月可以拿到兩百五十美元。

公司每半個月（兩個星期）會開一張支票給我，對那時的我來說，這筆工資猶如王公貴族的薪俸。不過這一點使泰特大傷腦筋，他說這會引起一些薪水比我少的資深雇員不滿，他要我接受按正常標準支付第二個夜班的工資，而我也同意了。

但這個安排只持續了兩個星期，因為大夜班工人的效率很低，或許也是我的督導不夠完善，以致大部分的作業都因錯誤而白費，所以這項試驗不久後便取消了。然後我恢復了每月一百美元的工資和正常的生活方式，母親為此感到很高興。

隨著工作的進展，格雷納和萊恩開始承擔越來越多的職責，到後來他們實際接管了專案的主導權，而我和伯恩斯坦只能追蹤觀察一些操作過程，並對不斷出現的技術問題進行諮詢。到一月底，核對工作結束，只剩下最後編製資料和做結論了。我準時收到了最後一張工資支票，連同一封語氣十分冷淡的告別信。至於我和美國運輸公司的關係留待之後再說明。

在工作的最後一個月，我有充足的時間為重返大學做準備。想起科普爾校長的建議，我決定參加本學期英語、法語、德語和數學等幾門考試。在申請休學前**我已經開始學習經濟學基礎知識，但是經過幾個星期對這門「科學」的涉獵，它乏味得無法激發我的興趣**，所以我決定復學後不再攻讀它。**而後來的結果卻是，我終生都在金融業裡工作**，並在美國最大的兩間大學當上金融學教授。

第二次家庭財務危機

就在此時，又一場財務災難突然的向我們家襲來。哥哥里昂老早就想要從沃納梅克公司（Wanamaker）公司離職，而迅速發展中的電影業打動了他，於是他想用一千五百美元買下長島牙買加區的一座小戲院。

母親向住在華沙的富裕姐姐借了一千美元，我則拿出為美國運輸公司工作而積下的全部儲蓄，支付剩下的差額。里昂年輕，毫無經驗，也許我們早該預料到他的事業最終會一敗塗地。果然，在兩個月裡他就把資金全部賠掉了。

現在我沒有錢，也沒有工作，所以立即寫信給泰特先生，把我的困境告訴他，重新提及他願幫助我從大學畢業的許諾，請他幫我安排一個兼職工作。他的祕書答覆說，泰特先生向你表示歉意，因為雇用兼職員工違背公司政策，他無法幫忙。這件事對我來說是一個慘痛的教訓，從此我再也不指望別人的隨便許諾。

我到處找工作，但都找不到，最後，在絕望之中我接受了一份上門推銷的工作，而沒有一項工作比這更令人羞愧和傷心的了。

無數次按響門鈴，迎來一個頭髮蓬亂、表情難看的婦女，我努力說出動聽的宣傳詞（通常是徒勞的），未等我把話說完，她就砰的一聲把門關上。漫長的一個下午推銷，通常都以一無所獲回到家裡告終——這一切都需要具備一個堅持不懈的業務推銷員勇氣，可是這與我的個性相差十萬八千里。

記得有一天，我毫無成果的回到家裡，撲到床上，突然哭了起來——從不輕彈淚珠的人，這麼一哭心裡反而舒暢多了。母親悄悄走進來，抱住我說，情況肯定很快會好轉的。她的支持使我振作了起來。

我想到泰特拒不履行諾言，於是直接寫信給副總經理普拉特先生，儘管非常為難，但我索性把真實情況告訴他。這一招果真奏效！普拉特先生回信給我說，由於情況特殊，他同意不照公司章程，例外處理。這樣我就能擔任兼職的核查員，每月賺二十五美元，暑假期間則可改為整天上班。我感到自己好像重新獲得了生命。

其實，這份工作非常單調乏味，但不久我就找到了一種消除枯燥呆板的辦法，那就是創作十四行詩。我盡量每天寫一首，早上寫出初稿，整個下午慢慢的潤飾修改。大多數愛情詩都是對當時我的紅顏知己（阿爾達）寫的。

只不過那些詩稿幾乎全都不見了，只有一句仍然在我的記憶裡，因為寫出這句詩的那一天我感到特別自豪，這句詩是：「希望是失望的墓誌銘。」

打工的體悟：經營者一老，就什麼都做不成

有一天，當我忙於處理運輸單和構思詩歌時，在我工作的大辦公室裡發生了一陣騷動，一群公司主管們走了進來，其中有一個我們並不認識，他身材矮小、神情嚴肅。不久消息就傳開了：此人名叫羅伯茨（Roberts），是新上任的總經理。董事會已決定要清算資產，他就是為此而來的。我見他看著一長排的痰盂（一直以來這都是公司內會有的東西，因為所有職員都嚼菸草），接著聽到他說：「噁心！」第二天他便下令，不准再嚼菸草，不准再放痰盂。羅伯茨對人員的管理相當嚴厲。

在羅伯茨成為總經理後的三年裡，公司正在執行清算程序，而我也從大學畢業，正在設法成為紐約證券交易所公司的正式職員。我的老闆對我說：「班，據我所知，美國運輸公司仍舊擁有理海谷鐵路公司（Lehigh Valley Railroad）十萬美元永久債券。快去見他們總經理，問他將採取什麼行動。」與羅伯茨的這種新關係打動了我的虛榮心，我戴上帽子，不久後就出現在羅伯茨的辦公室裡，並且很高興他把我當成華爾街派來的使者。

當我向他提起理海谷鐵路公司的永久債券時，他說他願賣掉它們，並想知道報價。這下可羞死我了！由於出門時匆匆忙忙，我完全忘了要有些基本準備，最起碼應該在動身前查看一下證券市場上的債券行情。我支支吾吾，說什麼需要費城的辦事處對市場進行專門調查，以這種笨拙理由搪塞，然後慌慌張張的告辭。我也不記得後來是否曾從羅伯茨那裡買了債券，但我**永遠記得從那天起，不做好充分準備，我絕對不會莽撞的進行任何商務會面。**

大約七年後，我與羅伯茨先生再次重逢。那時，我已經在市值被低估的證券領域開拓發展自己的業務，特別是正在清算的公司證券，他們的股票很可能支付比市場價格高得多的紅利。美國運輸公司的股票正是提供這種機會的項目，雖然該公司的解散最終拖延了很長時間，但看起來它一定能提供利潤。因此我成了該公司的主要股東之一，這與一九一三年我擔任地位低下的核對員相比，真有天壤之別。

我到總經理那裡詢問下一次股利發放的日期和金額，因為我認為快到發放的日子了。羅伯茨先生的變化很大，此時他已邁入遲暮之年，常常緬懷往事。他堅持要詳細的告訴我，數年前他如何賣掉萊克特街二號的美國運輸大廈，取得了五十萬美元現金。

他還詳細敘述了當支票從一個人手裡遞到另一個人手裡時，誰坐在這椅子上，誰坐在那椅子上。這個嘮嘮叨叨的老人真的就是一九一三年夏天在辦公室裡昂首闊步、讓我們在他面前嚇得發抖的小暴君嗎？往後在華爾街謀生的期間，我還會看到許多人和公司發生這樣的變化，雖然兩者都會變老，失去優勢，但是**許多衰老的企業還是可以獲得新的活力，恢復青春，而經營者一旦老態龍鍾，通常就什麼事也做不成了**。

家教男與失敗的業務

我還曾經做過一份輔導軍官孩子的家教工作。著名的伍德將軍與他的家眷一起住在加弗納斯島上，一九二〇年，伍德成為芝加哥共和黨黨代表大會上總統提名的主要候選人，但後來卻意想不到的由超級黑馬參議員華倫·哈定（Warren Harding）出線。我與伍德將軍在他雅致的藏書室裡見過一次面，對他的舉止和談話印象很深。可惜他的孩子遠不如卓越的父親，或端莊的母親那麼討人喜歡。

每週有四次我會坐上專門的渡船，從南渡口碼頭離開曼哈頓開始旅行。軍官及其客人（包括我在內）會在上層艙享受比較豪華的設備，而士兵們都坐在下層艙的長木凳上。有一天，我已對獨自待在上層艙感到厭煩，索性就漫步走下樓梯與兩個士兵攀談起來。第二天，米契姆（Mitchum）上校來到我輔導他兒子的書房，對我說，有人看到我在渡船下層艙與士兵談話，這是違反規定的，我絕對不可以再這麼做。這就是一九一三年美國陸軍鐵一般的規矩。

在這當中，我也曾有過失敗的工作經驗。最後一個學年的某天，哥倫比亞大學就業辦公室通知我與一位名叫布克曼（Buchman）的先生聯繫，他想把洗衣店用於固定男式襯衫形狀的內襯紙板廣告位置推銷出去。而在與可能願意在這紙板上做廣告的廠商聯繫之前，必須先與願意使用這個紙牌的洗衣店簽訂合約——售價為每一千張一美元。

布克曼先生要我盡可能多說服一些當地的洗衣店來簽訂合約，每簽訂一份合約，我可以拿到十五美分。他給了我用三種顏色套印、很漂亮的廣告紙板樣本，我恭恭敬敬的對洗衣店店主說，如果他們與我們簽訂合約，這些就是他們可以獲得的那種硬紙板，而且售價比外面更便宜。但在最後交貨時，布克曼先生的內襯板品質卻很差，而用黑墨水印的一大堆當地小廣告使它顯得更加糟糕。

也許是我的嚴肅認真和天真無邪的熱情，贏得了洗衣店店主的好感，我拜訪過的大多數店主都簽約了（也可能是因為沒有先要求他們支付現金）。但並不是所有的店主都買單，我拜訪的第三家洗衣店是中國人開的，他靜靜的聽著我的長篇大論，還仔細查看了我帶來的樣本，並研究了兩頁合約書，最後遞還給我說：「中國人的洗衣店不用這玩意兒。」

過了一陣子，布克曼先生把我叫到他的辦公室去；因為在推銷合約方面我做得很出色，所以他要派給我一個更加重要的任務，一個賺大錢的機會。現在我得尋找潛在的廣告主，讓他們簽約使用內襯板上的廣告版面。

我首先與一二五街上相當大的零售商店布魯姆斯坦（Blumstein's）聯繫。費了些功夫，我才能走進布魯姆斯坦的辦公室，我還沒有來得及宣傳，他就厲聲打斷我：「不感興趣！」我逕自說下去，他重複說：「不感興趣！滾開！」我認為我該再說幾句話，可是他又大喊：「你滾不滾開？難道要我讓人把你丟出去嗎？」最後我只好走了出去。

我聯繫了名單上其他幾家商店，結果都沒有成功，我一開始的熱情也逐漸降低。第二天，我這個垂頭喪氣的推銷員向布克曼做了彙報，但他十分鎮靜樂觀的看待這件事。顯然我的年紀太小了點，不適合推銷廣告版面，但是我與洗衣店店主打交道的效果還是不錯的，於是我又重新回去負責跟洗衣店店主推銷。

遲鈍的情感發展

接下來我想談談有關與異性交往的瑣事，儘管我的智力發展相當早熟，但是人們都說我在交朋友和談戀愛方面很遲鈍。十三歲那年，在閱讀費爾丁[21]的《湯姆·瓊斯》（*Tom Jones*）時，我不經意的聽到法語家教老師康斯坦斯對母親說：「這本書對班傑明來說會不會太過成人了？」母親則很有把握的回答：「那些情節他不懂的。」

正是因為母親的自信，使得她以為我除了性的問題外，其他都懂得很快。但是實際上我與其他年輕人一樣對「性」有著好奇心，又因為我看的書比其他小孩多，所以能從許多書裡面了解這件事。不過在實際行動中，我的確遠遠落後於其他男孩。

一方面，我繼承了（天知道我從哪裡獲得的）說話過於拘謹的性格，同事們說粗俗話語的時候總讓我感到不舒服，所以**我怎麼也說不出這些粗話，而這也使我一生寡言少語**。另一方面，我在女孩面前很害羞，中小學時代，我從未與女生在同一教室上過課；到了大學，我與女生的接觸，也僅限於情竇初開時對康斯坦斯的愛慕，以及對一個名叫維奧萊特·加斯納（Violet Gassner）的女孩有過好感，幸好這種不自然的狀態並沒有一直持續下去。

在我從少年過渡到青年的時期，哥哥里昂對我的影響很大，他與年輕的女性打交道很有一套。他有自信，能言善道，喜歡引用愛情詩句，來找他的女孩經常多到他無法應付，於是他自然把一些女孩交給了我。事實上，我成為了里昂與其女友們慣用談話伎倆的一部分。如果女友相信他所說的話，那麼我就不僅是一個神童，而且還是個獨一無二的神童，所以她們都會要求見一見我這個驚世奇才，里昂則會欣然同意。

後來經由表姐海倫的介紹，我認識了一個名叫蘿絲（Rose）的女孩，但是我遲遲不敢摟她的腰，甚至當我們在紐約州康尼島遊玩時也一樣；後來蘿絲嫁給了別人，而我寫了一首幼稚的詩懷念她，這首詩還可以在我的筆記本中找到。

里昂還曾帶我到布魯克林去找一個賣唱片的漂亮女孩，那時里昂對歌劇產生了濃厚的興趣，而這位女孩也很愛慕里昂，所以每個星期六下午，里昂可以在試聽間免費欣賞蒐羅完備的歌劇精粹，且不用花錢買任何一張。這位年輕的女孩楚楚動人，而我那位鑑賞唱片的兄弟，卻相當隨便的不把她放在眼裡。

以上這些相會，僅僅是認真初戀前的一種「熱身」。後來里昂對西爾維亞．梅休爾（Sylvia Mazur）動了心，這個女孩住在布魯克林區的巴斯海灘。當西爾維亞與一個叫阿明達（Armand）的男子訂婚後，里昂便開始去找她的妹妹、當時只有十六歲的海茲爾（Hazel）玩。

海茲爾漂亮、聰明、泰然自若，並具有各種知識；她精力充沛、雄心勃勃，且因為教導鄰居的孩子，以及一些成人跳舞和朗誦而賺了不少錢。她慈善寬厚，樂於助人，是個十足的好人。如果硬要找出她的缺點，應該就是優點太多了。

不久之後，里昂想要向海茲爾炫耀一下他的天才小弟，當然也想在小弟面前炫耀一下海茲爾。此外，從布朗克斯到布魯克林外環地區的路程又長又無聊，有人能陪著一起再好不過了。

後來的某個星期天，我跟里昂來到一個小木屋，海茲爾歡迎我們進去。她很直爽，直爽得討人喜歡，深褐色頭髮披在肩上，模樣看起來稚氣十足。我們彼此都很有好感，所以我成為她們家的常客，有時我與里昂一起去，有時我獨自去。我們兩個兄弟向同一個女孩求愛，當然逃

21 譯按：亨利．費爾丁（Henry Fielding，一七〇七年至一七五四年），英國小說家，代表作有《湯姆．瓊斯》。

不過路易士堂哥的注意，他經常拿我們當笑柄來嘲弄。

幾個月後，海茲爾忙著安排一次演出，以展現她學生的才能和進步。為此我仿照英國詩人米爾頓的風格，寫了一部假面劇劇本，名叫《仙女的節日》（*A Fairy Festival*），海茲爾則配上了音樂，而那齣劇是從七歲的女孩朗誦序詩句開始：

> 遠離本森赫斯特的農村生息地，
> 遠離老巴斯灘，
> 在深沉的寧靜中，
> 有一塊仙女們居住的樂土……

為了把這件大事辦好，海茲爾把過去、現在甚至將來，可能對她獻殷勤的男子全都召集過來，把他們分成賣票、帶位和置換布景的小組，海茲爾甚至找了我另一個哥哥維克多一起參與，而且她對維克多的一切（包括對他的業餘表演才能）瞭若指掌。

這天晚上演出的高潮是二重唱，瘦長的維克多和一個六歲的小男孩合唱艾爾・喬遜（Al Jolson）的流行歌曲〈當大姑娘像小貝比〉（*When The Grown Up Ladies Act Like Babies*）聽眾掌聲雷動，但是路易士堂哥（經過一些勸說後他才來看演出）對我們卻越來越冷嘲熱諷了。這是為什麼呢？難道是因為我們三兄弟全都在一個小女孩掌握之中嗎？這對格勞斯鮑姆家的尊嚴可是一個打擊，真丟臉。可是不久後，路易士堂哥也成為海茲爾身邊的追隨者之一了。

初戀因現實而告終

當我十九歲時，也開始產生了更深入的愛情，透過伯恩斯坦的介紹，我認識了阿爾達。阿爾達雖然沒有海茲爾漂亮，但她有一張活潑有趣的臉。她在一家專利代理公司當祕書兼打字員，那些辦公桌上源源不斷的專業資料，擴大了她的知識視野。而我們的愛情很快就發了芽，每天下班後我們都會在火車站相見。時至今日，在回想起她時，我還是一直懷著深切的愛和某種內疚感。

阿爾達家後院裡的樹上掛了一個鞦韆——這個鞦韆很寬，足以容納兩個年輕人。我記得在一個瀰漫著紫丁花香的晚上，我倆並肩坐在鞦韆上閒聊，我感到她的手放在我的臉頰上，然後越來越迫切的將我的臉轉向她。過了一段時間我才揣測到她想吻我，當然，即使最愚笨的人也不會錯過這個機會。

自此之後，我們完全墜入了愛河，但這段時期既甜蜜又使我心亂。每次見面，天性使我們結合為一體，但我們從未交歡，因為這樣做不體面，我們都是十分正派、有身分的人。但是在阿爾達家的吊床上我們還是有過愛的體驗，其中的細節讀者可以自己想像，不過我們都還保有各自的童貞。現在想來，我還是感到羞愧，因為我曾用某種荒唐的方式，對阿爾達給我的壓力表示不滿。

有個星期日下午，一群年輕人在阿爾達家聚會，阿爾達坐在我的膝上——私下我很喜歡她的這個舉動，可是在這麼多朋友面前這麼做，使我感到滑稽可笑。她聲音不低的問道：「班，你愛我嗎？」「親愛的，我當然愛妳啦！」我低聲道。「告訴我，你愛我超過愛世界上的其他人。你對大家說。」她堅持要我回答，她的聲音幾乎有點刺耳了。「真的，真的，阿爾達，世界上我只愛妳。」

第二天晚上我便寄給阿爾達一封長信。我說自己仍在讀大學，畢業後可能還要花三年時間讀法律。如果在我的經濟能力足以謀生且照顧她之前，我們必須延後結婚的話，現在怎麼還可以將時間花在談情說愛上呢？可是我們卻越來越難分難捨，情慾越來越強烈。

我繼續寫道，我對她朝思暮想，刻骨銘心，以致大學學業也無心投入了；而在寫了許多理由和藉口之後，我宣布了令人悲痛的決定：我們必須一刀兩斷，立即分手；對我們兩人來說，不再見面才是上策。

由於年代久遠，事過境遷，我已想不起到底是為什麼寫這封信了。我從來沒有過和阿爾達在戀愛時發生肉體關係的念頭，**與一個正派的女孩同床共眠，甚至在你有經濟能力照顧她之前與她結婚——這種事都像小偷或酗酒一樣不光彩**。對一個體面、有抱負的青年來說，這種事是不能發生的。阿爾達回信接受了我的決定，毫無一句怨言，她還祝福我將來能夠成功和幸福。

拒絕獎學金，決定就業結婚

我與阿爾達的關係，以及後來與一個不大有趣的女孩更加膚淺的情愛，為我青年時代的愛情篇章鋪平了道路。而我這種感情觀，也促成了我與海茲爾的婚姻，促成了我們生養五個孩子，促成了我和海茲爾分享許多成功的喜悅，共擔憂患和悲哀，但是也導致了最終離婚的結局。離婚這一天的早上，我恰巧在閱讀康拉德[22]的《黑暗之心》（*Heart of Darkness*），主角馬羅（Marlow）的看法一直縈繞在我的腦海中：

> 生活真是滑稽離奇——為了一個徒勞的目的，按照冷酷無情的邏輯，做出神祕莫測的安排。從生活中你最能希望得到的，是對自己的了解——往往得到時已太晚——以及許多無法消除的後悔。

我和海茲爾**在性格上幾乎可以互補一切，然而卻都缺乏對自己的必要了解，事實證明，這對我們的婚姻是個嚴重的致命傷。**

海茲爾在波士頓的愛默生學院（Emerson School）待了一年後回到巴斯海灘，便與所有過去向她獻殷勤的男朋友（包括我在內）恢復往來。漸漸的，海茲爾打定了主意：我就是她要嫁的男人。下了這樣的決心後，她開始說服我接受這樣的結果，她既沒有像阿爾達那樣，要求我在公開場合做出令人尷尬的愛情表白，甚至也沒有在私下對我說些令人醉心的肺腑之言。我們兩人就只是在等待適當時機的到來。

---

22 譯按：約瑟夫．康拉德（Joseph Conrad，一八五七年至一九二四年），英國航海家、小說家。《黑暗之心》是他最享盛譽的小說。

一九一四年我從哥倫比亞大學畢業後，就立刻開始找工作謀生，雖然那年夏天是個非常差的就業時機。第一次世界大戰已經開始，紐約證券交易所大門緊閉，但我仍能在華爾街得到一份工作，雖然每週只能賺十美元，但我當時也兼任家教老師，並在一所夜校教外國人英語，賺點外快。

在夜校當老師是我的第一個教書經歷，我們使用了古恩教學法（Gouin method），教某個字就要做出與此字義相配合的動作。例如，在第一堂課上，老師用拖長的語調念「我打開窗戶」（I open the window.）時，就要做出開窗的動作。這種教學方法似乎比《尼古拉斯．尼克貝》[23]一書中的要好一些。如果我記得沒錯的話，書中的校長瓦克福德．斯奎爾斯（Wackford Squeers）是這樣教拼寫的：「Winder-w-i-n-d-e-r。約翰，今天下午你負責擦洗教室的玻璃窗，要是不洗，我會把你關禁閉。」

一九一四年，我們遷居到一個相當獨特的公寓，那裡意想不到的豪華。你可能會想，這麼漂亮的房子租金怎麼辦？其實這間五房公寓每月租金只要四十五美元，僅比我們在凱里街的房租貴十美元。我的三份工作每週可以賺二十八美元，加上哥哥們的錢，足以支付不貴的房租。

這裡的入口設有雨篷，管理員衣著華麗，有很多電梯，還有五個很棒的網球場，設想一下，格勞斯鮑姆一家住在這麼一個又大又氣派的大樓裡，該感到多麼自豪！這是我們家歷史中的黃金時代，過去任何的享受，都不會減少我們對這種豪華世界的熱情，理智也不會讓洋洋得意的心靈明白，這所有的一切都只是華而不實的東西。

我從哥倫比亞大學法學院收到一封正式通知信，我已獲得獎學金，並且必須在一週內回信。

這雖然是個好消息，但它使我陷入深深的沉思。我應當像自己一直預期的那樣開始工作嗎？我可以放棄華爾街的工作，物質上沒有什麼犧牲，經濟也不會太差。但是權衡下來，若去讀書，將要再耽擱三年，我才能真正開始創業，相對的也要花更多年才能考慮結婚。

我與海茲爾討論過這件事，她用微妙的方式使我明白，再讀三年書對我和她來說都是很長的一段時間，而如果我堅持繼續現在的工作，憑我出眾的能力，一定能夠……。她沒有明確指示我該做什麼，但是我按照她希望我做的，也按照我自己希望做的去做了。

我寫信給法學院，謝絕了這筆獎學金，也把決定告訴了科普爾校長（沒有提及海茲爾）。他寫了封短信給我表示同意，他說隨著證券交易所的歇業，許多無法適應形勢的人肯定會退出華爾街，這樣就留給有能力的人更多更好的機會。

不久，我和海茲爾彼此許了諾，雖然已不記得日期，但許諾時的情景仍歷歷在目。那天我從劇院送她回家，我們必須在火車站等很久才能換搭下一班火車；可以確定的是我首先表白我有多麼愛她——她是我最思念和愛慕的人，她說她也非常愛我，決心等我。我們都感到幸福，但說這一切的時候也非常嚴肅、慎重。

海茲爾提醒我，我們的承諾絕對不可告訴別人，因為她的母親（里昂稱其為「不可一世的人」）和麥克斯（Max）叔叔，要是得知自己的寶貝海茲爾，決定把終身託付給一個剛從大學畢

23 譯按：《尼古拉斯．尼克貝》（*Nicholas Nickleby*）是美國小說家狄更斯（Charles Dickens，一八一二年至一八七〇年）的代表小說之一。

業的年輕人，可是會大發雷霆的（但她的父親不在乎這一點）。而海茲爾也向我保證，她可以處理一切可能發生的問題，我對此深信不疑。

我們私訂終身的祕密大約隱藏了一年半，一直到一九一六年夏天。時間的耽擱使得海茲爾必須應付其他無數的追求者，以及費盡心機拒絕一直為她尋找如意郎君的母親。她母親的熱情也引發出了各種事件，梅休爾夫人相中了一位出眾的青年。他的名字叫內森．古特曼（Nathan Gutman），而他和他父親的羊毛衫生意，也經營得非常好。

一九一五年，海茲爾和她母親打算在紐澤西州的雷克伍德過復活節。當我問海茲爾我能否一起去過週末，她告訴我這會使她很為難；但是如果我同意以她的表親身分出現，並且不要問她為什麼要這樣，事情就好辦。而頭腦簡單的我便同意了。當我到達雷克伍德時，我發現古特曼舒服的住在海茲爾的旅館裡，梅休爾夫人待他極其親密，而對「表哥班」的到來，卻毫不掩飾她的不高興。

當然我對這個場面感到相當不悅，但是我了解海茲爾的困難處境，所以不可為此鬧彆扭。這段時間，對兩個熱戀中的青年來說並不容易打發，雖然他們幾乎每天都會見面，但當時的習俗限制了他們情慾的衝動。

海茲爾秀色可餐，但她心如鐵石，十分自信，甚至遠比一般女性更加有克制力；表面上我很隨和圓融，但內心卻對一切嚴格的管制感到不滿。此外，我還得裝出毫不在乎其他男人向海茲爾獻殷勤的樣子，保持某種程度的英國人風範。

我們有過大大小小許多誤會，但每次爭吵總如同過眼雲煙。不過有一件事卻非比尋常：那次我帶海茲爾出遊，在湖上划船，突然她宣稱我不夠愛她，所以我們的戀愛一定是不幸的，她不想活了，說完後就縱身跳入湖中。

海茲爾的水性很好，在水上漂浮毫無困難，而我只能盡量將船划近她，懇求她保持理智，請她要相信我。這個奇怪的插曲過了幾分鐘後，海茲爾便爬回船上，說她決定給我們的戀愛再一次機會。

那年夏天的尾聲，我正式向海茲爾求婚，我向海茲爾的長輩們——父親、母親和麥克斯叔叔提出了我的要求。海茲爾表面上用維多利亞時代的方式退回自己房間，實際上坐在樓梯間，專心的聽著。我簡要的談了我倆的相互愛慕，並詳細說明我的金融事業前途——當時這是一個要考慮的因素。

海茲爾的母親承認她未曾料到我會求婚，並且難以接受我太年輕，她還詢問我是否經常刮鬍子？我說是的，這滿足了她的猜想，於是她沒有再提出反對意見。我們用一瓶香檳酒來慶祝求婚成功，因為喜訊是突然從天而降的，所以慶祝不能太過鋪張。同年十一月，我們按慣例舉行訂婚舞會，次年六月結婚，但是不久後我便面臨了因美國參戰而引起的個人問題。

價值投資之父葛拉漢：賺錢人生

- 我性格上的弱點，也讓自己在某種程度上能容忍親戚、朋友、同事或下屬的貪汙行為。
- 休學前我已經開始學習經濟學，但是經過幾星期對這門「科學」的涉獵，它乏味得無法激發我的興趣。而後來的結果卻是，我終生都在金融業裡工作。
- 不做好充分準備，我絕對不會莽撞的進行任何商務會面。
- 經營者一旦老態龍鍾，通常就什麼事也做不成了。

第七章

我的事業起步，債券推銷員

過去我只是從人們的傳說和小說中了解到，華爾街是個充滿奇蹟、振奮人心的地方；當時的我急著揭開它的神祕面紗，急著領略它的驚濤駭浪，於是我接受了這些條件，並同意從下個星期起開始上班。

在大學的最後一個月發生了一連串的大事。首先是哲學系系主任伍德布里奇教授邀請我到教師俱樂部共進午餐，他建議我留在哥倫比亞大學哲學系工作。緊接著，霍克斯教授代表數學系向我發出了同樣的邀請。

令我驚訝的是，了不起的厄斯金教授也要我到辦公室與他談談。他認為我可以成為英語系的一名好老師，而且我會明白大學教師是個非常棒的職業，儘管開始的工資很低，升遷很慢，但是大學裡有其他無數東西會讓人感到滿足。為了說服我，厄斯金教授敘述了自己那段引人入勝的經歷：剛開始的講師生涯、早期的婚姻狀況，以及隨後的拮据生活。

不用多說，這麼多的邀請自然使我洋洋自得，但也讓我困惑不安。然而，當我與校長科普爾談論此事時，他建議我不要急著決定。他強烈的傾向於把優秀的大學畢業生送入商界，而不是將他們關在象牙塔裡做學術研究；我想或許他能為我指明方向。

幾天後，當我們在校園裡碰到時，科普爾告訴我，「昨天我打電話找你，但沒有找到，真是太可惜了，你錯過了一個非常好的機會。」

「諾曼．安吉爾（Norman Angell）昨天在我辦公室裡——你知道的，就是《偉大的幻覺》（*The Great Illusion*）一書的作者。他今天早上從這裡出發，準備到整個歐洲展開一次新的和平運動，他想找位年輕的助手，我便向他推薦了你。但由於找不到人，他只好自己前往了。」

我感到非常沮喪，因為失去了與這位傑出作家結伴進行不尋常旅行的機會。後來我卻很慶幸，幸虧那個電話沒找到我，因為大約兩個月後，第一次世界大戰爆發了，那時我和安吉爾很可能正在英國。身為一名英國人，我非常有機會必須應召入伍，隨即前往比利時的法蘭德斯戰場去衝鋒陷陣。這對我的「和平使命之旅」是多大的諷刺啊！

當時我剛好有個朋友名叫弗賴德．斯威德（Freddy Sweyd），他開了家規模很小的廣告代理公司。他認為我能成為出色的廣告撰稿人，所以建議我到他辦公室試一試，賺點微薄的薪水。既然我的學業已經結束，離畢業典禮又有段時間，所以就高興的接受了這個機會。

他的主要產品是一種名叫「卡波娜」（Carbona）的清潔劑，我開始編撰一些廣告語，並著手設計其他廣告。我的第一件作品是：「卡波娜——讓一切汙垢無影無蹤。」在寫了類似的一些廣告標語後，我寫出了經典之作——一首五行的打油詩。這首打油詩我還記得非常清楚：

有一位威諾納姑娘，
她從未聽說過卡波娜。
她開始洗東西，
卻用了一罐苯[1]，
現在她可憐的父母要為她的災難而痛苦悲哀。

當我將打油詩交給斯威德時，他興奮異常——這種興奮只有在廣告人身上才能見到。他戴上帽子，衝向卡波娜公司的辦公室，準備讓該公司總裁威恩斯坦（Weinstein）看看我的大作。

---

1 譯按：易燃易爆的化學品，這裡用苯的易燃易爆性來襯托「卡波娜」的不可燃性。

我忐忑不安的等著，半小時後他回來了——但帶著沮喪的表情出現。

「有什麼不對勁嗎？弗賴德？難道威恩斯坦先生不喜歡這首打油詩？」

「他非常喜歡，看了這詩後，他笑得差點喘不過氣來。但他接著告訴我這詩不能用。」

「這是為什麼？」

「他說，因為他們的整體廣告策略是讓人們對其他產品的易燃性感到恐懼，從而促使人們購買卡波娜。這首打油詩會讓人們覺好笑，因此會抵消廣告的效果。不過班，我覺得這首詩非常好。」

我不知道威恩斯坦對這首打油詩的評價，是否比斯威德的判斷更精準，但我確定自己非常沮喪，並準備找一個比廣告撰稿人更可靠的工作。

我還參加了哥倫比亞大學數學獎學金的競爭，該獎金金額為每年一百五十美元，這在當時並非小數目。我記得那時有五名競爭者，路易士堂哥在他畢業那年獲得了該獎學金，而家人認為我一定也能爭取到。

他們如此的肯定，路易士的哥哥威爾弗雷德（Willfred）甚至還想用一百美元的現金，和我對賭那可能到手的獎學金。我告訴他，他高估了我的能力，或者說低估了我的競爭對手們（那年我們有一群真正的數學瘋子）。最後結果，由我的朋友坦佐拉（Tanzola）贏得了這筆錢——他廢寢忘食的鑽研數學，後來也如願成了數學教授。我排名第二，對此我有點失望，但一點也不感到意外。

後來在畢業典禮上，我還得知在另一項獎學金競爭中，自己也排名第二——這項獎學金授予整個大學生涯中平均成績最優秀的學生。我得到的唯一安慰是，我的名字很榮幸的出現在獲獎者名字的下面。

儘管遭受了這些挫折，但我還是很榮幸自己被選入了費・貝塔・卡珀兄弟會（Phi Beta Kappa），這是個讓人夢寐以求想進入的美國大學榮譽組織，而且也會對我今後的生活產生很大的幫助；但我與另一項榮譽卻擦肩而過，這是由於一些偶然因素以及其他複雜原因造成──不過對此我已習以為常了。

數學系的老師似乎打算提名我加入 Sigma Xi 科學研究學會──這個團體在各種技術領域擁有非常大的影響力，就如同人文科學領域的費・貝塔・卡珀兄弟會一樣[2]。有老師的提名，我的入會不成問題，但是他們不知道我在哥倫比亞大學的時間已經夠長，馬上就要畢業了，因此他們把我的提名延後到了第二年；但這已經太晚了，因為章程不允許學生畢業後才當選該學會會員（後來我是從霍克斯教授那裡得知這個紕漏的）。

華爾街第一個忠告：如果投機，就會賠錢！

畢業典禮前夕，校長科普爾又把我叫到辦公室。紐約證券交易所的一名職員，因為兒子功課實在太差而來找科普爾，在交談中，還請校長推薦一名最優秀的學生去做債券推銷員。

2 譯按：這兩個團體均是美國全國性榮譽協會，會員是學業成績特別優秀的美國大專院校學生。

科普爾把我介紹給了這位薩繆爾．紐伯格（Samuel Newburger）先生，還著實把我誇了一番。科普爾認為華爾街給大學畢業生提供了廣闊天地，我應該認真考慮這次機會，而不應該留在大學裡教書。我答應去見薩繆爾先生，見面時間定在次日下午三點十五分，到時他會從交易所趕來與我面談。這家公司的名稱是紐伯格—亨德森和羅勃公司（Newburger, Henderson & Loeb，簡稱ＮＨ＆Ｌ），地址在百老匯街一百號。

我還清楚記得當時的情景：我早早的趕到那裡，在三一教堂的大鐘前面徘徊著，等待著指針指向三點十分，然後穿越馬路，走進美國證券大廈。我被帶入薩繆爾的辦公室，那裡有位相貌堂堂、身體肥胖、滿頭白髮的男人；雖然他實際上只有五十多歲，但他看起來已經很老了。寒暄一番之後，他把我引薦給他的弟弟阿爾弗雷德．Ｈ．紐伯格（Alfred H. Newburger），真正的面試便開始了。

阿爾弗雷德（我很快就發現他才是公司實際的首腦和靈魂）與他哥哥一樣高大、英俊，但頭髮不是白色而是灰色，講話充滿熱情和威嚴。他詢問我有關經濟學的學習情況，我只好承認根本沒有學過——主要是因為我在美國運輸公司上班。幸而我還是知道股票與債券之間的區別，這點使他很滿意。

阿爾弗雷德說雖然我缺乏專業訓練，但既然科普爾校長誠摯推薦了，他願意讓我留下來。他又問我的經濟狀況如何？我回答很差，必須依靠工資養活自己。「那麼，」他說：「通常我們給年輕人的起薪為每星期十美元；但考慮到你的狀況，我們給你加一點，每星期十二美元。你應該明白，你必須經過一段時間後才能夠開始銷售債券，跟我們一起賺大錢。」他補充道：「華爾街會給正直誠實的人提供無限的機會！」

過去我只是從人們的傳說和小說中了解到，華爾街是個充滿奇蹟、振奮人心的地方；當時的我急著揭開它的神祕面紗，急著領略它的驚濤駭浪，於是我接受了這些條件，並同意從下個星期起開始上班。

當我起身準備離開時，阿爾弗雷德用他那長長的手指指著我，嚴肅的說：**「年輕人，給你一個最後的忠告：如果你投機的話，你會賠錢的。永遠記住這一點。」**隨著這句類似禁令的話，面試結束，「交易」完成，我的終生職業就此一錘定音。

一開始的工作安排是這樣的：我先在內勤辦公室待上幾個星期，跑跑腿、幫幫忙，從最基本的東西開始學習業務，隨後將到債券部學習如何銷售債券。那時的華爾街不像今天這般運轉流暢，有大量的買單和賣單需要交換（配對），大量的證券需要交割，大量的支票需要檢驗，以及大量類似郵差的工作需要完成。我首先在交割部工作，然後轉到委託部，後來又轉到了會計部。這些地方都讓我學到許多東西。

在當收發員的第一個星期，出納員給了我一張支票，讓我到國家城市銀行（National City Bank，花旗銀行〔Citibank〕的前身）去驗證真偽。「你知道城市銀行的地址吧？」我看到了支票上的地址（華爾街五十五號）所以回答「當然知道」便出了門。

過了華爾街四十九號後，我到了一幢富麗堂皇的大廈，顯然這就是我要找的銀行。但為了保險起見，我開始在牆上找名字和地址，而繞著這幢四方型大廈轉了兩圈後，還是沒找到名字和地址，於是我決定放棄掙扎，還是問問路人。當然，這就是國家城市銀行沒錯，他們認為自己名聲這麼響亮，根本不需要在大門口掛上招牌。

這裡一定要說一下，對於當時金融業處理大筆資金時那種漫不經心的態度，我深感震驚。當支票檢驗完畢並準備歸還時，窗口的職員會大叫一聲「紐伯格」或「康特德」（Content）等公司的名字。收發員只要走近窗口，說聲「紐伯格的支票。」然後一張可能價值五十萬美元的紙便這樣交給了他，不需要提供任何身分證明。

而更令人吃驚的是他們對股票的草率處理。當我正準備離開電梯給客戶送股票時，另一名收發員會跑過來對我說：「你是要去薩托利斯（Sartorius）公司吧？」「是的。」「那就請你順便幫我把這些股票帶給他們，多謝了！」接著他便把一大捆股票塞到我手中，轉身便跑開了。

奇怪的是，儘管這些做法看起來很荒唐，但在支票和證券處理中卻很少發生差錯。當然這也是可以理解的，畢竟那時的交割方法沒有今天這麼複雜。

有錢人分為三種，吝嗇鬼往往更貪婪

儘管華爾街的人在處理大筆資金時相當漫不經心，但我也驚訝的發現那些富人竟是如此節儉小氣。有次當我走進阿爾弗雷德的辦公室時，發現他正在準備寄支票支付個人帳單，他用已經貼好郵票、印好地址的信封來寄這些支票，而這些信封是他在其他公司開會時拿到的。

阿爾弗雷德會把印好的地址畫掉，再寫上新地址，這樣就可以省下兩美分的郵資，他還很滿意的說道，不要浪費了這些信封和郵票。這樣一個大富翁所表現出來的節儉實在讓我震驚，也讓我傷心，特別是我一直對阿爾弗雷德的智慧與決斷佩服得五體投地。

我問自己：「這樣一個每天開出百萬支票給銀行的大人物，怎麼會為了節省兩美分的郵票而投機取巧呢？」我做這種事還情有可原，因為每分每厘的金錢對我都很重要。不過當時我非常小心，沒讓任何人知道這個想法。

在我寫這本書時，距離這些事情發生的年代已近半個世紀了，經過幾次嚴重挫折後，我也積蓄了不少財富——事實上遠遠超過了當時華爾街的老闆們。隨著時光的流逝，我越來越能理解富人看待金錢的心理，其實事實是：我們對於錢財的態度，是在早期生活環境中形成的；天生的性格、生存的條件，以及某些關鍵性經歷是決定性因素。

除非各種經濟因素的限制，無法大把大把的花錢，否則一個出生於奢侈浪費之家的人，有極大的可能會繼承延續這奢侈之風。如果這樣的人由貧變富，他很快就會甩掉先前約束他的枷鎖，成為一個真正花錢無度的傢伙，因為他從不擔心自己的財富會耗盡。

然而，大多數孩子並非天生就有節儉或奢侈的本性，他們的態度以及將來的行為，大部分都是由早期所處的環境所決定。即使他們的家庭很富裕，父母還是能夠透過言傳身教以及懲罰等手段，使他們變得勤儉節約，甚至是小氣吝嗇。

如果年輕人在處理小額的錢財（特別是每星期的零用錢）時，就養成了這些習慣，那麼當他們得到大筆財富後，態度就會變得矛盾；對小事情往往過於斤斤計較，對大事情則顯得粗心大意、慷慨大方，甚至是揮霍無度。至於那些生於富貴之家、在奢侈環境中長大的人，當然會很輕易的繼承花錢時的瀟灑氣概，因為只有這樣才與他們的氣質相稱。

學著區分以下三種人，對人生會很有幫助：第一，真正的吝嗇鬼；第二，狂熱的討價還價者；第三，由於條件所迫而形成的小氣。真正的吝嗇鬼永遠都是貪婪無度的——他有累積（不必要的）財富的本能衝動，而且會神經質的反對任何花費。

第二種人中包括了許多成功的商人，由於習慣使然，他們會不停的努力工作、不停賺錢，往往將生意場上「價格要找最划算的」、「砍價要狠心」這些原則應用到個人支出上。這些人實際上根本不是小氣鬼，因為他們也崇尚奢侈品，他們能從勞斯萊斯轎車、大遊艇，或名貴珠寶中獲得勝利的快感（不過他們的勞斯萊斯通常也是趁打折時買來的）。

第三種富人最有意思，因為他們性格非常複雜，身上充滿了令人困惑不解的矛盾。這些人可能出身清寒，或是曾體驗過貧困的滋味——就像我一樣，生活的拮据曾經迫使他們數著銅板過日子（我仍記得當時我有一個小圓筒，這個圓筒原本是用來裝巧克力的。洞口剛好能塞進美分硬幣，我經常會數一數裡面總共有多少美分，看看我有多少「財富」）。

這些根深柢固的習慣早已進入潛意識中，無時無刻都在影響著他們的生活，使他們做出種種不合情理、甚至令人羞愧的舉動；但這種行為只會出現在小筆的開銷，大型支出或高級禮物則不適用。這些人孩提時能支配的金額大多在一美元以下，上百美元甚至是上千美元，對這些孩子來說都是天文數字，因此他們沒有養成如何處理這種大筆金額的習慣。

一個經歷過貧困童年的富翁，他的消費行為會顯得反覆無常、荒唐可笑。面對大筆金額的支出，他隨隨便便，甚至顯得有些鋪張浪費；而對於小金額的費用，他則不得不與自己頑固的吝嗇性格爭鬥。

以我自己來說，我的吝嗇行為就受到兩種不同的力量反抗：首先，我完全清楚自己的問題所在，並決心以智慧和意志力盡可能的解決它；其次，我對他人對我行為的反應非常敏感——至少在日常生活中是如此。我不知道這種性格究竟是好還是壞，但從節省小錢這個角度去考慮，它的效果很不錯。

如果我認為有人在注意著我時，就絕對不會露出自己的吝嗇本性；但當只有我一個人時，便會放縱自己，讓那些孩提時養成的吝嗇習慣全部暴露出來。不過即使在這些時候，我都還要為自己的行為找藉口，例如當我與其他人一起出門時，我都會選擇叫計程車；而只有我一個人的時候，則寧願去搭乘地鐵。

對此我有兩個說服自己的理由：第一，街道太擁擠了，乘地鐵比計程車要快得多；第二個理由是，在地鐵中我可以讀讀報紙。但事實上，我不太常買報紙，因為我覺得帶在路上走很麻煩，或許這個不願意花小錢的習慣，也正是我從不抽菸喝酒的原因所在。

從辦公室收發員到債券部助理

就如同所有的華爾街新手一樣，我對櫃檯買賣[3]抱有濃厚的興趣。這些場外交易市場多年來

---

3 編按：Curb Market，又稱店頭市場，為有價證券不在集中市場上以競價方式買賣，而在證券商營業櫃檯，以議價方式進行的交易行為。優點是買賣雙方可以洽談特別交易條件，不需依照集中市場的標準合約交易，缺點是市場資訊較不公開，且無證券交易所保障履約，到期履約風險大。

都在百老街（Broad Street）上，是塊用繩子圍起、大約五坪的空地。

無論颳風下雨，場外交易市場的營業員都會聚集在這裡進行露天交易。下大雨時，他們會穿上油布衣；冬季天氣冷時，則會戴上耳套。許多營業員都會戴著色彩艷麗的帽子，以便指令員（order clerks）可以快速找到自己。

這些指令員會在附近大樓的窗子裡俯視著場外交易市場，他們和營業員透過複雜的手勢不斷交換著指令和資訊。雖然場外交易市場遠不如紐約證券交易所重要，但那裡也交易許多一流的大公司，以及其他各式各樣公司的股票，而且成交量也都不小，每天可能會有幾百萬美元的成交額。

儘管場外交易市場的硬體設施古怪可笑，卻運轉得很有效率。十年後，場外交易市場搬進了一幢位於三一教堂廣場西部的新大廈。又過了二十年後，這些保守分子將紐約場外交易市場（New York Curb Market）改名為美國證券交易所（American Stock Exchange）——我認為原名過於謙卑，新名則過於張揚了。但那個時代過來的人還是習慣叫它場外交易市場，而且對百老街上那些滑稽的紅帽子還有些念念不忘。

做了四個星期的收發員後，我來到了債券部。債券部單獨占了一個房間，與接待室及報價臺只隔著一條走廊。在我之前，債券部有兩名年輕的債券推銷員，他們大學畢業已有幾年，經驗比較豐富。其中之一是丹尼爾・勒布（Daniel Loeb），公司合夥人傑克・勒布（Jake Loeb）的外甥。丹尼爾皮膚黝黑、背有點駝，工作非常賣力，為人十分嚴肅。

另一位是哈樂德・羅斯（Harold Rouse），完全不同的另一類人。哈樂德個子高、身材勻稱、英俊瀟灑、金髮碧眼，是個出色的游泳運動員，看起來就是個花花公子。不久他便恬不知恥的把自己的座右銘告訴我：**「能讓別人替你做的事千萬別自己去做。」**他成功的將這一原則應用到幾乎所有工作上，他總是能讓別人替他做事。

然而很諷刺的是，命運給這兩位年輕人安排了截然不同的結果。這位感情豐富、幾乎將自己全身心奉獻給工作的丹尼爾，與公司的愛爾蘭籍接線小姐結了婚，後來在一九二〇年代的投機生意中輸得傾家蕩產。而那位泰然自若、從未真正忙於工作的哈樂德則繼承了父親的財富，成為一家大證券經紀公司的合夥人。這實在是對傳統道德的玷汙。

在債券部門，我要同時完成兩項任務：第一，盡可能多學習債券知識；第二，盡量發揮自己的作用。丹尼爾和哈樂德每天都要給那些潛在的債券買家發送債券推薦表，而我主要的工作是把表格上的債券做些簡單介紹。即便在空閒時間，我也認真的自學債券知識。

我準備了一本活頁筆記本，在每一頁紙上都以便於記憶的形式，記下某種債券的一些重要資料。經過這麼多年後，我依然記得那本黑色筆記本的模樣，以及其中的某些內容。第一頁的內容是：「艾奇遜，托皮卡和聖塔菲（Atchison, Topeka and Santa Fe）鐵路公司，總額四千美元，一九九五年到期，年利率一五%。」當時我記錄了上百種債券的數據，它們的發行規模、利息率、到期日期，以及留置權條款，我都一一默記在心。

現在我已經搞不清楚當時為什麼要記住這些內容，明明從債券說明書或筆記本上都可以很方便的找到這些資訊，毫無疑問，是我的虛榮心在做怪。剛開始時我背得很順，但後來這些債券內容在大腦中完全混淆了，於是就不再強迫自己背下來。不過在幾個月後，我驚奇的發現這些數字仍歷歷在目，我幾乎成了「活動式債券說明書」。

一戰的證券拋售浪潮

一九一四年七月，奧地利王儲在塞拉耶佛遇刺，引發了維也納與塞爾維亞之間的戰爭。紐約股市對當時歐洲的緊張局勢不大關注，大家都以為這種緊張局面很快就會結束，就像幾年前的阿加迪爾事件（第二次摩洛哥危機）一樣。

這時我拿到了費．貝塔．卡珀兄弟會的徽章，我驕傲的用一條錶鍊將它掛在西裝馬甲上，而公司最年輕的合夥人（不久前還是名菸草商）蘭斯特．紐伯格（Lester Newburger），也因為公司職員能有這樣的榮譽深感震撼。一個小時後他對我說：「班，我能否請費．貝塔．卡珀兄弟會的成員出去幫我買包菸？你知道我要哪種牌子。」於是我便受命跑了出去，徽章在我胸前亂晃著。

我做過最無聊的工作之一就是寫市場報告。薩繆爾是交易所的營業員，在收盤後他必須將當天的股市情況記錄下來，這些記錄要送到費城的總公司，以便讓當地的客戶相信，分公司在紐約的百老街和華爾街上表現很好。

薩繆爾很不喜歡做這種瑣事，便把這個任務轉交給我，他建議我看看以前的報告，並依此方法接著寫下去。過了幾天後，費城的那些老客戶天天都要聆聽「新專家」對股市的見解，而我這名新專家接觸金融領域的時間，充其量也只有六個星期。

我永遠忘不了那段戰火開始前的平靜時光，那也是十九世紀真正意義上的終點——其真正的起點是在一八一五年。當時澳洲網球隊正與美國網球隊爭奪台維斯盃（Davis Cup）的冠軍。紐伯格的其中一位合夥人，正好有第二天比賽的兩張門票，但他有事不能去，便很慷慨的將票送給了我。

於是我和向來迷戀網球的格林曼，一起來到了那星期剛剛落成啟用的森林山體育館。第一天的兩盤單打比賽雙方平分秋色，第二天的雙打比賽澳洲隊取得了勝利，因此他們暫時領先。

當時的澳洲老將諾曼·布魯克斯（Norman Brooks）將與剛從哈佛畢業的新秀諾里斯·威廉斯（Norris Williams）相遇，威廉斯也是格林曼在哈佛時的同班同學。

而就是這次比賽的戲劇性場面，使網球這一溫文儒雅的休閒運動，從此在我心裡變成振奮人心的精彩比賽。威廉斯在輸掉了前兩盤後，我們認為已無獲勝的希望了，然而他卻馬上恢復狀態，精彩的表演使他一舉獲得第三盤和第四盤的勝利。

觀眾失去了平日的矜持，每當這位瘦長的美國小夥子獲得一分時，他們都報以雷鳴般的掌聲。當威廉斯經過艱苦的拉鋸戰獲得一分後，歡呼聲響徹整個體育場，以至於比賽場上的布魯克斯不得不扔掉球拍，用雙手緊緊捂住耳朵——這一情景至今還深深印在我的腦海中。在場的工作人員們懇請觀眾平靜下來，但起不了任何作用。

然而，憑藉著必勝的信念、冷靜的頭腦和老練的技術，澳洲人最終獲得了第五盤的勝利。觀眾們不斷嘆氣，十分絕望。當布魯克斯戴著那頂奇怪的航海帽退場，經過閃閃發亮的台維斯獎杯旁邊，並以勝利者姿態舉起銀盃向觀眾致意時，體育精神又回來了，觀眾也對他這一舉動投以熱烈的掌聲。

接著，由一頭紅髮的美國運動員穆里・麥克勞林（Maury MacLaughlin）與球技深得人心的安東尼・威爾丁（Anthony Wilding）對壘。麥克勞林很漂亮的取得了五盤比賽的勝利，但這已經沒有任何意義了。而後不久，麥克勞林在法國戰場上喪了命。

一九一四年八月初，熊熊戰火開始燃燒。西方文明將從此毀於一旦嗎？這是因為歐洲各國的首腦人物缺乏領導才能和外交技巧嗎？或者這僅僅是國與國之間一系列戰事之一？

這些戰爭最終並沒有帶來太深刻的歷史傷痕，只有對那些為之戰鬥、或在戰火中死裡逃生的人而言，才真的是場災難，令他們難以忘卻。我對這些問題的思考實在不值得一提，因為其他人的思考更深入、更合理。所以，在這裡我僅向大家描述作為一名紐約青年，對此事的一些粗淺看法。在一戰的早期，就跟鄰居們一樣，我也經歷了同樣的困惑和興奮。

八月三日之前的幾天裡，股票市場出現了相當程度的緊張狀態，但還沒有到達恐慌的地步。而隨著戰爭真正爆發，美國和歐洲的金融界都深感意外，股市發生了恐慌性拋售，政府隨即決定關閉紐約證券交易所，其他交易所也立即隨之關閉。

現在的人只熟悉隨後的戰爭熱潮，因此他們覺得這次拋售浪潮不合邏輯、難以理解。然而，引發這次拋售浪潮的，只是因為一個簡單的原因：當時的歐洲投資者手頭擁有大量的美國證券。

戰爭爆發後，他們本能的認為：**在戰爭期間，身邊的資金要比遠在他鄉異國的資產安全得多——事實證明這種觀點是錯誤的**。於是，這些國外的證券持有人突然大規模的拋售證券，這給美國當地的證券市場帶來了無法補救的恐慌局面，股市營業員也亂成一團。

而將當時的股市表現，與二十五年後二戰爆發時做比較，會發現到人們的心理很有意思：二戰的爆發自然而然再次引發恐慌性拋售，但**幾天之後，美國民眾就開始預見到戰爭訂單將滾滾而來**，於是在同一個月裡，股票市場又出現顯著回升。但對投資客而言，這又是個不可預測的騙局，一九四〇年的法國淪陷打擊了大眾的投資熱情，股市又遭到了重挫。

現在我眼前還經常浮現出那些觸目心驚的標題：奧地利對塞爾維亞宣戰；俄國對奧地利宣戰；德國對俄國宣戰；法國對德國宣戰；英國對德國宣戰。這些事情令人難以置信，卻是千真萬確的。

然而，**我們很快就對這場世界災難視若無睹**，將注意力轉移到它對我們自身的影響上來。交易所關閉之後，我陷入沉思：我們的事業，還有我的工作，以後將會怎樣？整個華爾街幾乎都無所事事，但是大多數的公司並沒有裁員，只是降低工資。我很慶幸自己沒有丟掉飯碗，只是工資變成了每星期十美元。

幾個月後，有限的交易重新開始：交易價格不許低於市場關閉前的價格。不久後，來自法國和英國的戰爭訂單開始不斷湧入，經濟馬上由低迷轉向繁榮。股票的交易限制取消了，戰時的股市繁榮開始了。

這一突然轉變使我們人手緊缺，因為許多員工都已辭職不幹了，於是我得到各個部門幫忙。而在某些繁忙的日子裡，我會幫報價室的職員張貼股票報價單，做這項工作時，得繫上一條很重的皮帶，皮帶上有七個袋子，每個袋子裡依次分別裝著八分之一到八分之七這些分數。在其他時候，我還要做電話接線員，或是幫助後面辦公室裡的其他職員做各種工作，甚至還要經常跑出去完成重要的證券交割任務，所以我的工資又升回到每週十二美元。

「體面」的債券推銷員

經過一段時間後，我又回到了債券部。不久，我終於可以出去推銷債券了，這比推銷優惠券或洗衣店廣告要體面多了。債券推銷商的上門服務，似乎能使一般人的虛榮心得到大大滿足，因此儘管他們不買，也總是很有禮貌的對待我。

在某次上門推銷中（與其他推銷一樣，沒有任何成果），這個客戶的客戶進來打斷了我的拜訪，而我的客戶指著我鄭重其事的說：「請稍等片刻，齊爾契（Zilch）先生，我正與銀行家談話呢。」銀行家！事實上當時華爾街上所有公司都自稱為「銀行和證券經紀公司」（Bankers and Brokers）。我們的信封、信紙和支票上也都印著這些字樣。

我很喜歡這個故事：有位股票債券從業人員，請油漆匠在門上漆上「約翰．史密斯，營業員」這幾個字。他問油漆匠這需要花多少錢。油漆匠的回答是五美元，並說道如果願意支付七美元的話，他可以漆成「約翰．史密斯，銀行家兼營業員」。史密斯立即回答道：「好的。誰不願意花兩美元就做個銀行家？」（幾年後，州法律再也不允許我們在辦公用品上印「銀行家」這幾個字了。）

在剛開始工作的那幾個月，我和理查德．維爾施泰特（Richard Willstatter）成了朋友，理查德是紐約證券交易所的營業員，他在我們債券部租了一張辦公桌。每天下午，當交易所收盤後，他會回來在辦公桌旁待上一段時間。

理查德是個堅定的單身主義者，有點近視、留著大鬍子，說話時還有濃重的德國口音。事實上，他的兄弟是德國著名的化學家，得過諾貝爾獎；儘管如此，在情感上他還是非常支持同盟國，他甚至帶我到名流如織的「共和黨人俱樂部」一起吃飯。

有一次，當時的德國大使馮·伯恩斯托夫（von Bernstorff），試圖就德國問題陳述己見，卻沒有獲得太大的成功；另一次，日本大使向我們解釋了日本站在協約國這邊參戰的原因。然而最讓我感興趣的故事，是當時的紐約州州長約翰·普爾羅·米謝爾（John Purroy Mitchell），講述了他擊敗民主黨的經歷。不過天有不測風雲，三年後，我成為了出席他葬禮儀式的一員。

由於從事債券工作的緣故，我開始詳細研究鐵路公司的財務報告，同時還刻苦研讀這一領域的基本教科書——勞倫斯·張伯倫（Lawrence Chamberlain）的《債券投資原理》（*The Principles of Bond Investment*），這是一本行文嚴肅的大部頭著作（哪裡想得到將來有這麼一天，我的書得以取代它的地位）。

在這些基礎上，我打算對密蘇里太平洋鐵路公司（Missouri Pacific Railroad）的財務狀況做些分析。該公司於一九一四年六月公布的年度報告表明：公司的經營狀況很糟糕，財務風險很大，投資者不應該持有它的債券。當報告完成後，我將它交給理查德，請他指教。

他很欣賞這篇文章，所以又將它交給J·S·巴契公司（J. S. Bache and Company）的一位合夥人。這位合夥人告訴他，如果我有興趣做這類工作，他們願意將我招入巴契公司的統計部。那時候我才意識到：我寧願做一名「統計員」（那時也叫證券分析員），也不想做債券推銷員。

因此，我便過去和莫頓．史騰（Morton Stern）見面，他後來也成為了巴契公司的重要合夥人。經過一番面談後，我們達成以下協議：他們支付給我十八美元的週薪，而我的工作是替他們寫報告和回答客戶的諮詢——當然，這必須先獲得我現在公司的同意。

這真是太棒了！我相信他們會很樂意放我走，因為在債券銷售方面我沒有為公司帶來任何佣金收入，公司支付我十二美元的週薪實在不值得。但當我輕鬆愉快的向薩繆爾先生提出此事時，情況卻與我預料的截然不同。

我怎麼能夠如此的不忠誠？在公司替我做了這麼多事後卻想要離開公司？其他公司怎能這樣厚顏無恥，想挖走他們的員工？這是違背股票交易所的規定的！

「但是我認為自己對公司沒有價值。」

「這要由我們而不是你來判斷。」

「但是我天生不適合做債券推銷員；我做統計工作絕對會好很多。」

「這很好。我們的公司也該有個統計部了，你就待在那裡吧。」

「那好吧，紐伯格先生，如果你真希望我留下來，我當然很樂意。」

「很好，我們會討論你的工資問題，待會讓你知道結果。」

公司開會後，決定將我的工資提升到每週十五美元——考慮到他們以前在我身上所做的無回報投資以及其他原因，我也不指望從公司拿到更多的錢，所以很樂意的接受了他們的條件。

特別讓我高興的是，我從此開始了證券分析員的生涯。幾個月後生意蒸蒸日上，薩繆爾把我叫到眼前，他告訴我：我的工資已加到每星期十八美元，因此我不必再感到待在公司裡吃虧了。因此，我生涯中的「巴契事件」就此結束——除了幾個月後發生的這件事：當我再次得到加薪時，薩繆爾鄭重其事的告訴我，如果當時我真的離開了公司，他們就決定再也不從大學畢業生中找人了！

過了一段時間後，我的良師益友理查德搬走了，我們見面的機會也變少了，雖然他曾邀請我到他那裡坐坐，但我實在太忙了；有次我在街上看到了他，由於很長時間以來一直沒跟他聯絡，實在不好意思見他，我便躲開了。

第二天我們在路上又碰到了，理查德責怪我前一天太失禮，見到他連招呼也不打一聲；我感到非常慚愧，便一五一十的向他實話實說，他也原諒了我的過失。

我想，這件小事教會了我一些道理，**如果你對朋友沒有盡到應盡的義務，自然而然你會避免與他接觸——然而這只會使朋友更加傷心。正確而友善的做法是：一有機會就馬上向朋友道歉，並彌補自己的過失。**

價值投資之父葛拉漢：賺錢人生

- 年輕人，給你一個最後的忠告：如果你投機的話，你會賠錢的。永遠記住這一點。
- 學著區分以下三種人，對人生會很有幫助：第一，真正的吝嗇鬼；第二，狂熱的討價還價者；第三，由於條件所迫而形成的小氣。
- 真正的吝嗇鬼永遠都是貪婪無度的——他有累積（不必要的）財富的本能衝動，而且會神經質的反對任何花費。

第八章

華爾街送我的見面禮：第一次股市大跌

我比前輩們具有更清醒的頭腦和更良好的判斷力，從而能辨別什麼是重要的、什麼是不重要的；什麼是可靠的、什麼是不可靠的；甚至能辨別哪些是誠實的、哪些是不誠實的。因此我發現了華爾街的一片處女地，即對證券價值做真正的、透徹的研究。

命運註定我要在華爾街度過四十二個春秋，這可是我全部的職業生涯。我從證券經紀公司的收發員做起，直至成為一個大型投資基金的首腦，並且還擔任了兩個大企業的董事長。這些年來，我從別人的教誨和經驗中學到了許多東西，儘管所學到的並沒有讓我避免犯各種大大小小的錯誤，也沒對我的成功有很大裨益（這種判斷可能反映了一種潛意識的自負，這種自負甚至能使一個誠實謙虛的自傳作者，輕易忘記人家對他的好）。

我帶著「正統」的學術觀念進入華爾街，但也能夠隨機應變、自行調整；在學校接受的訓練使我目光敏銳，做事深思熟慮，並具有判斷能力。除此之外，我還具有一般理論家所沒有的兩個優點：第一，判斷問題輕重緩急的良好直覺，以及避免在非本質問題上浪費時間的能力；第二，尋求實用方法、完成任務、解決問題的幹勁；特別是創造新方法、新技巧的熱情。

市場轉型，股票不再像賭博

如果說我有幸具備了這麼多的天賦，可供我在財務分析中運用，那麼我進入華爾街的年代對我來說也同樣是幸運的。我開始在華爾街工作時，投資幾乎只限於債券；普通股，除了極少數的幾種之外，基本上都是被當作投機工具來看待。然而，這時股票市場開始採取許多新方法，以提高普通股的信譽，希望人們不再認為它和賭博一樣。

為了遵守交易所的要求，上市公司開始提供經營和財務方面的詳細資訊。財務公司也開始在他們的工作手冊和出版物上，以簡便的表格向人們提供這些資料。另外，一些政府機關，如州際貿易委員會及各種公共委員會等，也收集了大量關於鐵路、煤氣和電力公司的報告，供人們分析研究。

但是一九一四年時，大部分的財務資訊在普通股票分析中都被棄而不用，人們雖然沒有完全忽視這些數字，但也僅帶著一點興趣，對它們做些膚淺的研究。對人們來說，最重要的是各式各樣的「內部消息」——有些內部消息與企業經營方向、新訂單、預期利潤等相關，而更多的則是關於股市操縱者的新措施和新計畫——那些赫赫有名的股市操縱者，會對每一重要股票的劇烈波動（不論是漲還是跌）負責。

對於華爾街的新手來說，沉溺於乾巴巴的統計數據中是件可笑的事，因為當時人們認為股價變動的決定性原因，是一套完全與統計數據不同的因素——人為的影響。

但是，由於種種原因——企業財政實力因為一戰而大為增強——一九一四年之後，在普通股票分析中，內在價值與投資價值變得越來越重要。作為一個新手，我沒有受到舊體制下那種扭曲的傳統影響，能夠迅速的對金融領域中的新生力量做出回應。

我比前輩們具有更清醒的頭腦和更良好的判斷力（他們的智慧已受到經驗的約束和削弱），從而能辨別什麼是重要的、什麼是不重要的；什麼是可靠的、什麼是不可靠的；甚至能辨別哪些是誠實的、哪些是不誠實的。因此我發現了華爾街的一片處女地，即對證券價值做真正的、透徹的研究。憑著兩個有利條件：自身的內在天賦、當時的有利時機，我的成功幾乎是萬無一失。不過，我的職業生涯也出現了多次挫折。

這裡有一個在我剛開始從事金融業時發生的小故事：年老的沃納（Werner）先生由於經營

不善，被迫放棄了自己的證券交易公司，加入我們的行列，成為我們公司的營業員。

他頭髮花白，具有貴族氣質，對人慈祥親切，內心卻背著一個沉重的十字架，那就是他的兒子亞瑟（Arthur）——聰明的小夥子，卻是個重度酗酒者。沃納先生能夠準確無誤的報出每種股票的最新價格，對市面上任何風吹草動的消息或者閒言碎語也都一清二楚；他總是帶著一根手杖，並曾經說服我也拿根合適的手杖在華爾街踱步。我照他的話做了，但僅僅維持了很短一段時間。

第一次套利：銅礦公司解散計畫

一九一五年，我作為一名記價員在客戶室裡幫忙。在那裡我可以和沃納先生就金融發展、公司盈利等問題進行交流。當時密蘇里—堪薩斯—德克薩斯鐵路公司（Missouri, Kansas and Texas Railroad）正出現盈利提高的跡象，但它的股票（俗稱「小貓」〔Kitty〕）價格目前似乎偏低，每股只有十二美元。

我應該曾經有以某種方式幫助過沃納，所以他才會建議我們合買一百股「小貓」股票。他不僅願意掏出他那部分的錢，也承擔我的那一半，對此我當然樂意接受。過了一段時間後，阿爾弗雷德先生聽到了這件事的風聲——他好像對辦公室裡所有人的言行舉止都一清二楚。

阿爾弗雷德把我叫到辦公室，訓斥了我一頓。他提醒我不要投機，並且以一種責備的特殊語調補充道：「班，如果你打算投機的話，你至少應該聰明點，不要選像密蘇里—堪薩斯—德克薩斯這樣衰落的鐵路公司股票。」當然，隨即我就以略有盈利的價格賣掉我那份來了結此事。我想阿爾弗雷德一定也給了沃納先生同樣的訓斥。

但是後來，輪到公司聽從我的建議，而不是我聽公司了。令人啼笑皆非的是，正是同一家密蘇里—堪薩斯—德克薩斯鐵路公司的股票，要進行一次非同尋常的財務運作（這種運作正是今後我擅長的計算方法），我說服了公司從事這一工作。

最後「小貓」鐵路公司破產了（這驗證了阿爾弗雷德對我早些時候初次嘗試時的批評），該公司採取了一個重組計畫，普通股股東只享有購買重組後新公司股票的權利。然而實際上人們認為該股票毫無價值，因此每股只賣五十美分，我向合夥人指出，要完成這個計畫至少需要一年時間。

與此同時，老的「小貓」股票將與新股票以同樣便宜的價格出售。換句話說，如果新股票從現在的價格上升一美元的話，老股票的價值也會上升一美元，那就意味著在老股票上的投資可以獲得二〇〇%的回報。

事實上，在任何市場繁榮時期，用鐵路公司股票賺取了三個或四個百分點是稀鬆平常的事，如果損失，最多只有半個百分點。紐伯格—亨德森和羅勃公司的合夥人，原則上反對公司進行任何投機活動（雖然當他們的客戶喜歡、甚至過度沉溺於投機行為時，他們是很高興的）。但這次，**我的邏輯戰勝了他們的信念**，我們買了五千股。到了第二年，我們的利潤是五千股金額的六倍。

作為華爾街上一名別具特色的操盤手，我的事業是從一九一五年才真正開始，那時古根漢勘探公司（Guggenheim Exploration Company）[1]正要實行解散計畫。該公司在幾個重要銅礦都擁有大量股權，而這些股票在紐約證券交易所都很活躍。

當古根漢公司提出解散計畫，並將其持有的股權按比例分給股東時，我計算出當時該公司所持股票的市場總值，其實要高於公司本身的股票價格。因此，這就存在一個實際上很保險的套利機會，你只需在買進古根漢公司股票的同時，賣出內華達（Nevada）、奇諾（Chino）、雷統一（Ray Consolidated）以及猶他（Utah）等其他銅礦公司的股票。

不過可能存在的風險是：一、股東不批准解散計畫；二、由於法律訴訟及其他麻煩事引起的耽擱；三、在古根漢股東實際拿到股票之前，很難維持賣空股票的空頭頭寸。

然而這些風險對我來說算不了什麼。我建議公司採取行動，於是做了一筆數目不大的股票套利，我甚至也向辦公室裡的其他同事做出一樣的建議。我記得同事羅斯拜託我替他操作整個過程，並且答應把二〇%的利潤給我。這樣，我完成了第一次套利任務，後來也證明套利是我的一項特殊專長。解散計畫在沒有任何麻煩的情況下完成了，實現的利潤也正如我計算的那樣；大家都很高興，我就更不用說了。

一九一五年至一九一六年，是第一次世界大戰中的股市大牛年：那時美國還未捲入戰爭，而且從英國和法國的軍火及供給品訂單中獲得了巨大利潤。股票價格雖然在戰爭爆發之初遭受重挫，但此時已達到了前所未有的水準，公司的業務也欣欣向榮。

那時我已承擔了許多的職責，不僅要做統計、證券分析，還要寫財務報告。而且在出納員忙得不可開交時，還得做他的助手。在當時華爾街的那些公司裡，出納員是後臺部門的頭頭，要負責證券的交割、活期放款和定期放款，以及所有的簿記工作。

我們的出納員是赫德（Herd）先生。大家認為他是一個乖戾、愛嘲諷別人的暴君；但我與他合作得非常順利，他似乎很欣賞我對他的幫助。不過有一次，當公司決定對我連續幾次加薪之後，他把已增加的工資遞給我，很粗暴的說道：「到了你該清醒的時候了！」

一九一六年九月，我的工資已增加到每週五十美元，我決定冒一次險，正式向海茲爾求婚——她沒怎麼猶豫就答應了。十一月，我們辦了個訂婚晚會，賓主頻頻舉杯，暢飲香檳；晚會上還收到許多電報。不過其中有一封電報不是祝賀我們訂婚的，而是我的兵役通知。這是件很棘手的事，我必須盡可能以坦率、誠實的態度加以處理。

不太榮耀的「準」軍旅生涯

一九一七年四月，美國對德國宣戰，隨即在紐約州的匹茲堡成立了一個預備役軍官訓練營，準備向即將成立的大部隊提供初級軍官。我決定報名參加訓練營，希望能獲得少尉軍銜。

我帶了一堆令人敬畏的推薦信——包括伍德將軍、米契姆上校（加文納斯島的指揮官），以及科普爾（以前是我的大學校長，現任作戰助理部長）。有了這些靠山，我覺得自己絕對會被訓練營錄取，可以開始實施我的計畫，儘管母親和海茲爾會很傷心。不過很快就輪到我自己

1 編按：隸屬古根漢家族。一戰後該家族出脫了大部分礦業資產，轉而關注慈善、航空及現代藝術。

失望了，我收到一封簡略的便條，上面寫著根據軍隊的政策，只有美國公民才能成為預備役軍官，而**我是一名英國人，他們無法接受我的申請**。那一堆推薦信也隨信寄回。

這給我的家庭和個人造成了極大的麻煩。當時兩個哥哥賺的錢比較少，而我是家庭收入的主要來源，如果能拿到軍官工資，就可以繼續贍養母親；如果只拿士兵津貼，要扶養母親就幾乎是不可能的，到時候只能讓兩個哥哥去參軍，我則繼續工作，同時申請豁免兵役。

我很不情願的同意了，因為我確實有一種強烈的愛國主義思想，這種思想能使年輕人為了祖國而去衝鋒殺敵（我認為我有四分之三的國籍是美國，其餘四分之一是英國，她們都需要我的服務，我極其願意為她們效勞）。

海茲爾和我已為六月的婚禮籌畫了很長時間，當我向軍官訓練營遞交申請書時，我曾向她暗示我們的婚禮有可能無限期延後。但在訓練營表示不錄取我之後，我似乎不可能服兵役了，因此我們決定照常舉行婚禮，儘管當時還有許多不確定因素。

婚禮於一九一七年六月三日，在新婚的寓所裡順利進行。那天早上，我和朋友們在公寓的網球場激烈的打了幾場球。當我和海茲爾出發到維吉尼亞度蜜月時，我還帶著網球拍。當時岳母評論我臨行時的模樣說：「個子瘦小，臉龐光滑，腋下還夾個網球拍，看上去一點也不像個新郎。」也許這個觀察帶有一點預言性質。之後在許多星期天的早上，我都是一大早就神采奕奕的來到網球場，而不是躺在家中的床上。

哥哥里昂在我婚禮的前幾天跟南莉（Nellie）結婚了，因為新娘的家庭很講究傳統習俗，認為弟弟比哥哥先結婚是不合適的。不久後里昂就去了部隊，由於他曾在國民警衛隊受訓過幾年時間，於是被送入軍官訓練營（他沒有美國國籍這個問題竟得到了迅速解決），並且成為軍需供應部隊的一名少尉。

里昂大部分的「戰鬥」，都是在印第安納波利斯的聾啞人收留所裡，這個收留所已由美軍占領，變成一個軍事基地。維克多後來也應召入伍，但直到戰爭結束時，他都待在美國本土。

大約在一九一七年底，我來到兵役辦事處，辦理申請豁免兵役的事宜。那時我們的第一個孩子快要出生了，辦事處詢問了有關婚姻的一些情況，對我在去年十一月訂婚時收到的那份通知電報印象深刻。

儘管辦事處的辦事員對我很有禮貌，我還是感到羞愧。我誠懇的解釋道，家庭責任迫使我提出這令人困窘的豁免申請，如果辦事處認為我必須馬上或在遲些時候服兵役的話，我會接受這個決定，並因此得到個人的心理解脫。但我的豁免申請還是獲得批准。

在此同時，我開始了一個準軍旅生涯。由於國民警衛隊都去參戰了，一個名叫紐約州立警衛隊的新機構將取代它執行任務。我成了第二十二工兵團第 M 連的一員，我們在第二十二工兵團的大本營，即百老匯附近一六八街的軍械庫裡進行操練。

我們每週操練一次，每月檢閱一次，操練內容各式各樣，其中包括扮演市長葬禮儀式上的儀仗兵。康內留斯·范德比爾特（Cornelius Vanderbilt）是我們的上校，榮譽樂隊指揮是大名鼎鼎的維克多·赫伯特（Victor Herbert）。

我還記得，當連隊進入巨大操練場，接受第一次大檢閱時我的心情激動。樂隊奏著嘹亮的樂曲，矮胖的樂隊指揮有力的揮動著手臂；當隊伍依次經過高瘦、留著大鬍子的上校面前時，他以一種苛求的目光注視著我們，並對「向右看」的命令回禮。

我們的連長是雷思林（Leisenring）中尉，而只要我們連隊名冊上的人數達到最低要求的四十名，他就可以晉升為上尉。不過要完成這個任務有點困難，但中尉仍不斷努力吸收新成員，並鼓勵老成員繼續待下去。

最終目標也實現了，我們成為訓練團裡滿編合格的連隊。然而，幾個星期之後，中尉不幸死於肺炎，於是從其他團調來了一名上尉。他缺少雷思林中尉擁有的某種特質，我們的激情也迅速減退。當一九一八年十一月停戰消息傳來後，我們的熱情已完全消失了。

雖然已沒有任何理由再繼續留在警衛隊裡，但我還是繼續待了一年，擔任代理下士，負責管理一個班。我真的只是在「代理」，為了做好這個工作，我必須四處奔波，以致於我無法按規定，在每週一晚上到軍械庫去訓練非正式士官。到了一九一九年，兩年應募入伍期滿後，我很愉快的拿到了榮譽退伍證書。

這就是我不太榮耀的戰時經歷，由於我不能參加真正的軍隊，和千百萬其他年輕人一起在前線出生入死，所以我一輩子都為這事感到內疚和不安。當我寫到這裡，一個非常令人不愉快的情景又浮現在腦海之中。

在一九一八年的某個時間，主要由於經濟問題（後面會具體提到），媽媽搬離她的公寓，和我們住在一起，但海茲爾和她處得很不好。媽媽一向完全獨立，從不看任何人的臉色，而海茲爾是個能幹、敏感、獨斷的女人。她們時常關係緊張並發生口角，又都會來尋求我的支持。

在一次爭吵中，我記得自己嚴肅的對她們說，我要準備離家去從軍了，爭吵馬上就平息下來，我也就忘了那句威脅。現在我的理智告訴自己，我沒有去法國並戰死在那裡，對我來說是件好事，希望對我的國家來說這也是件好事。但無論如何，有種想法揮之不去，那就是我在第一次世界大戰中扮演的角色遠遠談不上光榮。

再一次價值投資獲利

一九一六年是伍德羅．威爾遜（Woodrow Wilson）與查爾斯．舒爾茨（Charles Hughes）之間較勁的總統選舉年，這是美國政治史上旗鼓相當的選舉之一。在那些日子裡，華爾街正是選舉的博弈中心，幾乎所有在股票市場上買賣的人都坦率的稱自己為「投機者」（而今所有人都稱自己是「投資者」）。

他們在金融交易、賭馬及其他賭博行為之間，並沒有畫出一條明顯的分界線；那時紐約證券交易所，還提供了為顧客保管總統選舉賭金的服務，讀者對此也許會感到驚奇。而在若干年以後，當證券交易所竭盡全力想提高信譽時，便宣布這一受人歡迎的業務為非法行為。

一九一六年，他們要我來管理公司的總統選舉博弈部門，這間接說明了我在公司裡做的就是雜事。這些賭博幾乎都是現金下注，所以我有一個裝滿了現金和簽名契約書的保險櫃。選舉結束後的那幾天充滿了興奮與刺激，因為沒有人確切知道到底是誰獲勝了，直到第三天官方正式公布威爾遜連任總統時，我才獲准將錢支付給那些吵吵鬧鬧的民主黨賭徒。

現在來談談，我金融生涯中兩次最大挫折中的第一次吧！我有個名叫塔辛的好朋友，他是哥倫比亞大學的英語教授。由於他是個堅定的獨身主義者，又異常節儉，所以存了一筆金額不小的財產，他把大部分錢投資於一檔價格昂貴、信譽良好的公共事業股票——美國電燈及動力公司（American Light & Traction）。

由於先前執行古根漢勘探公司解散計畫成功的經驗，我對這類特殊操作（套利與保值）具有濃烈的興趣；更廣泛的說，**我對價值被低估的證券有著強烈熱情**，而且還自認**這是我在華爾街的專利**。在所有方法之中，我認為用下列方法賺錢，利潤既豐厚、風險又低：**買進那些分析後明顯價格被低估的股票**，同時**賣出那些由相似分析後明顯價格被高估的股票**。

當我向塔辛提出這個想法，並且列舉用這種方法獲得成功的幾個案例後，他非常感興趣。於是我們訂了個協議，他出資購買了二十五股美國電燈與動力公司的股票（當時的價格為每股四百美元左右），我負責操作這個帳戶，利潤和損失由我倆平攤。

這個帳戶在第一年裡大獲成功，我可以按比例提取幾千美元的盈利。這些錢讓我也成了某間留聲機商店的合夥人，該商店位於百老匯與九十八街的交叉口。

事業小插曲：短暫的唱片代理生意

長久以來，哥哥里昂一直想離開沃納梅克公司，在那裡他只是一個毫不起眼的小職員；而他愛好音樂，特別是歌劇音樂，近年來則對留聲機逐漸發生了興趣。不知他透過哪個途徑得知：有位歐文．蔡恩（Irving Zion）先生準備將他在百老匯的事業，以看來合理的價格出售。

里昂認為這是一個極好的機會，特別是此時他已取得了艾厄里恩．沃卡里昂（Aeolian Vocalion）唱片的獨家銷售權，而該公司的唱片對當時的市場來說確實是件新鮮事。想起幾年前我們在電影業上的失敗，我對這個計畫不如哥哥那麼熱情，但我還是很高興的幫助他圓了夢想。

如果我沒有記錯的話，我們付給蔡恩先生三千五百美元，用來購買商店的設備和商譽，並用批發價買下了所有商品，總投資大概為七千美元。關於法律上的事務，我們請來了家族的老朋友亞歷山大．羅森塔爾——十三年前在我父親墓碑揭幕儀式上，發表演講的人。

當文件都準備好了以後，亞歷山大向那個頭髮灰白、兩頰凹陷的歐文．蔡恩說道：「蔡恩先生，現在我希望你能為這兩個年輕人做些特殊的事，很明顯他們的熱情比經商經驗要豐富。他們接受了你的出售條件，沒有像年長些的人一樣跟你討價還價。你能不能減掉五百美元，讓他們在爭取成功的奮鬥歷程中，手頭上可以多些可周轉的資金？」

蔡恩先生和藹的笑了笑，並且讚揚了羅森塔爾先生對其年輕客戶利益的關懷，但由於他出的是底價，任何減價都意味著將從他的孩子口中奪走麵包，亞歷山大嘆了口氣，交易就按原先安排的那樣進行了。

我們的留聲機商店談不上成功，但還是維持了幾年時間，直至我們將它賣給一個曾做過劇院經理的傢伙（當然價格又打了折扣），他經營音樂業務可比我們在行多了。然而就艾厄里恩唱片的獨家銷售權這件事而言，我發現自己處於一種可笑的處境，而這種處境在我往後的生涯中又發生了好幾次。

艾厄里恩公司在四十二街有一座宏偉的大廈，我們每次上門拜訪時都懷著一種謙卑的敬畏心情——有時我們是去請求幫忙，有時是為他們對我們的批評做些辯護，因為他們認為我們只顧著賣別家公司商品，而忽視了他們的唱片。

十五年後，艾厄里恩公司自身也陷入財務困境。那時，艾厄里恩公司是我的投資基金中的最大股東，於是我們成立了一個保護委員會，重新調整我們持有的股份，我也擔任了該委員會的主席（最後我們在沒有任何損失的情況下擺脫了困境）。此時，我竟然可以對艾厄里恩公司的經營方法提出尖銳批評了——這跟我在一九一七年扮演的角色完全不同。

自然，第一次世界大戰給我們的留聲機生意帶來了許多麻煩。里昂從軍之後，維克多接替他的職務直至自己也去當兵，我也時常在晚上或星期六去幫忙。有時候我們的客戶會提出令人忍俊不禁的要求；一次一名顧客問里昂是否有露西．蓋茨（Lucy Gates）的唱片？里昂笑容可掬的回答道：「噢，沒有，但我們倒有露西．馬胥（Lucy Marsh）的唱片。」（這使我想起了巴曼的農莊，那裡有兩頭乳牛的名字都叫露西。）

另一次，有個德國人進來店裡問我有沒有「卡瓦勒里亞．讓斯蒂卡那（Cavalleria rusticana）的遊戲」，我一本正經的告訴他，在那個悲劇裡他們沒有做遊戲。你可以理解那個德國人對我的解釋有多麼惱怒，因為他想要的只是那部經典作品的精選集[2]。

當維克多當兵後，接替他的是我們一個好朋友的弟弟，我對那年輕人所知不多，但經常聽別人稱他為「王子」。他確實相貌堂堂、和藹可親，也確實和大多數王子一樣愚笨。哎，他只擔任了幾個月的經理，就盜用了一筆數目不小的款項——他把我們很大一部分存貨賣給其他商店，收入卻進了自己的口袋。

最後，不可避免的攤牌時刻來臨，他在與我們談判時，旁邊還坐著一名年輕的女子及其父親。那女子還把我拉到一邊對我耳語道：「不要擔心你那區區幾千塊。我已經決定嫁給他了，我會讓我爸爸來處理所有必要的事情，只要不讓他進監獄。」我忘了我們到底追回了多少損失，但可以肯定的是，那「王子」輕易的擺脫了他應受的懲罰。

讓我差點自殺的股市下跌

除了在百老匯和九十八街經歷了興衰成敗之外，我還經歷了華爾街意料不到的艱辛。從一九一六年秋天的「和平恐慌」（peace scare）開始，直到一九一七年我們捲入戰爭後的整整一年，股票價格一路下跌。而我在塔辛帳戶裡的操作也不順利——從我的計算來看，這位老朋友的若干股票，應該就如同密蘇里—堪薩斯—德克薩斯鐵路公司的股票，在公司重組之後的實際價值會比股票價格高，但它們的價格跟我手上握有的其他證券一樣，因市場整體不景氣而下跌了，更慘的是連買主都沒有。

塔辛的帳戶需要更多的保證金，但我卻無法籌到以前從這個帳戶裡提走的錢，因為那些錢都還套在留聲機、唱片及商店設備上。最後我不得不賣掉部分美國電燈和動力公司股票，那又造成了一筆數目不小的損失。即使如此，帳戶的保證金還是不夠，因此帳戶被凍結了，我欠了

2 譯按：「遊戲」（games）與「精選集」（gems）在英語單字中有些相似，因此德國人搞混了。

該帳戶一筆無力承擔的債。更糟的是，我替好友塔辛做的資產管理完全失敗了。

記得有一次在午餐時間，我絕望的在華爾街徘徊，那個時候我有了自殺的念頭，而且是認真的。當我回來時，已下定決心把事實告訴我的老朋友，並盡可能採取最佳方法，來擺脫他的財務困境。

不用說，對我向來毫無懷疑的塔辛對此大為震驚，但他很善解人意並富有同情心，他建議我每月向該帳戶支付一筆錢，無論多少都可以，直至將這個缺口補足。

這一金額定為每個月六十美元，這樣持續了兩年，直至整個股票市場回升，我自己的證券組合也表現不錯。而幸運的是，塔辛仍舊信任我，再一年後，我也使他的財富增加到了一個非常可觀的數字。

也正是這段經濟相對拮据的日子裡，母親搬過來跟我們住在一起，她和海茲爾的爭吵又開始了。幸虧我的賺錢速度算快（即便還沒完全還清塔辛的債務之前也是如此），因此不久之後，我就能夠再次讓她獨自享受一間公寓了。

後來母親獨自生活了二十五年才不幸去世，雖然我們顧慮到獨居可能遇到的健康和心理問題，都勸她與朋友合住，但是她仍然堅持獨自一人生活。和兒媳住在一起的那幾個月真的是那麼讓人難以釋懷嗎？還是僅僅是出於堅強個性下的選擇？一切都無從得知了。

結婚的頭幾年，我除了每週拿薪水之外，跟以前一樣還有其他額外收入。每年聖誕節，公司都會發些獎金。在一九一四年十二月，由於一戰爆發而關閉了好久的證券交易所剛剛恢復業務，沒有人指望聖誕節的獎金會很豐厚，事實上那年每間公司的獎金都很低，甚至完全沒有。

聖誕夜那天離開辦公室時，我和公司一個資深職員一起走，他指著百老匯一百號隔壁那空蕩蕩的酒吧，悲傷的說：「你肯定見過它在去年聖誕節以及前幾年聖誕節時的情景。那時，那裡擠滿了我們這種人，一直玩到半夜三點，把大部分獎金都花掉為止。」

我強忍住不告訴他一件事，因為老闆阿爾弗雷德嚴囑我不要講出去：做為我對公司所做種種服務的特別回報，他給了我一個信封，裡面裝有一張一百美元的匯票。

我之所以記得那一百美元是有特殊原因的。我拿其中大約二十美元給媽媽買了個「奇異」（General Electric Company，簡稱ＧＥ）公司生產的小型電烤架，那是她盼望已久的東西。這個禮物使她又驚又喜，後來她幾乎天天用那個烤架做烤羊排或烤魚之類的，直到三十年後她去世之前都還在用。事實上，我後來的獎金每年都在增加，甚至達到一年數千美元，但那些數額豐厚的支票，都不曾帶給我像拆第一個紅包時的那種激動心情。

債券分析的起源：投稿雜誌

從一九一五年開始，我不再去夜校教書了，但還是持續擔任家教一段時間；另外也有一些其他的教學經歷，例如教庫斯（Koues）小姐標點符號的用法。

這個女孩的姐姐是《時尚》（*Vogue*）雜誌的編輯，與她的接觸使我誤以為自己有機會開始文學生涯。她讓我以文學或人文主義為主題寫一篇文章，在雜誌的社論那一頁上發表。我很認真的寫了一篇，文章的題目叫〈聖人與罪犯〉（*Saints and Sinners*）。在文章中我提出了一個問題：

為什麼壞人往往要比好人對書本（也可能是對人生）更有興趣？

憑藉著我引以為傲的博學多聞，我引用了高乃依[3]《熙德》（*Le Cid*）中的「高貴的罪犯」（cher criminel）這一說法——我樂觀的認為《時尚》雜誌的所有讀者都能毫無困難的理解我的隱喻。

這篇文章發表了，我收到一張十五美元支票的稿酬，於是馬上著手又寫了兩、三篇類似的文章，但我的滿腔希望卻被無情的打破了，因為《時尚》宣稱已找到一名文學編輯，以後由他負責寫每月的社論。出於某些原因，我沒有到其他雜誌去嘗試我的天賦。我放棄了文學生涯，直至多年以後才又重新開始寫劇本。

或許放棄文學的其中一個原因，是我已開始著手寫另一類不同的文章。帶著些許惶恐，我向《華爾街雜誌》（*The Magazine of Wall Street*）投稿了一篇名叫〈債券好標的〉（*Bargains in Bonds*）的文章。這篇文章對所有上市債券做了透徹的分析，並提醒人們注意一些債券之間的懸殊價格。

雜誌的編輯巴納德·鮑爾斯（Barnard Powers）馬上刊登了這篇文章——我記得我拿到了二十五美元的稿費——他還要求我寫更多的分析。從那時起，我就經常在《華爾街雜誌》寫文章，幾乎成了它的專欄作家。我還認識了創辦人理查·D·懷克夫（Richard D. Wyckoff）先生，以及他令人敬畏的妻子（也是雜誌的發行人）凱莉·G·懷克夫（Carrie G. Wyckoff）女士。

凱莉有一段傳奇的經歷，我相信她肯定是從懷克夫先生的祕書做起，然後逐漸變為他的妻子、事業上的助手，後來又接替他做了雜誌的經理，直至成為雜誌社唯一的老闆——這也是他們婚姻破裂導致的結果。隨之而來的，還有許多法律上的糾葛，以及相互間深刻的敵意。

在懷克夫夫婦婚姻糾紛的整個過程中，我很輕鬆的與他們雙方都保持著良好關係。回過頭想想，我還是認為，我天生就是所有人的朋友，但成不了任何人的知己或摯友；而我能成為（幾乎是）所有人好夥伴的原因，其實一點也不值得稱道。

差點成為《華爾街雜誌》主編

我很少要求別人幫忙，而對別人的要求則不太會拒絕，且在任何交易或討價還價中我都會使自己覺得（也要讓對方覺得），我付出的比得到的要多。這聽起來有點像利他主義者的老生常談，但事實上不論從哪個角度考慮，這項鐵則對我是非常有益的。

首先，在我的生活中，只需要別人最低限度的幫助或好處；其次，**我真心的喜歡幫助別人，因為這樣至少我不會感到是受人利用**；最後，對我來說很幸運的是，我從來不需要為了想得到的東西，而跟別人激烈的討價還價。我很少對別人的行為感到道義上的憤慨，因為我幾乎把所有的批判都對準自己。另外，我還擁有選擇性的記憶力，選擇的原則是把那些令人不快的事，特別是別人如何待我不好的事盡快忘掉。

3 譯按：高乃依（Corneille，一六〇六年至一六八四年），法國古典主義戲劇大師。《熙德》是他的傳世之作，劇中描寫了強烈的愛情與家族榮譽之間的矛盾。

認為我是和藹可親，還是懦弱無能，全憑讀者自己的評判；但有了這些性格，我才能輕而易舉的結交朋友，而且很難與朋友斷交。不管是經常在生意上與我爭論的紳士，還是和我有過浪漫關係而後又終止的女士，都是如此。

即使對別人來說通常會導致絕交的原因，對我來說往往最多只是造成暫時性的疏遠，不久後友誼（如果不是愛情的話）又會重新開始。例如幾天之前，我的妻子艾絲黛兒（Estelle）說起了關於我一個舊情人的一些事，並讓我猜猜她說的是誰。

為了找到一些線索，我還天真的問道：「妳說的那個女人，是不是與我以朋友身分相處的？」她大笑著回答道：「你倒說說看，你跟她們中的哪一位不是以朋友身分相處的？」

容易與人結交這件事的缺點，則是我缺乏人們所說的「深度」友誼；我想自己應該是過於聽從吉卜林[4]的那句忠告：**「讓所有人都對你很重要，但別讓任何一個人對你過分重要。」**

當然，有些朋友和我要比其他人更親近些，但從高中以來，我沒有一個真正的知己——一個能隨時分享我所有想法的知己；一個他的敵人自然而然成為我的敵人的知己；一個他的朋友既是我半個朋友，又是我半個對手的知己。

我內心深處的某些東西，使我不同意人類關係只有排他性或是獨占性，正因為這樣，即使我不是一個壞朋友，卻也無法成為一個摯友——而且必須承認，我基本上也算不上一個稱職的情人。

在懷克夫夫婦離婚之後，我一邊為懷克夫先生的投資提供服務，一邊又為懷克夫女士的雜誌寫文章。對前者，我每月要寫一篇關於「特殊情況」或交易事宜的建議；而懷克夫女士也曾兩次試圖說服我，離開公司到她那裡去上班。

在拒絕第一次邀請時，我並沒有想很多；第二次邀請時，她提供給我的是《華爾街雜誌》主編這一職務，豐厚的薪水，外加比例很高的利潤分紅。我被這些誘人的條件強烈吸引，但阿爾弗雷德的一番話讓我放棄到雜誌社去的念頭。我想大概就是在那個時候，他許諾讓我成為公司的合夥人，而這項承諾也於一九二〇年兌現了。

我與懷克夫夫婦之間的往來，對哥哥維克多的一生產生了重大影響。至一九二〇年，維克多已有相當長一段時間沒有找到工作，儘管他天生就是個優秀的推銷員，但他所在的公司似乎總是以破產倒閉而告終。

我問懷克夫女士能不能給他安排個工作，她先試用了維克多，讓他向各個證券經紀公司兜售在雜誌上面廣告的某種商品。在這個並沒有多大前途的任務中，他做得非常出色，因此正式進了廣告部。在那裡，他也做得相當成功。不久他就成為了廣告部經理，而前經理反而成了他的助手。

在一九二〇年代的大牛市中，《華爾街雜誌》的發行量翻了好幾倍，維克多憑著他的勤奮和智慧，使廣告收入迅速膨脹，廣告部的盈利達到了令人難以置信的數目，這也為他自己賺了一筆可觀的收入。

---

4 譯按：魯德亞德・吉卜林（Rudyard Kipling，一八六五年至一九三六年），英國小說家、詩人。其作品描寫英國殖民地生活，宣揚帝國主義殖民政策，鼓吹種族主義思想。

唉，隨後麻煩卻來了！那時懷克夫女士對我的哥哥產生了愛意，或是想讓他和她妹妹結婚（或許兩者都有可能）。但維克多在有了一系列錯綜複雜的愛情經歷之後，對一位漂亮可愛、名叫西爾維亞．古德曼（Sylvia Goodman）的十八歲少女產生了純真的感情，且在一九二八年馬上與她結了婚。

事實證明，懷克夫女士絕不會原諒他這十惡不赦的罪行。於是，他離開了雜誌社，儘管那職位報酬不菲，並且好適合他。隨後他進入了投資銀行業，然而，他是在時機最不成熟的時候跳了槽，這使他在做一個完全不適合他的工作，而他那足智多謀的銷售天賦也就毫無用武之地了。維克多幾乎花了二十年才讓自己的事業回到正軌，這期間充滿了令人沮喪和心碎的事。在他最後十年所從事的工作中，工資幾乎還不如他在一九二〇年代所賺的多，但他得到的是同樣的挑戰與安全感。

我的收入來源包括類似套利這種操作所賺的利潤，以及在操作塔辛帳戶上得到的佣金。在一九一八年末那次股市大暴跌之前，我自認為在經濟上非常成功，並且享受到了沒錢絕不可能享受到的那些樂趣。

一九一五年的紐約，有車等於有駕照

早在一九一五年，我就和路易士堂哥合買了一輛汽車。那是輛新型的福特A型轎車。這是繼暢銷全國、無可比擬的M型汽車之後，福特公司推出另一型號的新車。在剛買車的頭幾個月裡，經常有人圍在車子旁邊，對它那漂亮新穎的外觀讚不絕口——卻對它年輕的駕駛者沒有一點崇敬之意。

路易士堂哥有著工程師的腦袋，為了準備讓我們行使汽車主人的職責，他買回了一套汽車指導手冊，裡面講解引擎、傳動系統等零件的機械原理，還買了一個可拆卸的紙板模型。不久我們就成了汽車專家，甚至還對油門進行了一番研究（真的，那時期的汽車跟火車頭一樣，需要用手動油門來加速，而不是用踏板來控制）。

在一九一五年的紐約學開車，跟今天可完全不一樣，福特公司會對那些買車的人提供免費教學；於是我來到銷售室（大概是在百老匯五十多號吧），付了三百九十五美元後開回一輛閃亮的新房車，我在華爾街上的駕駛課程從此開始了。

首先，我必須學會如何發動汽車，這對於初學者而言並非易事。然後，銷售員教我如何單獨或同時使用三個踏板（離合器、剎車和緊急剎車）、四個檔位、方向盤附近的加速和減速器以及手動油門。我還必須隨時準備按響小喇叭——擠按喇叭後面的那個橡皮小球。

在第一堂課上，每當我停車時，他總是不耐煩的說：「把你的腳從踏板上拿開」（大概說了六次吧！）然後我又再踩了一次。這些練習都是在華爾街上來回進行的，路程大約十個街區，那時還沒有現在的西端高速公路，也沒有這麼大的車流量。

半小時之後，他說我可以自己上路了。於是我開車將他送回公司，然後毫不慌張的繼續前進，開始了從曼哈頓中心到位於布朗克斯公寓之間的驚險旅程。我總算安全的回到了家。

你也許會問：「你是如何通過駕駛執照考試的？」信不信由你，在那個時候只要有車就可以拿到駕照。法律認為：只要你買了車，就會知道如何駕駛。這是件很自然的事。因此，只有那些沒有車的人才需要參加考試，以取得一張特別駕駛執照。

儘管很多人對我提出無數忠告，認為我跟路易士合買車的計畫過於輕率，但我們還是合作得很順利。我們的協議非常簡單：我們輪流使用這輛車，並且平攤所有的開銷——包括像保險這樣的奢侈消費。有幾次，我們還互相交換使用日期，在記憶中我們從未因用車而不愉快。

我的家庭，一直都認為我是一名糟糕的駕駛，他們將這件事輕易的歸咎於本性：注意力不集中，而不是缺乏基本能力。但為了替自己辯護，我要特別聲明：在四十五年的駕駛生涯中，我沒有對任何人造成一丁點傷害，對別人車子造成的最大損失只有擦破了擋泥板，對自己的車子則是弄壞了一面擋風玻璃而已——在過去經濟繁榮的日子裡，只要花八美元就可換面新的。

但是你們這些說我開車技術爛的人，又對我的車子做了些什麼呢？你，里昂，還有你，維克多，還記不記得那天你們溜進我的辦公室（你們其中之一還拿著個小公事包），沮喪的告訴我，我的車子撞上了電線桿，儘管你們奇蹟般的沒有受傷，而我的車子卻撞個稀巴爛？我想，我當時只說，你們是否把碎片裝進公事包帶回來了？

艾絲黛兒，妳這位優秀的駕駛員、嚴厲的批評家，是不是曾經快活的在派克大街上逆向行駛，然後撞上了一輛計程車，且不得不將計程車裡的孕婦送到醫院去（我們的保險公司負責了整個事件的費用，所以我不知道最終花了多少錢）！

還有海茲爾，妳記不記得一九一九年那可怕的一天，妳撞上了一輛車，害得母親從車門摔了出去，手裡還抱著我們剛出生的（第一個）孩子牛頓（萬幸的是沒有人受傷）。車主要我付一百五十美元修理費，妳堅持說這是強盜行為，因為只撞壞了他車子的腳踏板，況且那只是一輛老爺車。

最後我很得體的開了張支票，慷慨的給了他七十五美元。不過在一個雨夜，他來到我們在長島的夏日度假處，叼著菸，且說到自己拒絕接受任何少於一百五十美元的賠償。為了平息這件事，我提出把賠償金增加到一百美元。他則衝進傾盆大雨中，揮著傘叫道，他的律師會來找我們麻煩的！但我們再也沒有見到他或聽到關於他的消息。對我們而言，他就像消失在薄霧中──我們也從未費心去解開這個謎。

後來汽車的前輪軸壞了──雖然出毛病時我們並不知道，但絕對是在那次事故中撞壞的。接著我們對一輛新雪佛蘭轎車產生了強烈興趣，但由於一戰後的通貨膨脹，它的價格高得驚人，要賣七百二十美元。當地的交易商為了做成這筆買賣，向我們允諾，如果我們立即付清車款，買下這輛雪佛蘭，他就負責修好我們的車子，並以兩百五十美元賣給別人，當然要從中扣除他的修理費。

由於我精明的商業頭腦，所以將口頭協議寫成書面合約，他也在上面簽了字。而後他修好了車，卻找不到買主；在我返回紐約之前，我理直氣壯的來到他面前，揮舞著合約告訴他，若是不給我們錢，那至少把車子還給我們。他舉手投降了，讓我們把福特車開回了家。

當我們把它開到華盛頓高地時，馬上發現一個鄰居很樂意出三百美元來買這輛車。就這樣，我們從看上去很尷尬的局面裡擺脫了，而且情況比預料的更好。

其實讓我回想起這個故事的真正原因，是那個買主和他的車（我們曾深深的懷念這輛汽車）

之間的浪漫故事。他是位牙醫，在看病空檔時，他會衝出來為車子撣灰塵，或用一塊羊皮將他的車擦得金光閃亮，有時甚至會清洗擋風玻璃和座墊套。當我們看到這動人場面時，會忍不住暗暗發笑——因為我們想起了幾個星期之前，他的坐騎還在汽車修理廠時的悲慘遭遇。

價值投資之父葛拉漢：賺錢人生

- 我帶著「正統」的學術觀念進入華爾街，但也能夠隨機應變、自行調整；在學校接受的訓練使我目光敏銳，做事深思熟慮，並具有判斷能力。
- 我對價值被低估的證券有著強烈熱情，而且還自認這是我在華爾街的專利：買進那些分析後明顯價格被低估的股票，同時賣出那些由相似分析後明顯價格被高估的股票。
- 我真心的喜歡幫助別人，因為這樣至少我不會感到是受人利用。
- 讓所有人都對你很重要，但別讓任何一個人對你過分重要。

第九章

價值投資的開始

1919 年是個典型的牛市：證券業圈內人士無情的操縱著整個市場，而那些普通投資者則充滿了貪婪、無知和幼稚的衝動；他們都忘了合理價格的警戒線，讓原本是很好的投資，變成了異常危險的過度投機。

在一九一九年至一九二九年這段時間裡，我在華爾街的日子平步青雲，那是段振奮人心的時期，我在事業方面的成功接踵而來，生活水準不斷提高，越來越豐富的物質以及精神享受都令人目不暇給，我對自己在華爾街所處的地位，和夥伴們對我的尊重也深感滿意。

但事實上，並非所有事情都真的那麼一帆風順。一九二七年大兒子的去世對我來說便是一個沉重打擊，或許由於這件事突然發生在事業如日中天之時，因此更令人難以接受。

而我和海茲爾的婚姻也開始出現裂痕，儘管我們倆都很自命不凡，卻都沒有足夠的洞察力認知到這一點，也沒能及時做出補救。**我過分看重物質上的成就，把它當成生活的終極目標，卻忽視了精神上的追求。**

一九二〇年初，我成為紐約證券交易所會員、紐伯格─亨德森和羅勃公司的合夥人，這件事當時還上了報。我與公司達成了新協議：除了工資外，我還可以拿到公司二．五%的年利潤，同時不需承擔任何虧損。

比我早兩年進公司的丹尼爾和哈樂德也獲得了同樣的升遷。阿爾弗雷德告訴我，我的紅利要比他們高〇．五%，並囑咐我不要將這一情況洩露給他們。在享受公司分紅的那四年中，我每年分到的紅利大約為五千美元。

那年我還開始操作日本債券的交易，這種敢於冒險的大膽舉動，使我在華爾街名聲鵲起。我有個朋友叫羅．貝拉爾（Lou Berall），他放棄了教職轉而踏入金融業，於一家大債券公司──邦賴特公司（Bonright & Company）工作，我們也經常一起吃飯。

有天他帶來一位非常年輕的日本人，名字叫三木純吉。這位可愛的小夥子是日本一家大銀行在美國的業務代表。這家日本銀行希望能在日本市場上銷售美國債券，而邦賴特公司負責對三木進行「美國式投資方法」的培訓，希望他能在日本找到銷售債券的管道。

但事情卻朝著完全相反的方向發展。三木（或者他的上司）很快就發現：買進一九〇六年日俄戰爭時日本在世界各地發行的政府債券，並在日本國內市場拋出，馬上就可以賺到巨額利潤。而這些債券吸引日本投資者的原因在於：投資者有權要求以日圓償付固定的本金和利息，而**戰後的匯率使他們有利可圖**。

揚名日本金融界的「葛拉漢小額債券箱」

這位日本人請求邦賴特公司與他們合作，大批量買進這些債券並在日本銷售。但這家美國債券公司忙於自己的承銷業務，對此並沒有太大的興趣。

在我和貝拉爾及三木一起吃飯時，這位日本小夥子問我們公司在歐洲是否有業務關係，是否能替他們在歐洲大量收購這種債券。幸運的是，我們跟歐洲確實有業務聯繫，而我們也願意為他提供全面周到的服務。嘗試幾筆交易後，三木感到很滿意，於是決定開始大規模的收購。

三木同意由我們公司獨家代理這筆大規模的業務，而我們也承諾只為他的公司——大阪藤本票據經紀銀行（Fujimoto Bill Broker Bank of Osaka，日本第二大證券業者「大和證券」前身）——提供服務。每次收購我們都可得到二％的佣金，所有的收購費用，包括通訊費和運費，也都從佣金中支付。而交易的金額數以百萬計。

這些債券原先的分銷中心在倫敦、巴黎和阿姆斯特丹，我們也與這些地方的經紀公司建立起良好的業務關係。由於法郎對日圓的貶值，這些債券在巴黎的售價高出面額許多，而日本投資者卻能以很低的折扣價買入，即便是扣除巨額經紀費後也是如此。

不過這筆業務卻使我在辦公室成為不受歡迎的人。不知道為什麼這些債券最初在美國發行時面額為一百美元，而不是尋常的一千美元或五百美元，在巴黎和倫敦上市的債券也是如此。在西方國家，**人們認為持有小面額債券是件煩人的事，因此它們的售價遠低於面額，但在日本卻沒有這種偏見**。

我很高興能以這麼便宜的價格買進這種債券，不過辦公室也因此總是堆滿了這些小面額債券。我們每次的收購量一般為十萬美元，這意味著會有一千張小面額的債券。而我們不僅要清點債券的數量，而且要逐一檢查以防丟失。

由於手頭上經常會有大量的債券等著運走，所以我們都會準備一個特製的保險箱。收發員必須每天將這個分量很重的箱子搬入保險庫，需要時又得從庫內搬出，因此他們頗多怨言，並把它稱為「班傑明．葛拉漢」的箱子」。

然而，這筆業務的金額數以百萬計，為公司帶來了豐厚的利潤，我們的佣金收入也肯定超過十萬美元。大約兩年後，三木自己開了公司，直接收購債券，但這是意料之中的事，我們並不會懷恨在心。

而我們的名聲也因此遠揚日本金融界，有兩家日本股票交易所甚至派代表團，來學習我們的經紀業務和技巧，希望將它們移植到東京和大阪的股票市場去。

三木帶他們來見我，並跟著我學習了很長一段時間，臨走時還帶走了無數張表格——我們公司製作的整套表格。不久後，他們用日文出版了一份關於紐約證券交易所的報告，也順道寄了一份給我。讓我驚喜的是：每幾頁報告中他們插入的表格，上面都寫著「紐伯格—亨德森和羅勃」，分外引人注目。

當我們與藤本銀行結束業務關係的同時，也結束了獨家代理協議，雙方都可以跟其他公司做起生意，所以我們也和另外兩家日本銀行建立了業務往來，它們會透過電報傳達購買債券的指令給我們。

這些電報使用五個字母的編碼，使得通訊費用大為降低。雖然有時候編碼會出錯，或意思含糊不清，而且我們的生意夥伴是用日語思考問題，但兩年來業務開展得異常順利。中間也有過一次雙方認知失誤的事故，而在這次失誤中，日本人表現出要樹立自己信譽的決心（那時候，東方民族多半被認為詭計多端、陰險狡猾）。

在接到這家東京銀行的指示之後，我們買進了數十萬美元的債券，並及時向他們彙報；但他們隨後發來了一份電報，上邊寫著「取消訂單。請確認」。於是我們便取消了訂單中剩下的那些收購計畫，並回電「訂單已取消」，接著我們把已經買進的債券運往日本。

一個月後當債券到達日本時（那時候沒有空運），東京的朋友又驚又怒。他們堅持認為自己已經取消了這筆交易，因此不會承擔任何責任。當然，我們則表態：在華爾街，「取消訂單」

1 編按：作者本姓格勞斯鮑姆（Grossbaum），於一九一四年改姓為葛拉漢（Graham）。

指的是取消還未執行的那部分訂單，如果他們希望取消整個訂單，應該用電報告訴我們「取消收購」（儘管那時已經太晚了，因為我們已經執行了部分交易）。而我當時也不夠聰明，沒有在電報中講清楚這一點。

而且在運送債券期間，債券的價格還有所下跌，造成了數千美元的損失。我們與設在紐約的橫濱正金銀行（Yokohama Specie Bank，東京銀行〔現已是三菱ＵＦＪ銀行〕的前身）就此事進行了交涉——該銀行是日本的政府機構，也是日本金融界的官方代表。不久後，他們便支付了足額的欠款——雖然他們完全有理由建議由雙方分擔損失，因為這是相互誤會造成的。

在我和三木合作的兩年中，我們成了好朋友，他經常來我家，似乎很喜歡我們的猶太菜餚。他也帶我到哥倫比亞大學附近的日本俱樂部，去品嚐豐盛的日本菜，就是在那裡，我平生第一次嚐到了日本美食。讓我驚奇的是，我居然吃了那麼多用無數調料浸泡而成的生魚片，只是要在地板上連坐兩個小時，並不是那麼輕鬆愉快。

三木還經常介紹日本的顯要人物給我，他們大多是金融界人士。有一天，他問我是否願意和他的朋友熊谷[2]先生一起吃飯？熊谷先生是位英俊、壯實、和藹可親的人物。

在飯局中，我們談論了華爾街及其他種種見聞，當我們準備離開時，永遠笑容可掬的三木對我說：「葛拉漢先生，你是否願意下星期到森林山體育場去觀看熊谷打球？如果你想去的話，我很樂意給你一張票。」

這個時候我才意識到，和我一起吃飯的正是那位著名的日本網球選手，美國公開賽單打比賽的奪冠大熱門；然而我們竟然一點也沒有談到網球——這可是我最喜愛的一項運動啊！我怎麼會這麼遲鈍啊！

三十五年後我曾造訪日本，並與三木重敘舊誼。回到日本後，三木成為了大阪證券交易所（Osaka Stock Exchange）的官員，後來又成為神戶大學的金融學教授。他帶著我去參觀大阪證券交易所，並與那裡的官員會面。我記得我走進董事會辦公室，看見裡面坐了一大群人。

介紹完畢後，三木以非常平淡的口氣對我說：「葛拉漢先生，現在請你花四十分鐘時間，給在座的各位講一講證券分析的原理。我很樂意做你的翻譯。」這完全出乎我的意料，但在這種環境下也只有盡我所能了。每當我講完一句或兩句話後，三木便把這些高度專業化的詞句譯成日文，然後滿屋子的人便點頭表示理解。

在我與三木重逢的期間，他帶我到大阪最好的飯店，在那裡我見識到了日本藝伎。由於美國客人絡繹不絕，飯店便在矮桌子底下挖了個坑，讓人們坐在地上時可以把腿伸到坑裡（對西方人來說這樣就舒服多了！）。

飯店裡的藝伎們相貌出眾、衣著華麗，她們的歌舞和三味線演奏非常嫻熟。在長時間的宴席中，她們會體貼的照顧客人，當然她們對美國的舞蹈一無所知，但透過我那優雅的舞姿也學會了一點。我們玩了一些無傷大雅的遊戲，大家都覺得很開心。

現在讓我們再回到一九二〇年去吧。有天晚上三木到我家讓我教他玩撲克牌，我教了他一種玩法，他認真的將每手牌的點數記在小本子上。他一邊與我玩牌，一邊不停的將手中的牌與

2 編按：原文 Kwagai 應為作者英譯日文時誤植，這裡指的應該是日本網球選手熊谷一彌（Ichiya Kumagae）。

筆記本做比較。玩了幾輪之後，他滿意的宣稱已經學會了，並準備與他的朋友一起玩。

幾天後我問他結果如何，他搖著頭，並可憐兮兮的說道：「葛拉漢先生，你可真是一位好老師。我輸了很多錢給我的朋友。」我回答說：「天哪！我有什麼地方教錯了嗎？」「你一點也沒有教錯。你只是忘了教我如何迷惑對手，以及如何不被對手迷惑。他們整夜都在捉弄我，牌打完後還拚命的取笑我。」我為自己這一不可原諒的過失感到無地自容，甚至建議由我掏錢彌補他的損失，但他以日本式的尊嚴謝絕了我的好意。

建立投資研究部

我全權負責的「統計部」，現在也改了個令人肅然起敬的新名字——「研究部」或者「投資研究部」。我的助手是里奧．史騰（Leo Stern），他是低我兩屆的校友，而在我離開公司後，里奧接管了大部分工作；最後他成為了公司僅有的兩名資深合夥人之一——另一位資深合夥人，是從前錄取我的四兄弟中最年輕的那位：蘭斯特．紐伯格。

當客戶親自到公司，或寫信就某些證券詢問時，我和里奧就必須一一做出答覆。我們經常也會發表公告，對某些證券做詳細分析。在這些公告中，我們通常會推薦人們購買公司看好的證券，或建議他們換掉手頭上某支不太有吸引力的證券。

例如在一九二一年，我們建議美國勝利（U. S. Victory）債券（年率為四．七五%，期限為兩年，售價為九七．七五美元）的持有人，改持更長期限的國債（年率為四．二五%，但價格更便宜，只有八七．五美元），因為我們認為：當時的**高利率必定會降低，長期國庫券的價格將會達到或超出面額，而短期國庫券的收益則十分有限**。

事實證明我們的預料完全正確。我們的公告登在報紙上，標題為「敬告勝利債券持有人」。公告登出後不久，紐約證券交易所就拿走一份進行審查。當時有一條不成文但非常嚴格的規定：交易所會員不准建議投資者拋掉國庫證券而改持其他證券；但他們對我們的公告卻沒有提出任何批評，因為從愛國主義出發，我們的公告無可厚非，而且那些採納建議的人也都獲利匪淺。

另一次公告則沒有這樣的遠見。它就像例行公事般，對所有上市的輪胎和橡膠公司做了番詳細比較。在分析統計報告的基礎上，我們得出這樣一個結論：阿賈克斯輪胎公司（Ajax Tire）的股票最有吸引力。

幾天後，一位高大英俊的紳士大步走進我們的辦公室，他自稱是霍拉斯．德里賽（Horace de Lisser），阿賈克斯輪胎公司的董事長，要求會見公告的作者。

在寒冷的冬天戴著草帽（這是他的癖好之一）使他非常惹人注目。當我的表弟米里亞姆（Miriam，當時他是我的祕書）得意的告訴霍拉斯我就是作者時，他便逕自走向我的辦公室。

在辦公室外面，霍拉斯正好碰到在忙其他事的我，於是他傲慢的命令我：「小夥子，帶我去見葛拉漢先生。」他把我錯認為是辦公室裡的年輕職員，一方面是由於他有些近視，另一方面則是**我太年輕了，看上去不像身居要職的人**（這種形象持續了多年，也引發出一系列笑話）。

我不知道我倆中誰的情形更尷尬些——他要見的**分析家是個毛頭小子**，而我要見的竟是個在大冬天戴草帽的怪人。我們這次的會面確實很不自在，幾年後我也為那份公告後悔莫及，我多麼希望在公告出版之前能與霍拉斯先生見見面。而阿賈克斯輪胎公司的繁榮只是曇花一現，不久後它便破產了。

股票的綽號

我的證券分析公告，還出人意料的帶來了我這一生中最重要的友誼。一九一九年，我對兩家鐵路公司——密爾沃基鐵路（Chicago, Milwaukee, & St. Paul Railroad）以及聖路易斯西南鐵路（St. Louis & Southwestern Railroad）——進行了詳細的比較分析。現在請允許我先將話題岔開，來談談公司的命名問題。

在我們這一行業中，鐵路公司通常有著特殊的名字。當我剛開始工作時，有次聽到公司的資深報價員莫菲（Murphy）在喊「棒球遊擊手」（Shortstop）；我一開始以為他是在叫「賣空股票」（Short Stock），我百思不得其解，怎麼可能買進幾百股「賣空股票」呢？但我不敢向莫菲提出疑問。後來我才發現，實際上他指的是聖路易斯西南鐵路公司，因為該公司在股票自動報價機上的縮寫為「SS」。

最有意思的例子是艾奇遜、托皮卡和聖塔菲鐵路公司（Atchison, Topeka, & Santa Fe）。鐵路工人和旅客都稱之為聖塔菲，然而它在報價機上的縮寫多年來一直是「ATCH」，因此華爾街的人都稱之為艾奇遜（Atchison）或艾奇（Atch）。而不知出於何種原因，荷蘭股票交易所把它叫做托皮卡（Topeka）。因此，這家大鐵路公司在三個市場有三個不同的名字。

在我進入華爾街之前，北太平洋鐵路公司（Northern Pacific Railroad）既有特別股[3]，又有普通股，金融界人士分別稱之為「大男孩」和「小男孩」。在一九〇一年那場著名的「北太平洋恐慌案」中，特別股被收了回去。但十三年後，我仍然經常聽到人們把該公司的普通股稱為「小男孩」。

有時候，這種綽號會引起混亂，大北方鐵路公司（Great Northern Railway）就是其中一例——該公司曾是北太平洋鐵路公司的合夥人，後來它們成了競爭對手。由於財務重組，大北方鐵路公司的普通股被收回，原來的特別股取代了普通股的位置，因此它的股東與其他公司的普通股股東有著相同的權利、承擔相同的義務。

但是多年以來，該股票在官方和民間的名稱一直是大北方特別股；華爾街還將它列入鐵路特別股行列，以供投資者選擇。因此許多業餘投資者，很自然的認為該股票享有那些只針對特別股的特殊保護措施。很多年後，紐約證券交易所才把這一不可饒恕的錯誤糾正過來，把它列入普通股行列。

一九〇一年，美國鋼鐵公司（U. S. Steel）上市，從此開始了它在股市上的跌宕起伏。不久之後，它的特別股因價格較高而被人們稱為「大鋼鐵」（Big Steel），而投機異常活躍的普通股則被人們稱為「小鋼鐵」——這和「大男孩」與「小男孩」有點類似。

3 編按：特別股的股利分配順序較普通股優先，通常按事先約定好的股息率發放。在公司資產清算的受償順序排在債權之後，也比普通股優先。

然而當時的投資者中，幾乎沒人預料到該公司普通股的股價，最終會超過特別股股價，這使得原來的股票外號不再那麼貼切。後來我發現有一名市場分析員，將美國鐵路公司的普通股叫做「大鋼鐵」，那時我真是驚訝萬分。人們開始認為：該公司的普通股之所以被稱為大鋼鐵，是因為它是最大的公司。毫無疑問，**華爾街股票諢名的興衰史足夠寫上厚厚一本書**。

現在讓我們言歸正傳：我對密爾沃基鐵路公司和西南鐵路公司的比較分析，讓我確信西南鐵路公司的特別股與普通股要比前者更有吸引力。事實上，密爾沃基鐵路公司表現出的情況非常不妙，因此我決定在出版公告之前先將我的觀點告知該公司的管理人員——我覺得這樣做既謹慎又不失道德。

好的股票就是最好的投機

我拜訪了該公司主管財務的副總經理羅伯特・J・馬羅尼（Robert J. Marony）先生，他的辦公室在百老匯街四十二號。而出人意料的是，這位鐵路公司的副總經理只有四十來歲，是位目光敏銳的小個子愛爾蘭人。我窘迫的告訴他我的來意，他將我的資料很快瀏覽了一遍，然後遞還給我，說道：「你的事實和結論非常正確，我沒有什麼可以和你爭辯。我也希望我們公司的業績更好些，但我們沒有做到。這就是事實。」

接著他問起我的工作情況，我們很快就談到套利問題（這是我將來的專長之一），他對此也很內行。我向他說明了目前市場上的有趣情況，這對他來說也是件新鮮事物；後來他認真的聽完了我的解釋，然後讓我替他買入一千股股票。我完全沒有想到，我對密爾沃基鐵路公司的拜會竟以這樣的結局告終。

這次奇特的拜訪經驗，是我們業務關係和私人交往的開始，這種關係和友誼一直延續到今天（一九六〇年六月）；馬羅尼成了「班傑明・葛拉漢聯合投資帳戶」（Benjamin Graham Joint Account）的投資人，後來葛拉漢・紐曼公司（GrahamNewman Corporation）成立後，他又成為公司的主要股東，直到公司解散。不管在順境還是在逆境，我們都是好朋友。

有一次，他將一筆交易中的部分利潤轉讓給我，因為當時他認為我需要錢來週轉個人的經濟困境。在這事發生之前幾年，我從和藹可親的赫爾曼・巴魯克（Herman Baruch）醫生（他是位內科醫生，又是位股票投資者）那裡借來了「蘭波索號」遊艇，並邀請馬羅尼、他的妻子碧翠絲（Beatrice）和他的女兒瑪裘瑞（Marjorie）一起玩。在這次愉快的旅行後不久，馬羅尼和碧翠絲就極其悲慘的失去了唯一的孩子，而短短幾年後，似乎永保青春的馬羅尼在我的辦公室裡突然中風，從此連說話也控制不了。

在這三十八年的密切交往中，我和馬羅尼從未有過任何分歧；想到我們一起走過生意場上的那些風風雨雨，想到我們有那麼多的重大事情需要做出艱難抉擇，想到我們必須就某些棘手問題（如利潤與佣金的分成）達成一致意見，想到馬羅尼經常會表現出愛爾蘭人的好鬥品性（但他從來不針對我），從不發生口角真是件令人難以置信的事。

但是讓我感到後悔的是，我不得不承認甚至連馬羅尼——我喜歡他就像喜歡地球上的任何人——都從未成為我的摯友。或許我可以用一句話概括我們的關係：**我們從沒有一起住宿過夜，**

對大多數人而言，這是件多麼輕而易舉的事，而對我卻是如此困難！

在第一份工作時，我代表公司處理了一些文字工作，出版了三本系列小冊子，書名叫《投資者必讀》（*Lessons for Investors*）。那時我正好二十五歲，年輕氣盛，完全沒有意識到書名過於炫耀，也沒有認知到自己太過自負，竟然想指教那些平均年齡至少比我長一倍的人如何投資。不過到現在我仍然堅信，我在書中所說的話非常有道理。

特別讓我自豪的是，我一直都在堅持讓人們以合適的價格，買進前景看好的普通股股票。這些小冊子的主題是「**好的股票便是最好的投機**」——這在當時稱得上是革命性的口號。我在書中這樣說道：**如果買入的股票物超所值，或者它的市價大大低於內在價值，那麼它價格上漲的機會就非常大。廣大的普通投資者只需按此道理行事**。不過在幾年後的一九二〇年代**大牛市中，投資者都忘了合理價格的警戒線，讓原本是很好的投資，變成了異常危險的過度投機**。

當時身為公司的初級合夥人，我的工作不只是證券分析，還要負責公司所有的套利和避險基金，公司也為這些交易設立了獨立的帳戶。而我又是稅收方面的專家，還要做一些場外交易（包括替人收購日本債券），並且負責維持辦公室的高效運轉。此外，我當然也拉了許多客戶，他們替公司帶來了豐厚的佣金收入。

研究稅法，讓我發現「商譽價值」方程式

第一次世界大戰後，原本十分簡單的稅法變得越來越複雜繁瑣。由於**稅法的變化會影響到**

我所研究分析的公司收益，因此我對新稅法做了非常透徹的研究，也因為這樣，我比其他人多了那麼一點點稅收知識，很快就成了這一領域的專家，甚至還替某些客戶填寫納稅申報表而賺了點小錢。

一九二〇年底，許多客戶都承受了嚴峻的帳面虧損，卻同時發現自己的常規收入面臨著高額所得稅。所有投資人都一樣，他們不願意拋掉這些證券，因為他們相信總有一天價格會反彈，而我引用所得稅法的內容告訴他們：其實**可以透過賣出這些證券造成虧損的事實，達到避稅的目的，然後馬上購回證券以重新建立部位**。這種操作的成本就只是佣金加上交易稅而已。

剛講完此話，我們就收到了大量「即賣即買」的交易指令，獲得了可觀的佣金收益。讓我最洋洋自得的是，首次在紐約證券交易所推出這種交易的正是我們公司。但到了那年年末，所有證券公司都在做這種買賣了（國會在次年便通過法令：賣出和重新買入證券必須間隔三十天，於是這種輕鬆賺大錢的買賣隨之告終）。

正因為對稅法的不懈研究，我有個重大發現，也就是明白了如何計算當時屬於高度機密的「商譽價值」，亦即「灌水」在公司資產負債表上的價值。一九一七年的稅法規定：公司可按有形資本投資額的一定比例，緩交部分超額利潤稅，並且可以根據資產負債表上的無形資產項目享有少額的稅收折扣。

這些無形資產包括商譽、專利等（公司總是將專利與有形資產列在同一科目——「產權帳戶」下面）。透過一系列方程式，我從三個已知數據出發（應付或已付稅收，稅前收入和產權帳戶餘額），往回推算出在產權帳戶中商譽價值占據多大比重。

我將這一發現寫成文章，在《華爾街雜誌》上發表。編輯鮑爾斯告訴我：「我們這裡所有的人都無法理解你的方程式。你的理論就像霧裡看花一樣。但我們對你有充分的信心，因此我們決定發表這篇文章。」儘管我認為計算方法會受數據誤導，極有可能產生差錯，但後來事實證明它十分精確。

多年後，許多公司才開始披露這些灌水的價值，但**在那時，公司的盈利或盈利增長率，遠比公司價值重要得多**，因此這些披露對金融界並沒有產生很大的影響。

另外值得指出的一件事是：透過計算，我發現美國鋼鐵公司五億美元的普通股股票面額，甚至連三．六億美元特別股中的很大一部分曾經都只是「商譽價值」。在隨後的另一篇文章中，透過類似計算，我指出一九一八年美國鋼鐵公司的價值肯定被高估了，因此也被徵收了過多的稅。事實證明這個結論是正確的，後來美國鋼鐵公司從政府那裡取回了一大筆退稅。

用套利和避險成功躲過熊市

雖然我沒有刻意為公司爭取股票和債券客戶，但隨著歲月的推移，許多客戶也很自然的與公司建立起穩定的聯繫。其中有些是我所經營的客戶——這些客戶都非常滿意我的特殊專長：套利和避險。塔辛就是一例。

我記得在其他操作的帳戶中，我不必承擔任何損失，卻可以分享二五%的利潤，其中有個帳戶是我就讀公立中學時的老朋友羅戈開設的。我的標準操作是：買進可換債券（convertible bonds），同時賣出相關普通股股票的買權（Call Options）；或者通過更複雜的變異形式，賣空普通股股票，同時賣出賣權（Put Options）。

透過賣出買權或賣權，我們獲得了可觀的權利金，因此，不管股票價格上漲、下跌，還是不變，我們都能在交易中取得令人滿意的利潤。這裡我就不向讀者解釋這種複雜交易了，但不管怎樣，這種操作非常成功，真是一種天才的設想。

一九一九年，我們對皮爾斯石油（Pierce Oil）債券進行了這種複雜的操作：賣空該債券的同時，賣出該公司普通股股票的賣權。市場下跌了；只有部分賣權被行使，而剩下價值四百美元的兩百股賣權，卻在到期日後一天才被執行。

辦公室裡的多爾蒂（Dougherty）過來對我說，那家公司犯了個錯誤，沒有及時行使期權，現在他們問我的客戶是否願意接受行使請求。我問多爾蒂通常在這種情況下會如何處理。他說：「哦，只有傻瓜才願意接受他不必接受的期權行使請求。」我不願被人認為是傻瓜，所以我代表客戶拒絕了行使請求。

當我將這筆飛來的橫財向羅戈彙報時，他建議用這筆錢到亞特蘭大城一起度過週末（當然要帶上妻子）。我們便照此行事，住了最好的飯店，以自己非常不習慣的奢侈方式大手筆花錢，玩得十分開心。

我講這個故事的目的，是想指出一種在這一生中經常給我留下深刻印象的反常現象。在**做生意時，一百美元確實是小數目；但在家裡，這就是大數目了**，甚至會使丈夫和妻子鬧得不可開交。從心理學角度來說，**這種不一致是非常自然的**，而且很可能有助於避免不必要的家庭開銷。但**商人確實也因此形成處理金錢時的雙重性格**。

一九一八年，莫里斯・傑拉德（Maurice Gerard）舅舅也在我這裡開了一個私人帳戶，這個帳戶對我也有著非常重要的意義。一開始帳戶的金額為數千美元，績效也很令人滿意。

到了一九二〇年，莫里斯舅舅提了一個令我震驚的建議。他剛剛從通用汽車（General Motors）公司退休，領到了兩萬美元的退休金，他希望將這筆錢放到帳戶裡，從此依靠我在帳戶資本上賺得的利潤生活——他是說「我和他賺得的利潤」。

他警告我要比以前更賣力些，我現在要經營一個大帳戶了。我還清楚的記得**自己並不同意舅舅這麼做，因為這是件很冒險的事**，但我還是接受了他對我的委託。自此以後，他經常到我們的報價室看市場行情，他自己從未做過任何交易，也從未干預過我對帳戶的操作。如果我的記憶正確的話，這真是件奇怪的事，因為本質上他是個非常喜歡多管閒事的人。

在隨後的十年裡，他的決定看來是完全正確的。在扣除每月提取的生活費後，他的資本還是增加了不少。但一九二九年的情況則截然不同，非常令人沮喪；而當我們的事業於一九三〇年代重新開始繁榮時，舅舅卻離開了人世。儘管如此，他身後留下的那筆遺產，卻多得使他的遺孀與前妻的子女反目成仇。作為仲裁人，我雖然能夠平息他們的爭端，卻抹不掉他們心中的怨恨。

另外一位客戶是我中學時的校友，他的名字叫道格拉斯・紐曼（Douglas Newman）。他非常喜歡投機，所以我沒有機會指導他如何投資，而他似乎也從某位操盤高手那裡獲得了操作訣竅。過段時間後，那位操盤高手也開始與我們建立業務關係，讓我有機會親眼目睹什麼才是真正的投機。

他看中了兩支股票——墨西哥石油公司（Mexican Petroleum）和泛美石油公司（Pan American Petroleum）——它們都是交易所裡交易最活躍、價格波動最劇烈的股票。他大量的買賣這些股票，經常在轉眼間賺得或賠掉一大筆錢，但他從來都不動聲色。他天生就是個賭徒，身上具有賭徒所有的迷人氣質。不過在一九二〇年和一九二一年的熊市中破產之後，我就再也沒有見過他了。

一九一九年是個典型的牛市：證券業圈內人士無情的操縱著整個市場，而那些普通投資者則充滿了貪婪、無知和幼稚的衝動。大約十五年後，我決定寫一部關於華爾街的舞臺劇。那時，人們對一九二九年到一九三二年間發生的慘劇記憶猶新，但我認為從藝術的角度來看，這段時期太過極端了，因此，我改將一九一九年到一九二一年發生的事作為劇本的內容。

劇本中有許多我在公司報價室裡觀察到的人物。例如，瘋狂化學家里德爾（Riddle），他是個偏執狂，只對「美國煤炭產品公司」（American Coal Products）的股票感興趣，而這一股票後來也使他成了百萬富翁。

還有鞋店老闆弗里德曼（Friedman）兄弟，他們第一次到我辦公室時只買了一些最安全的債券，後來他們也是謹慎的零星買入一些「最好的股票」。此外，我的劇本中也包括了那些在瘋狂投機浪潮中，輸得傾家蕩產的人。

在劇本中，我理所當然的將自己描繪成一位英雄人物——一位充滿智慧、不需冒任何金融風險，卻能從其他臭名昭著的市場操縱者手中賺取利潤的年輕人。我透過這個故事情節表現劇本的主題：匹茲堡的幾家小公司，如何發展成為一家跨洲經營的大石油公司。我將劇本的名字定為《憤怒的洪水》（*Angry Flood*）——這源於《尤利烏斯．凱撒》（*Julius Caesar*）中的詩句：

凱撒啊！
難道你現在不和我一起縱身跳入這憤怒的洪水中嗎？

這部舞臺劇最終沒有上演，現在我連最初的劇本手稿都找不到了。但毫無疑問，這個結果沒有不好。

事實上，我非常成功的度過了一九一九年至一九二一年這段危險期。有了一九一七年塔辛帳戶的坎坷經歷，我沒有被「憤怒的洪水」所吞沒。**我的操作幾乎都是套利和避險，利潤雖然有限但也很令人滿意，同時又可避免嚴重虧損的風險。**

有一次的操作涉及了聯合紡織公司（Consolidated Textile），該公司剛由許多家中型棉紡廠合併而成，是市場上的投機熱點。我買了該公司年率為七％的可轉換債券，因為我認為這項投資很安全。

當該公司的普通股股票價格上漲時，我賣出相應數量的股票。這樣不管以後發生什麼事，股票的售價都能保證得到很好的收益。我的同事丹尼爾也對市場很樂觀，所以替客戶買進了數千股股票。

我曾經建議他將股票換成七％的債券，並向他指出：這樣做有著同樣的獲利機會，但風險要少得多，而且交易的報酬率更高。丹對此的回答是：他的客戶根本不想持有可轉換債券，他們希望能在報價機上經常看到自己的股票，而且他認為沒有必要花錢將股票轉成債券以增加安全性，因為該股票必定會繼續猛漲。一年後，該公司的股票從七十美元跌到二十美元，而它七%的債券卻以高於面額的金額完全得到了償付。所以說我是套利避險領域的專家一點也不過分，但在華爾街的其他領域，就不太好說了。

第一次投機就失敗——空殼公司的陷阱

有一天當我與鮑爾斯談論《華爾街雜誌》的一篇文章時，他告訴我自己準備馬上辭職，因為他剛剛從厄特爾石油公司（Ertel Oil）的股票上大賺了一筆。

鮑爾斯的一位摯友邀請他加入他們的行列，條件很誘人。這位朋友是該股票的原始認購者之一，他們買入時的價格為三美元。幾天後該股票在場外交易市場上市時的開盤價達到十美元，這位經理便將所有股票按這一價格拋出，鮑爾斯也順利拿到他的那份利潤。這件事頗讓我心動，還說了幾句妒忌的話，而鮑爾斯很大方的允諾：如果下次有機會，也讓我加入這一交易。

不久後，另外一個前景看好的交易機會到來了，我也有幸投入一筆資金：有家新公司剛剛成立，它的名字叫薩吾奧爾德輪胎公司（Savold Tire）。該公司擁有可翻新輪胎的生產專利，在當時可是件新鮮事，輪胎的高昂價格也使得這一新事物異常有吸引力。

股票的認購價格為十美元，人們也預期它在紐約場外交易市場上市時的開盤價，會比這高出許多。我記得我投入了五千美元。幾天以後，在人們的一片歡呼聲中，股票像變魔術似的攀升到了三十五美元。在那星期結束前，我已從五千美元的本金中賺得大約一萬五千美元的利潤。

儘管我天生是個保守謹慎的人，也清楚意識到這種操作實際上是虛幻的，但貪婪之心還是支配了我。我迫不及待再次尋求這種交易機會；當我將盈利的消息告訴朋友們時，他們也熱切期盼加入其中。

不久後，哥倫布廣場上出現了一個大霓虹燈。霓虹燈先閃出「薩吾（SAVE）」，然後又閃出「奧爾德（OLD）」，最後將它們拼在一起，組成了「薩吾奧爾德（SAVOLD）」。我很快又聽到了振奮人心的消息：薩吾奧爾德公司準備將生產專利授權予各州的分公司，而這些分公司也將一一上市。鮑爾斯也隨即答應，將我們的錢合在一起投資。

該計畫馬上就付諸實行，在薩吾奧爾德母公司上市後的第四個星期，第二家公司紐約薩吾奧爾德也宣告成立。我們投入了大約兩萬美元參加認購，認購價格應該是每股十五美元，也有可能是二十美元。而這九．六萬股的股票，在場外交易市場開盤價為五十美元，不久便達到了六十美元。

那一天正是一九一九年五月十日，我激動且興奮的慶祝自己的二十五歲生日。而我也馬上拿到了一張大面額支票，是我們的本金及高達一五〇％的利潤（帳務明細沒有隨支票同時到達，不過我們也從未想過要什麼明細）。當我向朋友們宣布每人的利潤份額時，他們都建議我存下這筆錢，並在下次交易時全部投入進去。畢竟我們國家有四十八個州[4]，機會多得很呢！

但我們馬上就失望了。第三家公司——俄亥俄州薩吾奧爾德——也於六月上市了，但這次的規模比較小，且我們得知這次認購沒有我們的份。該公司股票以二十八美元在場外交易市場開盤，到次月上升為三十四美元，它的表現沒有前兩家公司搶眼，我們也很擔心好運是否就此結束。

鮑爾斯安慰我們：另一樁大買賣正在醞釀之中，這次我們肯定有份。但是，這次上市的公司——賓夕法尼亞州薩吾奧爾德——是最後一家將要上市的公司。該公司除了紐約和俄亥俄州外，還擁有全國的生產經營權，但薩吾奧爾德公司的管理層認為：四家公司已經足夠了，過多的公司會造成不必要的混亂和麻煩。

我們不能夠理解也無法贊成這種限制，但既然如此，我們只有準備抓住最後一次機會，好好賺上一筆。在籌集認購資金時，我投入了六萬美元，其中一半是由年輕且富有的海曼三兄弟提供。馬克士威．海曼（Maxwell Hyman）是我中學時的校友，也是我的朋友和客戶（還是單身漢時，我們曾配對獲得過網球雙打冠軍）。

一九一九年八月，德國的經濟崩潰使全世界蒙上一層陰影，但在華爾街，股票市場繼續高奏凱歌，特別是那些品質低劣、無投機價值的股票。薩吾奧爾德母公司的股票交易活躍、表現強勁。事實上，月初時該股票一度漲到七十七．七五美元，然而在同一星期內又跌回到五十三美元。我們極度不耐煩的等待著賓夕法尼亞州薩吾奧爾德的閃亮登場，因為我們對即將到手的利潤早已垂涎欲滴了。

---

4 編按：美國第四十九州（阿拉斯加州）、第五十州（夏威夷州）於一九五九年才加入。

規定的上市日期到來了，但交易卻沒有開始。公司宣布「稍待片刻」，但從未進行解釋。突然之間，所有薩吾奧爾德股票全線下跌，我們一下子摸不著頭緒，不清楚發生了什麼事。到了九月，我們的股票還是沒有任何動靜。

整個薩吾奧爾德股票忽然崩盤了，母公司的股票跌到了十二．五美元！幾個交易日後，致命的消息出現了：「已經沒有人願意購買薩吾奧爾德的股票！」從十月四日起，這三家公司就從記錄上徹底消失——似乎根本就沒有存在過一樣。

我和鮑爾斯就此事討論了很多次，他將自己的大部分財產，以及朋友的許多錢都投進薩吾奧爾德了。他告訴我，經營這些股票上市的主要承銷商已將我們的錢挪作他用，我們可以把他送入監獄，不過也於事無補。

於是我和鮑爾斯組成一個委員會，代表該承銷商的受害者處理此事。我們在他的辦公室（場外交易市場附近）跟他見面。我現在仍記得見面時他穿的那件漂亮的藍襯衫，以及襯衫上的那些昂貴的袖扣。

與承銷商的談話都是由鮑爾斯主導，我只說了一句話。承銷商問我想不想要張位數少的汽車牌照[5]，他可以幫我弄到，因為他是紐約州州務卿的好朋友。我冷冷的謝絕了。

最後的結果是：承銷商用現金歸還我們一〇%的本金，其餘用他所承銷的股票票證歸還。我們利用各種途徑將這些票證賣出，最後為各自的客戶挽回了大約三三%的本金。

至於這幾家薩吾奧爾德公司到底怎麼了？我對事情的真相完全一無所知。如果這個世界上真的存在過薩吾奧爾德公司的話，那麼它們可能也都破產了。在第二年的金融手冊中，也沒有人對這幾家公司進行追蹤報導，我們這些所謂的「圈內人士」所了解的一切，僅限於這幾家公司的（假想的）經營業務，以及「傳聞中」的流通股數。而這些資訊，又都是從一份來歷不明的「說明性公告」中取得的。

然而，**儘管我們如此容易上當受騙，卻一度非常自豪的操縱著整個交易，而且獲得了豐厚的利潤**——這是因為**普通投資者比我們更貪婪、更愚昧**。在一九一九年四月到九月這六個月中，這三家公司數以萬計的股票在場外交易市場易手，涉及到了投資者數以百萬計的資本。

但據我所知，薩吾奧爾德事件中唯一真實的，只有那座矗立在哥倫布廣場上、閃爍著公司名字的霓虹燈。我還得知，沒有任何人到當地的律師事務所，對那位承銷商盜竊公眾錢財的卑鄙行為提出控訴。

很顯然，一九一九年的華爾街與現在的華爾街是完全不同的。在那些日子裡，華爾街充斥著各式各樣的倫理道德。其中證券交易所及其會員的行為，更是無可挑剔，他們在執行顧客指令、處理現金、財產抵押品上是高度可信的。

但他們中的大部分人，都對操縱市場的惡劣行為視而不見，許多人甚至自己也加入其中。**他們鼓勵客戶進行投機，心裡也完全明白幾乎所有的投機者最終都要一敗塗地**，但他們幾乎未採取任何措施，以保證普通投資者免受類似於薩吾奧爾德詐騙案這樣的災難。

在這些詐欺行為中，應負責任的不僅僅是許多華爾街的證券經紀公司，還包括了紐約證券

5 編按：身分地位的象徵。

交易所。它允許「空殼公司」在市場茁壯成長，因此引發了公眾根本無法承受的巨大損失。

這些公司佯裝替客戶買入證券，卻透過各種途徑將客戶的保證金一捲而空。按照法律規定，真實的交易必須要有買賣雙方，但有些證券公司受高額佣金所引誘，與這些空殼公司進行虛假交易。這些證券公司不可能不了解這些交易的性質和後果，令我不解的是，紐約證券交易所怎能對這些公司的詐欺行為，及部分會員公司的推波助瀾視而不見呢？

我們公司完全了解這些空殼公司的真正目的，因此我們從道義出發，好幾次拒絕了這種回報豐厚的交易。但我必須承認：拒絕這種交易既非我們的公民義務，也非我們的職業職責。畢竟就和其他證券經紀公司一樣，我們是商人，不是改革家。

價值投資之父葛拉漢：賺錢人生

- 我一直都在堅持讓人們以合適的價格，買進前景看好的普通股股票。
- 好的股票便是最好的投機。
- 在大牛市中，投資者都忘了合理價格的警戒線，讓原本是很好的投資，變成了異常危險的過度投機。
- 做生意時，一百美元確實是小數目；但在家裡，這就是大數目了，商人也因此形成處理金錢時的雙重性格。
- 一九一九年是個典型的牛市：證券業圈內人士無情的操縱著整個市場，而那些普通投資者則充滿了貪婪、無知和幼稚的衝動。

第十章

1920年代的大牛市，我開始自立門戶

班傑明・葛拉漢共同帳戶開始時的資本金為40萬美元。三年後，我們的資本達到了250萬美元，這主要是因為我將大部分豐厚的利潤，重新放進帳戶做投資，更大的投資則又帶來更多的收入。

當我還在念書時，就已經做過十二種兼職工作，但**在華爾街，我只做過兩件事：第一是在證券經紀公司裡，從小職員做到合夥人；第二則是在自己開的公司裡當總經理**。在經營自己的公司之前，我還曾一度試圖離開證券經紀公司，到《華爾街雜誌》當一名財經撰稿人。寫作是我的愛好，因此這是一次實現「文學」與金融相結合的好機會。但當我把這個想法和公司高層談了之後，他們卻說服我放棄了這個念頭。

在大女兒瑪喬里．伊夫琳（Marjorie Evelyn）於一九二〇年出生以後，我們決定搬到郊區去生活。我們的新家位於維農山一幢兩層樓房的上層。房子離「維農山鄉村俱樂部」只有半個街區的距離，因此很快我就成為該俱樂部的網球會員。

在那裡，我們結識了不少新朋友，還加入了一個一般不收外人參加的維農山猶太居民團體；後來我們幾乎天天和他們聯繫。在這個團體中有一對姓霍維茨（Horvitzes）的夫婦，先生名叫艾倫（Aaron），太太名叫葛楚德（Gertrude）。

艾倫在哈佛念過書，是弗雷德里克．格林曼的同班同學；他學的是法律，卻從未從事過這一行。他成了另一位同班同學羅．哈里斯（Lou Harris）的得力助手——哈里斯與他的兄弟們經營著一家非常成功的雨衣公司。

艾倫對我的金融觀點及特殊操作方式了解甚多，哈里斯兄弟也提出了一個重大建議：讓我脫離NH&L公司，替他們經營一個巨額帳戶；他們會支付工資，並讓我參加利潤分紅。

哈里斯兄弟決定初期投資二十五萬美元，如果我的工作品質和績效證明這樣做可行的話，還允諾可以無限制的追加資金。而我也可以帶入原先其他帳戶的資金，作為原始資本的一部分。

我的年薪是一萬美元，另外扣除六％的資本年息後，還有資格分享剩餘利潤的五分之一——這些都是累加的。一九二三年初，我們達成了這一協議。

我原本就認為要讓公司放我走會有一定的難度，然而我的運氣還不錯。因為證券交易所加強了監管力度，要求一些因客戶保證金交易而負債的公司，需相應的增加資金；保證金交易發展十分迅猛，以致 NH&L 公司無法提供閒置資金，讓我進行曾經屢獲成功的套利操作。因此他們不得不忍痛割愛，否決了一些由我提出的好建議。他們承認我在這一領域有特殊的天賦，卻愛莫能助；而且他們認為，如果讓我待在這樣一個嚴格限制發揮特長的公司裡，對我太不公平了。

他們當然也盤算過：由於我有幾個利潤豐厚的帳戶和無數的客戶，當我離開公司以後，他們仍然能夠從該帳戶和客戶的大多數生意中獲益，同時又免去了通常需支付給經紀人的那筆費用。所以出乎意料的，他們很爽快的同意了我的離職。

我們也達成了一個協議：未來我的交易幾乎都透過他們的公司進行；他們則讓我免費使用一間辦公室，另加一個私人股票行情機以及其他各種服務（在那時，所有這些特權都是合法的，不過後來紐約證交所予以嚴格限制）。

新公司名叫葛拉漢公司，而為了減免部分公司所得稅，除了發行一些具有投票權和其他作用的普通股之外，所有資金都來自發行參與紅利分配的公司債券。一九二三年七月一日，舊的階段結束，新的時代開始了，這天離我進 NH&L 公司賺取十二美元週薪之時，足足已有九年。我對這一轉變無怨無悔。

獲利大好的葛拉漢公司

有很長一段時間，我一直感覺自己不屬於證券經紀人的小圈圈，**我打從心底憎惡這一職業，因為我覺得它的繁榮是以犧牲客戶利益為代價**的（至少在那時，我是這樣認為的）。

就在幾年前，我讀到了伯納德．巴魯克[1]自傳的第一卷（我在一九二七年遇到他），他回顧了自己是如何在金融上取得大成功，並由此成為百萬富翁，且隨後進行了一番自省。既然他已功成名就，今後應該怎樣生活呢？

巴魯克用了數段篇幅進行了討論，然後做出了一個重大決定：他將退出證券經紀人行業，不與投資者產生任何瓜葛，也不對公眾承擔任何責任，在股市上只操作自己的帳戶。我記得讀到此處時，還輕蔑的笑了笑，因為我認為這是一個既站不住腳又自私自利的結論。

我認為對於一個才華出眾、十分富裕的年輕人來說，決定只為自己而生活，全心全意的設法為自己賺很多的錢，還把這一切寫入他的回憶錄，毫無一點後悔或自我批評，這是多麼不光彩的事啊！

然而我的決定有比巴魯克的更高尚嗎？我也打算離開至少「曾經」為公眾提供諮詢幫助的證券經紀業，並使自己專心致力於賺錢的投機；但按照華爾街的標準，我遠遠算不上是富人，但我可以為缺錢用的朋友和親戚們賺取利潤。而儘管哈里斯兄弟有點不太情願，我還是說服他們允許我繼續經營某些客戶的帳戶，並將它們作為一部分公司資本。

葛拉漢公司只存在了兩年半時間，到一九二五年末即宣告解散，但是公司獲得了巨大成功，投資報酬率相當高。我將投資領域限定於標準性的套利、避險業務上，有時也會買一些我認為比較便宜的證券。我做的第一筆業務是買進杜邦公司（Du Pont）的股票，並賣出七倍於杜邦公司股票數量的通用汽車股票。

那時杜邦普通股的市價總和，僅僅與它持有的通用汽車股份的價值相當，因此杜邦所有的化工業務與資產的市場價值實際上是零。所以與通用汽車的股票價格相比，杜邦的價值被嚴重低估了。不出所料，對我們有利的巨大差價終於出現了，於是我便做了對沖操作，並取得了預期的利潤。

另一次操作卻是以損失慘重而告終，其中包含了一個很有意思的小插曲。我認為自己既能找出被嚴重低估的普通股股票，也能找出被嚴重高估的普通股股票，而且我對此頗為自負。所以我對好幾支證券做了這樣的操作：買進便宜的股票並賣空昂貴的股票。

有一間公司名叫沙特克（Shattuck），它擁有連鎖的施拉弗特餐館（Schrafft's Restaurants），而我認為它的股票被高估了。雖然公司確實表現不錯，但投機商已經把它的股票抬到了高得離譜的價位。於是在挖掘出無數被低估的股票當中，我買進了其中一種，並賣空了幾百股沙特克股票。

從一開始，每個星期我就會安排一次午餐聚會，以便和哈里斯他們討論我的業務狀況。湊

1　譯按：伯納德．巴魯克（Bernard M. Baruch，一八七〇年至一九六五年），美國金融家，威爾遜總統和羅斯福總統的經濟顧問。

巧的是，我們的聚會是在哈里斯最喜歡光顧的施拉弗特餐館。在賣空它的股票之後，我們都覺得再用飯錢支持敵人是有損自己利益的，於是我們另外找了一個吃飯的地方。

時間慢慢的過去了，而沙特克股票仍在上漲（這便是經營那些廣受大眾歡迎，因此被高估價格之股票的困難所在：**在它們股價回跌到正常、合理的價位之前，它們仍然非常搶手，而且價格會更進一步被高估**）。當股價從我們買入時的七十美元一路攀升到令人懊惱的一百美元時，我們開會爭論了半天，最後認為繼續「做無謂的抵抗」並非明智之舉。

畢竟不能指望每次操作都能成功，況且總體的平均命中率已經夠高了，隨時準備承受損失是一條好原則，如此等等……於是我們便做了反沖操作，損失了幾千美元。哈里斯則說道：「好了，這次損失也不盡是壞事，這下我又可以回到施拉弗特餐館吃飯了。」我們很需要這樣的自我調侃。

然而，這些午餐卻導致了我們業務關係的終止。哈里斯富有思想、愛提建議，有時甚至會帶來各個證券經紀公司的各種小道消息——這些小道消息在我深思熟慮的操作方案中很少起作用。對於那些未獲成功的建議，他總是忘得一乾二淨；而對於那些曾帶來一點點利潤的建議，則記得一清二楚，從不忘記在隨後的午餐聚會中提起。

如此這般過了一段時間後，我對他的馬後炮和星期一上午的發號施令感到厭煩。長期為這樣一個有權利發表各種意見、卻不需對自己所說的話承擔任何責任的人工作，真是件困難的事。

到了一九二五年，大牛市開始了，越來越多的人進入了股市。在那個時期，大多數證券經紀人自由經營著客戶的帳戶，他們有權利按自己的意願買賣股票，不需要得到客戶的授權或命令。這些帳戶大多是以五五開的形式經營，即帳戶利潤由客戶與經紀人平分，證券經紀人也不承擔任何損失。

許多華爾街的朋友告訴我，我為哈里斯兄弟他們工作卻只能分得二〇%的利潤，實在是太傻了；他們能為我籌集到經營資本，而我的利潤分成比例將提高到五〇%（當然其中一部分要轉交給他們）。

我開始感到被哈里斯兄弟利用了。那時我才三十一歲，自以為知道一切——至少是關於如何在股票和債券市場上賺錢所需的一切知識，自以為在華爾街可以運籌帷幄，並且認為自己的雄心壯志必定會實現，前途光明無限；我還認為自己一定會非常富裕，可以用財富買到一切物質享受。

我希望有一艘大遊艇，一幢在新港的別墅，養一群賽馬——甚至有時還幻想到了地下情人，儘管我也知道將她們列入我的計畫表未免太過天真。我那時還太年輕，沒有意識到自己過分盲目的自信。

到了一九二五年年中，我向哈里斯提出了一個新協議。我建議取消我的年薪，取而代之的是採取分紅方法：扣除六%的資本年息後，在報酬率為二〇%的那部分利潤中我分享其中的二〇%；在除去二〇%利潤再獲利三〇%時，我分享其中的三〇%，而在超出五〇%報酬率的那部分盈利中，我則分享其中的五〇%。對我而言，這個協議似乎非常合理。

但哈里斯被我的想法嚇了一跳：我竟想要分得一半的利潤！他認為，即使報酬率超過了五〇%，我想得到這麼多的利潤也是無法接受的。於是我們馬上同意中止協議，公司也在年底時解散了。如果哈里斯能做些讓步的話，我想我會接受的，因為我從不固執己見。但後來我得知，他們早就想把我從公司裡甩開，儘管我替他們做得如此出色。

為什麼呢？這是因為經過兩年時間密切觀察我的操作，並聽我詳細解釋贊成或反對每一次買進或賣出的理由之後，他們自認為已經具備單獨操作的能力和水準了。既然他們自己可以做，甚至可能做得更好，為什麼還要付給我二〇%甚至更多的利潤呢？因此，在我為自己訂了一九二六年的新協議之後，他們也做了自己的安排。由於我們雙方對這個變化都很滿意，所以分手後仍是好朋友。

在結束創立葛拉漢公司的故事之前，我必須談談一個名叫「科恩和葛拉漢」（Cohen & Graham）的從屬子帳戶。合夥人科恩是個身形消瘦且近視的律師，年約三十五歲。他也是哈里斯和艾倫在哈佛的同班同學，而且跟他們關係非常密切；與其說他是個職業律師，還不如說他是個學生。

他有一筆資金（我記得大約是十萬美元），哈里斯很大方的為他訂了一個特殊合約，類似於葛拉漢公司的合約，但與公司互不相關。我為什麼要提起這樣的瑣事呢？這是因為「科恩和葛拉漢」裡的科恩正是班傑明．V．科恩（Benjamin V. Cohen），他後來與托馬斯．科科倫（Thomas Corcoran）聯手，成為羅斯福新政中許多重要立法的設計者，並幫助羅斯福總統排除國會不時做出的阻撓以推行新法。

幾年之後，也就是在一九三四年，科恩給我寄來了還在擬訂中的《證券交易法》草案。根據這一法案，證券交易委員會得以正式成立，並將使金融領域產生明顯變化。他向我徵詢對草案的意見，我只對其中一個條款提出了評論，該條款規定：為召開股東年會而送達股東手中的代理聲明書上，除了種種資訊外，還要包括「聲明書送達者的名單」。

這個聽起來毫無不妥之處的條款卻意味著，像美國電報電話公司（AT&T）這樣的大公司，不得不一一列出幾十萬筆股東的名字。科恩對我發現這一紕漏表示感謝，這一點從法案中剔除後，法案很快正式生效了。

利潤持續投入投資，讓資本三年成長六倍

一九二六年一月一日，我開始運作「班傑明．葛拉漢共同帳戶」，同時我自己的資金也轉入該帳戶中。帳戶的大部分資金由那些老朋友提供，包括格林曼、馬羅尼，以及海曼夫婦等。

這次的財務協議與我向哈里斯集團提出的那個協議一模一樣：沒有薪水，但享有累進的利潤分紅，分紅比例最高可達五〇％（當時極度自信的我哪會料到，六年之後我會請求他們增加一條原葛拉漢公司訂過的條款——在困難時期支付給我一些微薄的薪水）。帳戶的參與者可在每季度以五％的年率，按各自的資本金或利潤取得報酬。

班傑明．葛拉漢共同帳戶開始時的資本金為四十萬美元。三年後，我們的資本達到了兩百五十萬美元，而絕大多數的追加資本都來源於帳戶利潤；帳戶資本中我的份額也不小，這主要是因為我將大部分豐厚的利潤，重新放進帳戶做投資，更大的投資則又帶來更多的收入。

而且每年都有新朋友急切的想把錢投入該帳戶，因為它利潤豐厚的名聲已眾所周知了，不

費吹灰之力就吸收到許多追加投資；事實上，**我不會收不認識的人的錢，但我認識的人卻不斷增加**。

我在中學及哥倫比亞大學時的同班同學紐曼，也在最初的成員名單中，他也是一名成功的律師。幾年前，他把弟弟傑羅姆（Jerome）介紹給我——傑羅姆比我們晚三年進入同一所中學就讀，後來也進入哥倫比亞大學法學院，並與富有的棉紡廠老闆賴斯（Reiss）的女兒結了婚。畢業後傑羅姆沒有從事法律工作，而是幫他岳父經營，很快就成為那裡的二當家。我為賴斯做了些投資；也為傑里[2]做了些投資，當然，金額要少了些。

一九二六年年底時，傑里告訴我，他想離開賴斯的工廠，並希望能加入我的公司。很明顯，替賴斯工作並不輕鬆，他希望能為我工作，並在證明自己價值之前不拿任何工資。同時，他也會帶來一筆數目可觀的投資資金，這是他經營棉紡業時得到的收益。

我同意了他的想法，但我堅持他要拿一份不高的起薪——每年五千美元。這就是我們合作的開始，這種合作關係在我隨後的生涯中也一直持續下去——直到我退休去了加州為止。而那時我經營的兩筆業務——葛拉漢．紐曼公司及「紐曼和葛拉漢」（它們都是「班傑明．葛拉漢共同帳戶」的後繼者）——也隨之解散。

對我來說，傑里從一開始就證明了自己是無價之寶，他思維敏捷、頭腦清晰，能勝任生意場上的任何經營實務。在具體的業務操作上，他也比我要強得多，在談判各種業務時，他顯得精明能幹，實效斐然。傑里非常誠實、完全值得信賴——這是在華爾街上持續取得成功的必要品德。但他並不是一個理論家，尤其是在金融領域並不具備創造性的思維。事實上幾乎所有的經營策略和大部分交易都是由我設計的。

當然他也有缺點，最大的問題在於他缺乏與人為善的能力。同他那很難相處的岳父一樣，傑里也是個嚴厲的監工，急著要人完成他的吩咐，對小過失斤斤計較，有時在交易中顯得過於刻板。不過他也聰明的意識到，在重大交易中必須與對方保持良好的關係。

總的說來，傑里遠談不上受人歡迎，即便是在他的許多朋友中也是如此。他與那些關係密切的合作夥伴有過無數次爭吵，而且幾乎都是因為業務上的事。他十分兇狠的對待這些與他分庭抗禮的人，但令我奇怪的是，最後他總能與他們和好如初。

幾乎所有的人都會問我怎麼可能與傑里共事這麼多年？不過在那段時間裡，我們基本上未發生任何爭執。我記得唯一有一次：在我們的合作即將結束時，傑里認為把我們生意上的成功完全歸功於我是不公平的。他對《財富》（*Fortune*）雜誌上登載的一些言論產生了誤解。

兩年後，傑里成了我在業務管理上的合夥人，直至合作結束。我們有許多收入要分配：工資、服務費、交易利潤等；所以我們訂了個協議——所有的額外收入都是兩人平分。

然而幾年之後，傑里的公司外業務要比我多得多（我主要的公司外業務是擔任資產估價案中的顧問）。因此，我們將分享對方額外收入的比例降至二五％，這對雙方來說是比較合理的。

---

2 譯按：Jerry，傑羅姆的暱稱。

合作無間但不親密的合夥人

由於我對朋友向來交心不夠（我最大的性格缺陷），傑里和我也從未成為摯友。我們相處得很好，但除了工作時間之外，我們其實很少對話。而他妻子埃斯特爾（Estelle）也待我相當親切；在紐約州與康乃狄克州的交界處，他們有一幢鄉村別墅，我曾在那裡住過幾天。但記憶中他們未曾與我們同住，我們從未一起旅行過，也很少談及私生活，包括個人的感情史——這個話題經常能使沒我們如此密切往來的男性開始相互信任。

表面上看，傑里的生活比我一帆風順得多，他善於理財，在一九二九年之後的幾年危機中，並沒有遇到真正的大麻煩。當我們的事業重新開始向上發展時，他的財務狀況比我要好得多；也由於這個原因，他最終累積的財富比我還多。但這並不重要，重要的是在許多場合，他對我都非常慷慨大方，而對我來說不幸的是，自己從未有過類似的機會去幫助他。

埃斯特爾與我的太太同名，在這些年中，由於她們的名字一樣，也確實鬧出不少笑話，但並不像人們想像的那麼多，因為事實上我們的社交關係從未真正密切過。

埃斯特爾比傑里大三歲，她的外表並不是非常迷人，也難怪人們很自然的認為，傑里與她結婚只是為了她父親的錢。其實，雄心勃勃的傑里只希望依靠自己的力量，從來不奢望從別人的成功中獲益。

然而就和許多年輕時相貌平平的女人一樣，隨著年齡的增長，埃斯特爾越來越漂亮；她一點也不顯老，頭髮永遠烏黑亮麗，目光永遠那麼嫵媚；她用盡美容師的一切手段，與自然規律相抗衡。

人們對埃斯特爾有兩種截然不同的評價，與人為善的人說她具有貴族氣質，但嘴巴不饒人的則認為她矯揉造作，或者「傲慢自大」——然而社會上後一種人往往太多了。在我看來，她是個完美的女主人，對所喜愛的人格外親切。

埃斯特爾也從她父親那裡繼承了許多經商訣竅和實幹的能力，在我當選紐約猶太盲人協會主席後，她對我們的工作產生濃厚興趣，她後來創建了婦女分部，透過各種活動籌集到了不少資金，很快就成為我們這項日漸興旺的慈善事業中，一股重要的力量。為了在我們的「盲人之家」裡興建一座醫院，她和傑里一起捐了一筆巨款，醫院也因此以他們的名字命名。

當我回想往事時，經常會被這樣的發現所震驚：偶發事件或者環境——特別是地理位置——對人的一生有多麼大的影響！人們之所以能夠成為好朋友，是因為他們住得很近；大多數風流韻事也源於頻繁接觸，尤其是當事人的配偶不加以干涉時就更是如此！

或許這就是班傑明．葛拉漢永遠也成不了傑里和埃斯特爾摯友的主要原因：我們住在紐約大都市的不同角落裡。傑里夫婦在位於長島勞倫斯的一幢大房子裡住了大約二十五年，這幢房子是新娘父親精心挑選的新婚賀禮。在那段時間裡，我繼續住在曼哈頓島，離他們家很遠。當傑里和埃斯特爾在第五街買了一間公寓時，我們已搬到了斯卡斯代爾，在那裡我們有了自己的朋友圈；後來我們又遷移到了加州。

由於相互住得較遠，我們兩家從未真正成為知心好友，但我的兄弟維克多卻成了他們的鄰居，並與他們結為好友。一九二七年，他與漂亮可愛的古德曼結為連理，隨後便在勞倫斯買了一幢很好的新房子，這使他們與傑里夫婦成了近鄰，並同為高爾夫俱樂部的會友。不久，他們成了好朋友。但後來命運的挫折，迫使維克多賣掉了自己的房產，離開了勞倫斯。

大家都有不為人知的一面

在一九二七年時，我們只有兩名員工：速記員和會計。會計是十多年前我在公寓的網球場上認識的；由於我們的共同愛好只有網球，因此我們的親密關係完全只建立在網球之上。多年來，我們進行了無數次單打比賽，幾乎是不分上下、互有勝負。

當我第一次與他打網球時，我還只是一名魯莽冒失的年輕人，而他父親的鞋業生意正興旺發達，所以他們住在亨斯角公寓最好的房子裡。幾年後，他父親突然去世，家道由此中落，正如我們家在父親過世後的遭遇一樣。後來他只能在飯店找個職位卑微的工作，因此他很樂意到我們公司，因為這裡的工資較高。

除了一九二九年到一九三三年這段時間，我們每年都會給他年終獎金，並且逐年增加他的薪水。他定期會準備好精心製作的歷史數據一覽表，把他的收入與公司的盈利做比較，後來董事會在每年一月都要對他的薪水和獎金問題進行討論。

最後他在公司裡的年薪高達一萬六千美元，相對於他所從事的例行性工作而言，在那個年代這已是非常高的報酬了。他和妻子生活得自由自在（因為他們沒有孩子），也做了些投資，收益一般。在二十五年的職場往來中，儘管他能力有限，但為人非常忠誠、值得信賴。

某個晚上他因心臟病突發在床上過世，後來我們檢查了他的帳目，發現他盜用了一小筆公款，數額大約為幾千美元，但傑里和我從未對任何人提起此事。

幾年後，當我在閱讀法國小說家龔固爾兄弟（Frères Goncourt）的家族日記時，又想起了這件事以及我們對此事的反應。在該家族的一篇日記中，他們談到了女僕的不幸去世；這位女僕從他們孩提時起，就一直無私的、全心全意的服侍著他們。而另外一篇日記又寫道：當他們發現這位樸素、謙卑的僕人在這些年裡的私生活祕密後，他們感到無比震驚；她將所有的工資收入都用在向許多年輕人購買性服務上。

價值投資之父葛拉漢：賺錢人生

- 有很長一段時間，我一直感覺自己不屬於證券經紀人的小圈圈，我打從心底憎惡這一職業，因為我覺得它的繁榮是以犧牲客戶利益為代價。
- 在它們（受大眾歡迎的股票）股價回跌到正常、合理的價位之前，它們仍然非常搶手，而且價格會更進一步被高估。
- 我將大部分豐厚的利潤，重新放進帳戶做投資，更大的投資則又帶來更多的收入。

第十一章

與管線公司的較量——價值往往藏在細節裡

忽略細節而又注重「趨勢」的華爾街，使得投資者把很高的股息報酬率，看做是將來發生麻煩的警報，而不是買入的理由。

在我們參與的許多交易中，有兩筆交易特別令人難以忘懷。第一筆涉及標準石油（Standard Oil，美孚石油前身）公司；第二筆則與美國最大的煙火爆竹製造商——出色製造公司有關。前者大獲成功，後者卻牽涉許多麻煩，最終無利可圖。

一九一一年，當美國最高法院下令解散被認定壟斷市場的標準石油公司時，在這個擁有三十一個公司的巨大聯合體中，有八家公司脫穎而出；當時它們都只是很小的石油管線經營者，負責把原油從各個油田輸送到煉油廠，沒有人了解這些企業真實的財務狀況。

它們對外公布的資訊只有短短一行的「收入帳款」，記載賺取的淨利，以及一份簡略的資產負債表。**華爾街只有兩家公司專門研究標準石油公司麾下所有子公司的市場行銷狀況**；雖然它們每月會出版一本小冊子，上面刊有每個子公司的動態和數據，但這些小冊子**除了重複那些極不完整的收入和資產負債表以外，沒有其他關於石油公司的財務資料**。

取得資訊，才能掌握內在價值

有一天，我正在查閱一份州際商務委員會的年度報告，想從中得到一些關於鐵路公司的詳細資料。在這份報告的最後，我碰巧發現了被分拆的石油管線業者的一些統計數據，表格上註明這些數據「來源於公司上報給州際商務委員會的年度報告」。這使我想到，這類報告可能包括沒有向股東公布的訊息，而這類資訊可能是令人感興趣而又富有價值的。

於是我寫信給州際商務委員會，請他們寄一份標準石油公司報告的影本給我。後來我收到了一個大信封，裡面裝著大約五十頁的報告，報告中有很多表格，涵蓋了石油公司經營及財務狀況的每一個細節。

我對其中一張表格尤其感興趣，這張表格要求各個子公司按成本價和市場價開列一張投資清單。所有的石油管線公司都在它們的年報中列出了許多筆投資，但由於沒有做出詳細說明，無從知道這些投資包括哪些內容。

第二天，我搭上開往華盛頓的火車，到達州際商務委員會，進入檔案室。我要求查看這八個石油管線公司一九二五年的年報，他們及時拿了過來，很快的，我便意識到自己手上握的是一筆巨額財富。

讓我驚訝的是，這些公司都擁有大量且最有價值的鐵路債券。有幾家公司的債券價值，甚至早就超過了本身股票的市值！此外，我還發現，標準石油公司的業務規模雖然較小，但利潤很高。而且**公司內部沒有存貨壓力，根本不需要這些債券投資**。

以北方管線公司（Northern Pipeline）為例，它每股股價僅為六十五美元，支付六美元股息，但它每股股票卻含有大約九十五美元的現金資產。即使公司把這些資產都發放給股東，也不會為它的經營帶來絲毫麻煩。這是多麼有利可圖的證券啊！

我當時就像是探險家，用如鷹般銳利的眼睛，發現了一個新太平洋。想想吧！卡爾．福茲海默公司（Carl Pforzheimer & Company）和其他證券商，已經花了好幾年時間來研究這些由標準石油分拆出來的石油公司，但顯然他們並不知道我掌握的一切資訊。因為如果他們看到了這些債券，就絕不會任由這些股票股價這麼低（這麼多年過去了，我仍在驚訝——竟然就沒有一個證券界人士想到應該去看一看州際商務委員會的資料）！

即使不計算這些不為人知的現金和債券資產，對北方管線公司這樣一家支付六美元股息仍在繼續獲利的公司而言，它的股價怎麼可能只有六十五美元？答案就在於**這家公司的股票完全不受歡迎**。

該公司從前賺取的利潤更多，支付的股息也更多，但是新的競爭者搶走了很多生意；而歷來**忽略細節而又注重「趨勢」的華爾街**，似乎已經確信這些公司前景黯淡，**使得投資者把很高的股息報酬率**（北方管線公司超過了九％），**看做是將來發生麻煩的警報，而不是買入的理由**。

我帶著州際商務委員會近幾年報告的影本，非常興奮的返回紐約。由於北方管線公司擁有與其股票市值相關的債券投資數額最大，我便想盡辦法購買它們的股票。

通過謹慎且持續的購買，我獲得了總共四萬股中的兩千股。這使我在該公司成為繼洛克菲勒基金會（Rockefeller Foundation）之後的第二大股東，洛氏基金會大約持有該公司股票的二三％。而現在時機似乎已經成熟，我要去勸說北方管線公司的管理階層做一件正確且該做的事：向公司的所有者——股東返還大部分不需要的現金。那時我天真的以為這件事相當容易。

於是我約了一個時間去見公司的總經理D·S·布希內爾（D. S. Bushnell），地點在百老匯二十六號的辦公室裡，這是我第一次進入充滿傳奇色彩的標準石油公司總部。裡面有兩位年老的男士正在等我，兩個人長得實在好像，一個是布希內爾總經理，另一個則是他的弟弟、公司的總顧問（這是財務會議的習慣，在這樣的會晤中至少要有兩名公司高階主管在場，以便日後必要時證明所說過的話）。

我說出了自己的觀點，並證明了理由。我指出，公司全部的業務營業額大約只有三十萬美元，因此它持有與財務需要無關的三百六十萬美元債券投資是不合理的。我向他們表明，股票市場上沒有能正確反映出每股股票九十美元的「現金資產」，這使得北方管線公司長期被視為一個正在衰退的企業，而不是鐵路債券的貯藏所，股市大眾甚至沒察覺這一事實的存在。顧及到股東們的利益，公司應該要求分配這些財產，讓他們直接擁有可以充分利用的價值，而不會把鐵路債券和公司其他財產混在一起，造成只能使用不到一半的帳面資產。

「那是不可能的。」布希內爾兄弟立刻回答。「為什麼？」「因為我們沒有任何值得一提的盈餘，所以支付款不能超過收益。但實際上我們的分紅是非常豐厚的。」「哦，」我自信的說：「那很容易安排。你們所要做的只是降低每股票面價值，比如說從每股一百元降到五十或二十五元，然後你們可以返還差額，即返還五十或七十五元的現金。」

布希內爾兄弟又提出一個新的藉口（他們十分機智，總能找到各式各樣的理由占據股東的財富，而不是增加他們的利潤），「我們不能那樣做，公司需要這些資本。」「但是為什麼不能？公司不需要拿上百萬美元的資產，而且全部都是現金資產，去做三十萬美元的生意。」

「債券相當於我們的折舊儲備金，我們更換輸油管線時需要它們。」

「大約什麼時候需要？」

「我們說不出確切的年分。」（布希內爾兄弟甚至不願意猜測可能的年分，但事實是，那些地下油管可用一輩子。）

「難道你是想告訴我，你需要用股東們的三百六十萬美元，去更換那些只能賺三十萬美元生意的輸油管線？那真是太不合理了。」（每當我提及他們的營業額時，布希內爾兄弟就退縮了。營業額是他們想盡辦法不讓股東知道的。）

然而我的東道主又提出了一個藉口，這使我想起那個「大野狼和綿羊」的寓言故事。雖然他們不能把我吃掉，卻打定主意把我兩手空空的打發走：「我們可能打算多建一些輸油管線，各種可能性都有，因而我們必須為此做好準備。」

「但是，布希內爾先生，你的輸油管線段並不長，從印第安那州邊界穿過賓夕法尼亞州一角，再到紐約州邊界，這只是原來標準石油公司主幹道中很小的一段。請問要如何拓展你的輸油管線呢？」

讓我遭受致命一擊並送客的時刻到了。布希內爾兄弟理屈詞窮，因此他們說：「瞧，葛拉漢先生，我們一直對你很有耐心，給你的時間已超過了我們能擠出來的。經營輸油管線是一個複雜而又專業化的行業，你了解得不多，但我們卻做了一輩子。你必須相信，什麼對公司及股東最有利，我們對此比你知道得多。如果你不贊同我們的政策，你可以採取理性投資者在這種情況下所採取的行動──賣掉你的股票。」

股東並不「實際擁有」他們的股票

在我的職業生涯中，經歷過的這類故事不計其數，內容全都大同小異。有一個特殊原因，可以說明為什麼這種事常常發生在我身上：因為我的公司業務中，有很大一部分是**購買那些股**

價遠低於根據可靠分析確定真實價值的普通股。而股價被嚴重低估的最確切例子，恰恰都發生在北方管線公司之類的公司；它們將大量可變現的資產，用於利潤很少的業務上，並且極力不讓股東們知道營業額。

我的策略是，首先**取得這類公司的大量股權**，然後通過各種方式，努力使公司適當**改變它們的資本使用策略或經營策略**。但幾乎所有公司的管理階層，不改變的理由都和布希內爾兄弟一樣。在他們的武器庫裡，最愛用的武器就是宣稱這個行業是「深具專業性」的，而我對此知之甚少，所以他們比我更有資格決定需要採取何種策略。

那時，我還不知道該如何應付這種情況。一九二六年，我第一次嘗試作為一個股東，努力勸說管理階層做一些「正確」的事。華爾街老手們把我視為手持長矛攻擊大風車的吉訶德先生（Don Quixote），因為有經驗的人絕不會浪費時間，試圖從外界改變公司，特別是像標準石油公司這樣的巨大堡壘。

「如果你不喜歡管理階層或它經營的業務，那就賣掉你的股票。」——這是長期以來，華爾街在這方面一直使用的殺手鐧，至今也仍是流行的名言。不僅如此，一個想要改變公司管理的局外人還會被認為是瘋子，受到大家懷疑。

很多年以前，一個名叫克拉倫斯．范納（Clarence Venner）的人，曾透過控告管理階層各種不正當的財務行為，得到了一大筆錢（和被毀壞的名聲）。現在，如果你僅是客氣的請求管理階層有所作為，就會遭到彬彬有禮的拒絕；如果你再堅持下去，表示要採取法律行動或要謀求股東的代理權，就會立即受到指責，說什麼公司受到一個「索求高價的能手、范納第二」的人侵害。

在多數情況下，這些**股東其實並不「實際擁有」他們的股票**。原因很簡單，如果是在以前股價很高時買的，那麼他們往往既沒有足夠的知識，也沒有足夠的精力來決定公司需要做些什麼。而那些有可能為自己和其他股東負起責任的人，則是學識淵博的專業人士，**他們會在低價時買進股票——旨在爭取他們認為合法的利潤，作為對其努力的回報**。

管理階層往往很重視短期購入大批股票的人，認為這些麻煩製造者是暴發戶，僅僅是為了追求私利。我向來對自己的努力是否合乎道德從來沒有任何疑問，因為我努力的結果不僅為自己，也是為了讓所有股東獲益，不管是老股東還是新股東，只要他們購得了股票，就有權成為公司的所有人。

早期華爾街的業務，在很大程度上是紳士們的遊戲，在一套彈性規則下運作。而一個最基本的規則是：「不要侵入他人的保留地偷獵。」這意味著一個「身在其中」的人——即我們稱之為「既得利益者」的一分子——絕不會試圖侵害其他任何處於相同情形之人的既得利益；所以銀行和證券經紀人，總是自動把他們的代表權委託給管理階層。

公司或銀行集團，要想兼併、向股東收購，或做其他有關這方面的事，第一步就是和管理階層討論，而且還要做大量的準備工作。由於**投資銀行家們希望始終受到各公司管理階層的歡迎**，所以沒有人想承擔「不按規則遊戲」的名聲。

同樣的，公司主管們也從不支持任何危及其他主管職位及特權的提議，因為他們也希望由此得到其他成員給予相同的禮遇。這就像戰爭中被俘的軍官總是得到優待一樣，俘虜軍官的一方讓其相當安全，因為他們期望一旦己方的軍官被對方俘虜，也能得到同等的對待。

然而，時代已經改變了，市場上的企業買家，極有可能會在沒有事先和管理階層商議的情況下，毫不猶豫的向股東出價購買；而投資銀行家在為自己或客戶辦理這類事時，也會採取同樣的行動。

例如，一九六四年時就曾有人報價收購弗朗科—懷俄明石油公司（Franco-Wyoming Oil Company）的多數控股權，並被股東接受。北方管線公司的情形也與此類似，即公司的幾個經理人持有大量與業務經營無關的有價證券。

離開布希內爾的辦公室之前，在失望和惱怒之餘我告訴這兩兄弟：我將參加下屆股東大會，以口頭的方式向其他股東表明我的觀點，並要求記錄。他們聽到這個聲明似乎很吃驚，但很快就回答歡迎我參加大會。說完這些，我就告別離開了。

大會於一九二七年一月初，在賓夕法尼亞州小鎮石油城舉行。首先要搭乘火車到匹茲堡，然後再轉車到石油城。我獨自出門，在火車臥鋪上過了一夜，然後搭乘一輛搖搖晃晃的當地火車，在一個非常寒冷並且飄著雪的日子抵達目的地。

公司在石油城的辦公室挺寒酸的，但也大到可以召開大會——與會者包括五名公司職員和我自己。我原本預期會有其他的股東前來。與此同時，布希內爾先生的屬下仔細的審視著我，好像我是另一個星球來的怪物，實際上我也真的是孤家寡人。

經過幾道程序後，一名職員宣讀了一份事先寫好的紙條，提請通過決議及公司一九二六年的年報。另一名職員立即贊同這個提議。我站起來，得到准許發言。

「請問主席先生，年報在哪裡？」片刻尷尬的沉默。

「對不起，葛拉漢先生，年報需要幾個星期才能準備好。」

「但是布希內爾先生，」我驚訝的問道：「怎麼可能通過一份還沒有準備好、無法看到的報告？」

布希內爾與他兄弟竊竊私語了一陣。

「我們總是用這種方式處理這類事的。贊成的人可以說『同意』。」除了我，其他股東代理人都同意了這個提議。又經過幾道程序後，主席說該是時候閉會了，我又匆忙站起來：「我們在紐約已經講好，我想看見一份與公司財務狀況有關的報告。」接著是一陣簡短的討論。

「葛拉漢先生，請把你的要求改成提議形式好嗎？」我照辦了。

「有人支持這項提議嗎？」一陣寧靜，沉默。我沒料到他們來這一招，而我也沒想到要從紐約帶人過來支持我。

「對不起，葛拉漢先生，我沒聽到贊同聲。提議無效。」

「但是你們很明白，我千里迢迢到這裡就是要查閱這份報告，以便寫進會議記錄。你答應過我，布希內爾先生，我認為從禮節上你應該確保我的提議得到支持。」又一陣簡短的討論，然後他說：「我非常抱歉，沒有人願意支持你的提議。有人提議休會嗎？」會議就結束了。帶著掩飾不住的竊笑，布希內爾的屬下們魚貫走出。

我感到自己像個傻瓜一樣受到羞辱，對自己的無能感到慚愧、對他們給我的待遇感到憤怒。

我只能控制自己的情緒平靜的對主席說，我認為他們不給我發言的機會是犯了一個大錯誤，因為下一年我還會在這裡，屆時我會帶支持者一起前來。而我完全兌現了這個正當威脅。

實際上這個在一九二七年一月令人沮喪的失敗，結果卻換來了一份巨大的財富。也因為這個失敗，我才能有整整一年時間準備作戰計畫，並且持續投入我的賭注，利用日益增加的資本，購買了北方管線公司更多的股票，也動用了盡可能多的合夥人基金。

聯合小股東作戰，爭取代理權

我開始與格林曼享有盛名的律師事務所庫克—南森和萊曼（Cook, Nathan & Lehman）來往，他們的主要經營者是阿爾弗雷德·庫克（Alfred Cook），一個極富才能、聲名顯著的人物；但是，他更是個自負、虛榮的人。

我偶然間從資料中發現一個當時不為人知的情況，我發現有許多州已通過法律，要求公司以累積投票制[1]選舉董事。透過把所有的代理選票全都累加投在一名董事上面，即使是只有少數人支持的股東，也能確保自己當選。

賓夕法尼亞州就是其中的一個，而北方管線公司正是在賓夕法尼亞州註冊的，按照它只有

1 編按：股東所持的每一股份擁有與應選董監事總人數相等的選票（表決權），股東可以把所有的選票集中投給一人，或是分散投給多個人，按得票多寡依次決定董監事。

五名董事的小型董事會規模，只要有六分之一的股票代理權就可以確定一名董事，而三分之一的代理權便可以選兩名。

於是我向股東遊說，向他們爭取贊同減少資本決議的代理權，並請他們選出兩名能代表中小股東利益的董事。我們並不打算拿到太多董事會的席次，因為那樣就必須承擔起負責經營公司的責任，我們知道自己沒有權力承擔此事。

庫克向公司要求獲得一份完整的股東名冊，也獲准可以從公司檔案中複印。很明顯，布希內爾兄弟認為我們做不了任何事，否則他們可能會迫使我們為了得到這份名冊，而打一場代價高昂的官司。

庫克、格林曼和我都努力投入其中，對於我們提出的疑問，他們還是以慣用的傲慢態度回覆，拖延所有實質性問題，宣稱他們有卓越的能力決定什麼對公司、對股東最為有利，而且還用不是很高明的影射方法，指責我們的動機是為了一己之私而干涉他人事務。

由於大股東不多，我們準備親自拜訪每一位持有一百股以上的股東；公司也同樣透過其職員及布希內爾一家，做了類似的努力。而我們最重要的目標，是洛克菲勒基金會的代理權，它總共擁有九千兩百股，占全部股票的二三%。

我安排了一次與基金會財務顧問伯特倫·卡特勒（Bertram Cutler）的會面。他彬彬有禮的聽著，卻也相當明確表示，基金會從不干涉它所投資的公司經營。我盡力向他解釋道，我們所討論的問題實際上與北方管線公司的經營沒有任何關係，這僅是一個由股東做出、與公司使用過剩資金有關的決定。然而最後我還是無功而返。

而這也是我自己第二次和約翰·戴維森·洛克菲勒（John Davison Rockefeller）見面。第一次是作為幫他籌資建立費·貝塔·卡珀基金會（Phi Beta Kappa Foundation）的一員，我收到一份有他簽名的請帖，邀請我到俱樂部共進午餐。我猜想這頓午餐的代價會很昂貴，但是**與這位億萬富翁慈善家會面的榮耀，喚起了我的虛榮心**，所以我就去了。

他只請了一小批能為這項基金提供捐款的客人與他同桌進餐，而我勉為其難的出資了五百美元。費·貝塔·卡珀基金會很快就成立了，從那時起它就開始出版一份名為《美國學人》（*The American Scholar*）的好雜誌。

下面我們回到一九二七年與北方管線公司代理權戰役：格林曼和我在俱樂部會見庫克，討論我們的戰略，特別是洛氏基金會代理權的問題。很湊巧，我們瞧見洛克菲勒正好坐在我們隔壁桌子，與一名身著運動服的年輕人共進午餐。後來發現，這名年輕人就是安德魯·梅隆（Andrew Mellon），擁有數百萬資產的金融巨頭兼藝術品收藏家。

這次邂逅讓我們有些心動，庫克一度認真考慮過要接近洛克菲勒，邀請他討論我們的代理權之爭，請求他的基金會予以支持。但很快就覺得這個主意很魯莽便否決了。

雖然沒有拉攏到洛氏基金會，但我們在獲得其他小股東的代理權上還是出奇的有成效。現在回想起來，仍然很驚訝我們的成功，因為後來的經歷告訴我，當你大聲疾呼，但面對的卻是一大群毫無責任心的股東，以及在公司已樹立牢固地位的管理階層時，即使是一個很有理由、合乎邏輯的想法，也很難進展下去。

一九二八年一月，召開年會的日子到了，我再次前往石油城，但這次不是孤身一人。陪同我的，是庫克及他手下的三名律師，還有亨利．施納德（Henry Schnader），費城著名事務所的合夥人，也是我們在賓夕法尼亞州的顧問。同時我們還掌握了頗多的代理權，足以使我們得到想要的席位。

為了確保萬無一失，我們提前一天到達石油城，住在最好的（也可能是唯一的）一家旅館。我們和布希內爾兄弟舉行了預備性談判，同意當天晚上審核代理權，以便節省會議時間。

當管理階層看見這麼多的代理權被我們接管過來，既吃驚又困窘。過了這麼多年我還記得，當我們取得了某人三百股股票的代理權時，老布希內爾情不自禁的痛苦感嘆。「他可是我的老朋友，」他氣喘吁吁的說：「當年他把代理權給我時，我還請過他吃午飯！」

在第二天會議開始前，管理階層要求先和我們商談一下，我們控制的代理權超過一萬五千股，足以使我們選出董事（我們獲得了洛克菲勒基金會之外的大約一半選票），布希內爾兄弟現在非常服氣了。他認為已經沒有任何理由在會議上公開爭論，免得每個人都尷尬，所以他很樂意接受我們這一方提名的兩位董事，並把他們寫進公司候選人名單。

就這樣，選舉通過了，庫克提名我和施納德作為董事，不過布希內爾試圖讓庫克本人（或別的人）代替我，很顯然他並不喜歡我；但庫克沒和我商量就明確拒絕了，庫克說道，這是我奮鬥的目標，因此我有權享受勝利果實。布希內爾兄弟也只好屈服了，唯一的一份候選人名單正式確定並選舉通過，整個股東大會相當順利的結束了。

於是**我成為第一個不直接隸屬於標準石油公司系統、卻被選為其董事會成員的人**。儘管北方管線公司相對其他大部分公司來說規模較小，但我仍為自己的成就相當自豪。

在石油城會議休會期間，布希內爾總經理發表了一番調和性的談話，說在適當的時機，我們大家應該就公司的財務結構達成一致意見。那時我們認為這些討好的話並無實際意義，然而，幾個星期後他竟然邀請我去他的辦公室討論此事。

這個老偽君子用悅耳的語調說道：「你知道，葛拉漢先生，我們從來沒有真正反對你向股東返還現金的主意；我們只是覺得當時不合適。如今，我們已準備提出計畫，相信它將會完全得到你的同意。」

該計畫把每股股票面價值從一百降到十元，返還五十元現金，每支舊股票可以換三支新股票，而且還有二十元的現金餘額。布希內爾補充說，日後還可能從現金餘額中再次分配，但是首先要為那些忠誠的僱員準備適當的養老金。實際上，每一股最終分發了七十元；而北方管線公司新股票的總價值，加上返還的現金，最終合計超過了每股一百一十元。

我們也不知道是什麼原因，促使原先頑固的對手突然改變主意。庫克後來得知，洛氏基金會透過它們的代理權向管理階層表明，他們贊成盡可能多分配公司的閒餘資本。這個傳言很可能是真的，因為最終其他的石油管線公司也都效法北方管線公司，對其股東做出相應的資本分配。

與洛克菲勒家族的關係

第三次遇到洛克菲勒是在多年以後，那是我擅自採取的行動，而至今我還為此感到自豪。那是一九四五年，我已成為紐約州商會（New York State Chamber of Commerce）的成員——有部分是想要為市民服務，但主要原因是為了想進入他們的午餐俱樂部。

國會裡的民主黨人，當時支持著相當具革命性的提案，即後來眾所周知的「一九四六年就業法案」（Full Employment Act of 1946），該法案要求政府採取各種適當措施，維持高水準的就業率。

企業界人士一般不信任也不喜歡民主黨人，**保守的天性自然使他們厭惡這項提案**，而紐約州商會下的一個委員會也提交了一份報告，直言不諱的譴責這項議案，這份報告獲得全體與會人員一致通過（我那天不在）。

但是一九四五年秋天，美國眾議院還是通過了這項議案，這使商會裡善良的成員們非常沮喪，以致委員會認為應該提交第二份報告，再次譴責即將成為法律的議案，這樣可向大眾表明，商界領導人與這項別出心裁的新主意無關。

當我在月刊上讀到上述第二份報告時，我覺得紐約州商會應該要有個成員站出來對其他同事說：自一九二九年以來，政治與經濟氣候已經發生了相當大的變化，是時候改變了。我給祕書長寫了一封信，要求獲准在下次會議上發言，時間不超過三分鐘。當然我的要求被接受了。

按照會議安排，大通銀行（Chase Bank）的行長即洛克菲勒的女婿溫斯羅普．奧爾德里奇（Winthrop Aldrich）將作為主要演講者，而洛克菲勒也參加了這次會議，我恰巧就坐在他旁邊。當討論就業法案的決議時，主席喚了我的名字，我是唯一一名希望就這份報告發言的人。

帶著緊張的心情，我用三分鐘時間做了措詞嚴厲的發言，並以一個很不恰當的勸告結束。我勸告我的同儕不要使自己「像波旁王朝[2]一樣聽不進，改不了」。全體與會者鴉雀無聲的聽著我說話，連洛克菲勒先生也靜靜的聆聽，當我返回座位時，與他擦身而過。投票開始後，支持委員會譴責報告的「贊同」聲占絕對優勢，而我卻聽到旁邊有個人跟著我一起說「不同意」。

我與洛克菲勒家族的另一次交鋒已不再是因為代理權，而是與全國運輸公司（National Transit Company）有關的法律較量。全國運輸公司是標準石油公司的一個子公司，在經營石油管線的同時，還擁有一個生產抽水機的子公司。

公司的管理階層向州立機構申請行動，想把股東們的大量現金資產，投放於毫無吸引力的用途上；但不知怎的，他們又撤回了申請，後來——很可能是在洛氏基金會的推動下——把大量的現金分給了股東。而我們那時也是它的大股東之一。

我提及全國運輸公司一事有兩個原因。許多年以後，我們與沃特海姆公司（Wertheim & Company）——一家重要的紐約證券交易公司，合夥取得了對全國運輸公司相當重要的企業控制權。這筆交易中一些有趣的細節將留待以後敘述。

另一個原因與我早期一系列的投資成功有關，還涉及到那傳奇般的人物：赫爾曼·巴魯克醫生。隨著業務的擴展，我們放棄了在NH&L公司的小辦公室，於比佛大街六十號的棉花交易大樓設立了總部。H·亨茨公司（H. Hentz & Co.）的舊總部也曾設在這裡。

該事務所的兩個合夥人是傑羅姆·盧因（Jerome Lewine）和赫爾曼·巴魯克醫生，我也逐

2 編按：波旁王朝（Maison de Bourbon），由於近代波旁王室的成員多以保守和反動著稱，因此在美式英語中「波旁」一詞一度成為極端保守主義者的代稱。

漸與這兩位紳士混得很熟。還有一個年輕合夥人是亞瑟‧紐馬克（Arthur Neumark），我們兩家早期在英國時是朋友（在我經濟十分拮据時，曾為亞瑟輔導幾何學，數年後也幫助他闖進華爾街，在《華爾街雜誌》研究部工作，此後他跳槽到亨茨公司當統計員，由於開拓業務有方，升為合夥人）。

由於一系列的原因——主要是因為我們想拓廣套利與避險的相關業務——我們認為，除了設在NH&L的帳戶以外，再另外開立兩個經紀帳戶是必要的，而紐馬克也勸我們成為亨茨的客戶。

赫爾曼是伯納德三個兄弟中的一個，兄弟四人都超過六英尺（約一百八十三公分）高。他曾追隨父親的光輝事業，有過一段短暫的行醫經歷，後來他做出了不同尋常的改變，到華爾街從事證券經紀業（實際上巴魯克家有三兄弟都當了證券營業員）。

我第一次遇見赫爾曼時，他剛剛五十出頭；他那高大的身軀、彬彬有禮的舉止、濃密的白髮、飄逸的白鬚給人留下非常深刻的印象。那時他已在長島一處很偏僻的地方置產，他在那裡種植聖誕樹[3]，起初只是當作業餘愛好，最後卻發展成為一項龐大的事業，並享有很多的稅收優惠。他還擁有一艘豪華的大型遊艇，長九十三英尺，有點像快艇，又有點像船屋。

一九二九年春天，他告訴我自己也跟著我買進了一大筆全國運輸公司的股票，使他獲得了相當滿意的利潤。他覺得應該給我一些報酬，因為我為所有股東努力工作，卻沒有收取分文。因此他決定讓我使用一星期他的遊艇「蘭波索號」，除了要給船長和船員適當的小費外，我不需要額外花費。遊艇可供六個人休息，邀請誰全由我作主。

由於我在全國運輸公司上的成功操作，讓我成為了赫爾曼醫生豪華的「蘭波索號」的名譽船長，在船上度過了美好的八天。

然而另一項一舉成功的行動，則給我帶來了很多麻煩、微薄的利潤，以及一些獨特的經驗。這段插曲的主要受益人是我的孩子們，而讓每個人都很吃驚的是，我成為了全美國最大煙火爆竹製造商——出色製造公司的副總經理。

意外成為最大煙火製造商副總經理

事情是這樣發生的：因為在價值被低估的證券上屢獲成功，使我們在廣大的場外交易中聲名大噪。而其中最主要的原因，也許是因為J．K．萊斯公司（J. K. Rice & Company）的王牌交易員和推銷員比爾．柯里（Bill Currie）。

一九二八年末的一天，他來到我們辦公室，帶來了一個精心策劃、與煙火製造商有關的建議。出色製造公司現金充足，生意很好，有一大筆股票待售，每股僅賣九美元，遠比每股的營運資本還少。

而最重要的是，購買這筆股票可以確保公司的控制權，從老總經理B．V．賓戈（B. V. Bingle），人稱大酒鬼的手中，轉到以穩健、能幹的副總經理湯姆．賈丁（Tom Jardine）為核心

3 編按：原文為Christmas trees，聖誕樹有多種選擇，但必須為常綠樹，首選樹種是冷杉屬（Abies）。

的新團隊手裡。柯里已向這個團隊建議，我將會是出色的財務顧問；如果我買了這筆股票，他們也準備讓我當副總經理，付給我合理的薪水，負責和公司的有關財務。

整個情況讓我非常感興趣，在這樣一個具有相當規模的公司裡被選為管理階層，可說是對我的一種肯定。傑里和我決定為班傑明．葛拉漢共同帳戶購買一萬股股票，並控制好剩餘部分的股票。而剩餘部分的股票持有人，恰恰就是知名金融家伯納德．巴魯克，他聽說過我，對我經營的業務也日益感興趣。

出色公司的股東大會在一九二九年一月舉行，這是我第一次看見賓戈；他是一個矮胖的老頭，從外表上看很樂觀開朗。然而一件怪事發生了，到了宣讀年報時，他看見我坐在前面的椅子上，就說：「你看上去像一個瀟灑的年輕人，請你來向大會宣讀這份報告吧。」

我照辦了，而我也逐漸明白是怎麼一回事——我在結束某人職業生涯的陰謀中（那人甚至未曾傷害過我），充當了前鋒。我有為這一行動感到遺憾嗎？如果沒有，我應該覺得遺憾的。

會議按計畫結束了，投票中我們以微弱多數險勝。賓戈既驚訝又難堪，他憤怒的說自己培養了賈丁，現在他的手下卻背叛了他。他還說，無論如何，賈丁沒有任何一點能力，得以經營他花了二十五年建立起來的大公司，沒有他賓戈，這間公司將會徹底失敗。

說完這些，他大踏步離開會場。我獲悉，後來他又返回自己將要離開的辦公室，喝得醉醺醺的，引起了很大的混亂。與此同時，我們也開完了會，選出了新的董事會，賈丁當總經理，葛拉漢為副總經理——年薪六千美元。

價值投資之父葛拉漢：賺錢人生

- 除了重複那些極不完整的收入和資產負債表以外，沒有其他關於石油公司的財務資料。
- 忽略細節而又注重「趨勢」的華爾街，使得投資者把很高的股息報酬率，看做是將來發生麻煩的警報，而不是買入的理由。
- 我的公司業務中，有很大一部分是購買那些，股價遠低於根據可靠分析確定真實價值的普通股。
- 股東其實並不「實際擁有」他們的股票，他們往往既沒有足夠的知識，也沒有足夠的精力來決定公司需要做些什麼。

第十二章

家庭生活與不幸的婚姻

如果我在 23 歲時就像現在懂得這麼多，我們的婚姻會是完全不同的情景。從一開始我就會拒絕言聽計從，甚至會提出異議，提醒她不能總是一意孤行。

一九一八年五月，我的兒子艾薩克·牛頓出生了。兩年後，女兒也來到了人間，我們給她取名瑪喬里·伊夫琳，這是經過家裡人長時間討論後決定的，沒有什麼特別的意義。但很湊巧，一九二〇年也是《瑪姬》（*Margie*）這首歌非常流行的一年，雖然歌曲非常普通，但不知為何流行了很多年，於是對我們來說，瑪喬里就立即變成了「瑪姬」。

我們也戲稱她「餡餅臉」，因為她在嬰兒時有著一張滿月般的圓臉，為了哄她不要吵鬧，我常用五音不全的嗓子唱道：「瑪姬，我時時刻刻在想你」等等，但效果都不是太好。

瑪喬里五歲半時，我們的二女兒出世了，她有著藍藍的眼睛和金黃色的頭髮。我們將她取名為愛蓮·多蘿西（Elaine Dorothy），愛蓮這個名字源自丁尼生的《國王敘事詩》（*Idylls of the King*）中的一段浪漫回憶：「迷人的愛蓮，可愛的愛蓮，阿斯托羅特的純潔少女愛蓮」，而「多蘿西」是我母親的名字。

從牛頓呱呱墜地到令人心碎的夭折這短短九年裡，他一直是個很棒的男孩，幾乎沒有一個小孩像我記憶中的他那樣完美了。他非常英俊、富有魅力、天資聰穎、體貼入微，而且非常合群。

記得牛頓三歲那年，我帶他到紐約競技場戲院（New York Hippodrome），那是一個有許多奇妙景觀的宮殿，不過如今已不存在了。那兒有個大水池很出名，是個熱門的娛樂場所，在某些時候，這個水池會掀開頂蓋，許多「美人魚」站好位置，然後優美的跳入水中。觀眾們聚精會神的看著，突然聽到一個稚嫩但十分清脆響亮的聲音：「媽媽，為什麼她們要下去洗澡？她們很髒嗎？」不用說，那是我兒子牛頓的提問。

有次岳母梅休爾到我家來玩，她睡在牛頓的房裡；第二天早上我們問牛頓睡得好不好，他興高采烈的說：「很好，可是你們知道，我們鼾聲隆隆震得整座城堡都在搖晃了。」這句話他聽別人講過許多遍，因為《傑克和豌豆》（*Jack and the Beanstalk*）這本書就是這樣描述惡魔睡覺的，他說「我們打鼾」是為了不傷外婆的心，但把我們都逗笑了。

他在西奈山醫院[1]的最後一週裡，我們告訴他，由於妹妹表現出色，在班上得了頭等獎，牛頓馬上笑顏逐開，但接著嚴肅的說：「你們要多稱讚瑪喬里，她其實非常聰明。」

牛頓和瑪喬里很小的時候，彼此就能以一些我們做不到的方式相互溝通。雖然瑪喬里在正常年齡就開始說話，但她的發音非常含糊不清，或者說發出的完全是她獨特的語調，我們很難領會她的意思。

但牛頓跟瑪喬里成天在一起，卻能毫不費力的聽懂。於是瑪喬里與我們溝通失敗時，我們就求助於她那四歲的哥哥，問他瑪喬里在說什麼，他總能馬上告訴我們。

瑪喬里嬰兒時的「餡餅臉」看起來非常親切，肯定很快會成長為討人喜歡且漂亮的女孩（我至今仍舊認為她是我所見過女子中容貌最迷人的，性格也最可愛的）。她小時候的性情和牛頓很不一樣，儘管她非常甜美、溫順，但也具有叛逆心理，而且很容易惹上麻煩。

當我們從維農山返回紐約時，瑪喬里剛好三歲。我們請路易莎・戈爾（Louisa Gohl）小姐當兩個孩子的家庭教師，她來自司徒加特，一舉一動都德國味十足。戈爾小姐很快表現出對牛頓的偏愛，並以日爾曼式的方法，努力使瑪喬里循規蹈矩。

---

1 編按：於一八五二年成立。美國最大、最知名醫院之一，位於紐約市。

顯然她並不適合教導我們的瑪喬里，但當時我們沒有意識到這一點，有一陣子我們覺得瑪喬里不受教，可能她就是這樣，還好無論對她還是對我們來說，她都成長得非常好，是個出色的學生和優秀的運動員。自她大約十三歲起，我就一直為她感到快樂和驕傲。

瑪喬里不但很聰明，且做任何事情都極想出人頭地，做得非常出色。幼年時她學著用頭著地倒立，並且一直保持倒立姿勢，直到我們求她才罷休。記得有一次，也許是她六歲那年，從她幾乎貼著地板的小嘴裡冒出這樣一個嚴肅的問題：「爸爸，頭朝下倒立的世界紀錄是多久？」

後來當她成為游泳校隊時，她正好利用這一絕技占據優勢，在手倒立式跳水中，常常得到第一。同時她也顯現出相當高的音樂才能，尤其在作曲方面。瑪喬里和林肯學校的另外兩個才子一起創作，並出演了題為《一千七百萬犧牲者》（*Seventeen Million Dead*）的戲劇，該劇描敘了第一次世界大戰時的大屠殺，並極力的呼籲人類和平。

瑪喬里還為她們班製作的一部電影作曲，影片名叫《阿爾塔米拉兄弟們》（*The Brothers of Altamira*），內容是有關穴居人的。她的英語教師在教育界人士聚集的會議上放映了這部影片，由於瑪喬里從不寫下她的伴奏樂譜供別人演奏，所以放映時只好找她親自用鋼琴為影片配樂。

我記得她譜寫過一首名為《內戰狂想曲》（*Civil War Rhapsody*）的振奮人心音樂，我建議她模仿柴可夫斯基《一八一二序曲》（*1812 Overture*）的曲調，並將《迪克西》（*Dixie*）及《洋基歌》（*Yankee Doodle*）兩首民歌的曲調結合起來創作。

她很熟練的譜完了曲子，還著手為我做了華特・雷利（Walter Raleigh）爵士在監獄裡創作的《世界史》（*History of the World*）中的著名段落：「啊，高尚的、正義的、壯烈的死！」而寫的詩譜樂。而我的詩是這樣開始的：

高尚的死，死得壯烈，死得光榮，
你以死去勸說那些誰的話都不願聽的人；
別人不敢做的事，你做了，
俗世間阿諛奉承的人，你嗤之以鼻！

既要學音樂，又要練倒立，這不是件容易的事，但瑪喬里卻能做到。有一陣子她在家裡跟年輕教師上鋼琴課，通常每隔半個小時，她就會停下一分鐘來練倒立，然後又精神抖擻的回到琴鍵旁。

瑪喬里十一歲時曾有過一次非常有趣的言論，我對那個評論一直抱著高度評價，因為那裡面包含了她最敏銳的見解。她的一個同學法伊菲．加巴特（Fifi Garbat），是一名腸胃外科醫生的女兒，這位醫生以醫術高明、收費昂貴而聞名，而加巴特夫人則熱衷於與音樂界名流交往。

法伊菲邀請了瑪喬里參加她的生日晚會，海茲爾和我也一起與會。這的確是一種殊榮，因為這些年輕的客人中有耶胡迪．梅紐因[2]和他才華出眾的妹妹雅爾達（Yaltah），還有一個天才少年魯格傑羅．里奇（Ruggiero Ricci）。整個晚會場面精彩紛呈，高潮迭起，激動人心，而這

2　譯按：耶胡迪．梅紐因（Yehudi Menuhin，一九一六年至一九九九年），美國著名小提琴家。

些穿著短褲的社會名流始終保持著莊重、文雅的風範。

同一天晚上，有一位俄羅斯男高音歌唱家馬克西姆．卡洛利克（Maxim Karolik）到我家拜訪，他身材高大，大約三十歲左右。可能出於習慣，他的舉止洋相百出，說了一大堆陳詞濫調，姿勢神態滑稽可笑。第二天，當我們談及前一天的拜訪時，瑪喬里評論道：「**爸爸，那些藝術家是不是很可笑？他們小時候總愛模仿大人的行動，而長大後卻又表現得像孩子。**」

我是在一九二三年，透過音樂界的朋友認識了卡洛利克，他是個俄羅斯籍猶太人，模樣很像亞伯拉罕．林肯（Abraham Lincoln），而我倆認識時，他幾乎已到山窮水盡的地步。那時我們住在河濱大道一百六十號一樓，在吃晚飯時經常可以聽到熟悉的敲窗聲。「卡洛利克來了。」我們會不約而同的說，然後請他進來，和我們一起飽餐一頓。

幾年後，卡洛利克到羅德島新港市某個富人家裡演唱（雖然是職業歌手，他的歌喉不算差，但也好不到哪裡去）。在那裡他頗獲科德曼（Codman）姐妹倆好感，她們很有錢，有著貴族的血統，並且未婚，然而她們比卡洛利克大了三十多歲。

轉眼間，他就和科德曼姐妹之一結了婚；我不知道她們是怎麼決定哪一位可以成為卡洛利克夫人的。就像男版灰姑娘一樣，卡洛利克步入了令人眼花繚亂的世界，成天與新港、華盛頓、波士頓的上流社會人物為伍，奢侈豪華的用品應有盡有。他甚至在卡內基音樂廳舉辦了兩場獨唱音樂會，我們也獲邀參加了。

不過他到紐約拜訪的機會更少了，要是有機會來紐約，他都會到我家吃飯，不過現在是來享受美食的（他會這麼說），而不是像以前那樣為了填飽肚子。他常講些自己在新港上流社會如何取得成功的故事來取悅我們，那些上流人物必定把他看成是天堂派來，拯救他們擺脫空虛和無聊的使者。有一次，他繪聲繪色的講述自己的新消遣——養鴿子，而他在新港的大宅裡飼養鴿子的方法，幾乎跟以前在他家鄉的小村子時完全一樣。

他的妻子曾向波士頓博物館捐贈一筆價值不菲的禮物——捐出了絕大部分她收藏的美國家具。出乎預料，那位可敬的女士以馬克西姆．卡洛利克夫婦共同的名義捐贈，而沒有選擇讓科德曼這個古老的名字傳揚後世。這座偉大的博物館設置了幾間展覽室，用來放置這些標示著「馬克西姆．卡洛利克」字樣的珍貴收藏品。

在漫長的一生中，我親眼目睹許多人的命運興衰沉浮、起落無常，其中我們這位直上青雲的年輕朋友馬克西姆．卡洛利克無疑是最奇特的。這種人生遊戲值得他花那麼大的代價去參與嗎？我也不清楚，不過應該還是值得吧！

我行我素的二女兒愛蓮

我的二女兒後來曾叫愛蓮．葛拉漢．貝爾（Elaine Graham Bell，前夫為丹尼爾．貝爾〔Daniel Bell〕，哈佛大學教授，著有《後工業社會的來臨》〔*The Coming Of Post-Industrial Society*〕），她拿到了哲學博士學位，後來嫁給西瑞爾．索弗（Cyril Sofer）。愛蓮在一九二五年降臨人間，她有著藍藍的眼睛、金色的頭髮、可愛的容貌，還有著迷人的氣質。她受到大家的喜愛，哥哥姐姐也非常疼愛她（由於他們分別比愛蓮大七歲和五歲，所以絲毫沒有心理學家常灌輸給父母的手足爭寵）。

家教老師戈爾很快也將她強烈且專一的慈愛，轉移到這位小寶貝身上，這時她也就更不能容忍瑪喬里的任何小過錯。海茲爾也幾乎總是說，愛蓮是三個孩子中表現最好的。戈爾不久開始便叫愛蓮「乖寶寶」，而其他孩子也接受了這個十分容易引起忌妒的稱號，毫無牢騷，並且一起叫了好多年。

我為愛蓮的週歲生日寫了首詩，由牛頓在她的生日聚會上朗誦（他在愛蓮滿兩歲前就離開了人世），我彷彿仍然聽得見他用清脆童稚的聲音唸道：

我們欣喜的祝賀小旅客，
在漫長人生道路上迎來第一個里程碑，
願快樂幸福天天與她相伴，
善良、健康和慈愛時時對她關懷。
快快樂樂來到人間，
更加快快樂樂的日長夜大，
親人們溫柔的手緊緊擁抱著我們的乖寶貝，
守護的眼睛保護她不受任何傷害。

愛蓮逐漸發展出自己的個性，其中也有一些令人意想不到的特質。她喜歡自作主張，我行我素，有時與其他人之間有著明顯的隔閡，我想這種性格是她老爸遺傳給她的，不過她自己做了一點改變。

愛蓮在很小的時候就表現出獨立自主，甚至還是個孩子時，就有了跟警察打交道的經驗。六歲時，她決定上午早早起床到中央公園去聽鳥兒唱歌，某個星期天的早晨六點左右，她醒後自己穿好衣服，領著年僅三歲的小弟弟（我們的第二個牛頓），躡手躡腳的溜出房間。

隨後警察便發現有兩個幼兒在公園閒逛——在遊人稀少的時間裡，中央公園並不安全——馬上來喚醒我們，我們才知道她們獨自跑出去的事。至於我們有沒有因她自行出走而懲罰這個小機靈呢？現在我已不記得了。

她第二次的冒險經歷更奇特，也更嚴重。十二歲那年，愛蓮和林肯學校的一位好友商量出去溜達。她們搭上公共汽車，行駛十五英里到達蘭開斯特，賓夕法尼亞州的艾美許（Amish）社區[3]（她們解釋說，去那裡是為了去看看「真正的鄉村風光」）。

她們沿著蘭開斯特外的一條公路長途跋涉，然後在一座農舍邊停下來，想討點牛奶喝。農舍裡一位農婦的兒子是州警察，恰好路過這裡，於是他將兩個小女孩帶到縣監獄，把她們當作遊民並準備進一步處置。

我們這對父母在紐約焦急萬分，到深夜才有人打電話告知我們兩個失蹤女孩的下落。第二

3　編按：艾美許人是基督新教，重洗派門諾會中的一個信徒分支（又譯亞米胥派），以拒絕汽車及電力等現代設施，過著簡樸的生活而聞名。

天早上他們把兩個女孩送上開往紐約的公共汽車，我們在終點站迎接她們。重回家中她們顯然很高興，但對自己的經歷卻隻字不提。後來我們才知道那天的情況，她們在監獄裡是與女酒鬼和妓女一起過夜的——我們的小愛蓮是多麼天真無知啊！

瑪喬里和愛蓮都幸運的在林肯學校就讀，這是一所有名的學校，由洛克菲勒財團提供資金，哥倫比亞大學師範學院管理，該校的目標是在小學和中學的教育中嘗試推行新思想、新方法。學校擁有一支最高水準的教師團隊，學生本身也要經過嚴格挑選，不過哥倫比亞教師的子弟具有優先權，而我當時正好在哥倫比亞大學任職。

林肯學校自由開放，競爭良性，我的孩子從這種氛圍中獲益匪淺。當愛蓮在小小年紀就進入林肯學校時，別人提醒她，要想獲得她姐姐已經取得的榮譽十分困難——當時她姐姐將要代表畢業班致詞。

但愛蓮的表現也不差，事實上，她的老師覺得她的天份比瑪喬里更好，但缺乏姐姐那樣孜孜不倦的努力。就像她父親一樣，愛蓮不是很用功，花在功課上的時間只有姐姐的一半。

孩提時的愛蓮經常讓我們感到自豪，九歲以前，她已在市政廳和卡內基音樂廳登臺演出。她和許多孩子一起在迪勒—奎爾音樂學校（Diller-Quaile School of Music）學習，這所學校提倡用新方法教音樂，而每年小學生都要在市政廳演出一次。

一年級的學生，一般在七歲左右，會組成一個小打擊樂隊，有鼓、三角鐵、銅鈸和其他樂器。預演以後，愛蓮被選中擔任樂隊指揮，我們的小寶貝愛蓮指揮各種樂器，演奏改編過的《坎貝爾一家來了》（*The Campbells Are Coming*），她和同伴們配合得非常有默契。我屏息凝神的看著她，並偷偷掃視四周，看看別人是否像我一樣對這場非同尋常的演出入迷。

當我們從維農山搬回紐約時，我們先住在八十八街區河濱大道一百六十號一樓，鄰近富麗堂皇的辛奈西大廈（Schinasi mansion），離「士兵與水手紀念碑」只有兩條馬路。

我們的房子很大很豪華，**我也常為河濱大道的地址感到自豪，因為它展現了我經濟上的成就**。我們的避暑別墅也同樣顯現出這一點，我們唯一看中的就只有大西洋沿岸，紐澤西州的狄爾鎮；一九二五年我們在那裡度過了夏季，一九二六年我們租了賭場附近的一幢好房子，當然，我們也都加入了該賭場的會員。

我的運動生涯

在紐約時，我還加入了城市運動俱樂部，當時它的第一條守則是「俱樂部大樓裡不許玩紙牌」。但是當創始會員因年老而減少運動時，這個規則就被廢除了。而在我退會許多年後再去參觀該俱樂部時，驚訝的看到幾乎每一層樓都在玩紙牌。

我在城市運動俱樂部裡學會了兩項新的運動——壁球和高爾夫。我的壁球教練是個年輕人，是當時的世界冠軍（最近我與他談話時，他斷然聲稱自己是當今所有運動員中最偉大的選手）。他會跟大多數打壁球的學生打賭，他們怎麼打都不會超過十九分，賭注每次五美元。

他總是能輕鬆的贏得二十一分，而我們不管怎麼努力，最多也只能拿到十九分，想再得兩分總是非常困難。靠著這種比賽，他生活得比較寬裕，不過幾年後，這個青年就因精神崩潰自殺了。我不清楚他的故事——但事出必有因，以我的了解判斷，他既沒有堅強的意志，又玩世不恭。

而我的高爾夫生涯則一點也不輝煌，我常以為自己擊球很準，但結果都是打歪或滾進沼澤裡，不久之後就對這項運動產生了反感，因為它太放任擊球者的自我，他們會無休止的討論自己的好球和壞球，嘴上誇誇其談某人要擊多少桿才能入洞，以及總是隨之而來的賭注——所有的一切，都使我這種習慣於網球嚴格而有風度的人產生厭惡。

在高爾夫球場上玩了七年後，我永遠放棄了這項運動，回到我原先的愛好網球上。直到六十歲我都還在繼續打網球，自得其樂，但最後由於健康因素，我不得不歇手。

我也喜歡滑雪，一九二四年的冬天，我開始在梅歐帕克湖練習這項運動。那裡的雪很多，最適合想冒險滑雪的遊客。滑雪的基本注意事項是綁紮，甚至連腳趾頭也要包裹好。從旅館延伸到湖濱有一個小斜坡，我很自然的沿著斜坡滑雪，而小牛頓也跟著我一起。

我們帶了一臺家用攝影機，還有投影機和螢幕，這是以前ＮＨ＆Ｌ公司在聖誕節送給我的禮物（因為前幾年他們從我這裡接到大量生意而未付任何酬金）。在我的圖書室裡還有用這臺攝影機拍攝的影片，它記錄了我們第一次滑雪時樂不可支的情景。

對海茲爾來說，第一次使用這臺攝影機對她的重要意義，遠遠超過了她的預期。她後來開始從事了攝影行業，多年來擔任哈達薩猶太志願婦女組織（Hadassah organization）的正式攝影師，也是全國攝影協會的長期會員。她製作的以色列生活和風景影片，也相當受到歡迎。

在我近四十年的滑雪生涯中，我目睹了滑雪由最初的小規模活動，發展成為一項熱門體育運動的過程。如今，無數斜坡上有著巨大的滑雪設施。但在一九二四年，這是非常小眾的運動。

我第一次爬曼斯菲爾德山時，那裡既沒有升降機，也沒有繩索。我們花了四個小時才爬上公路旁的山坡，然後沿原路二十分鐘就滑了回去。雖然我聽說過滑雪中弓步轉彎和在快速滑雪下坡時突然剎住的方法，但我覺得只有生來就與滑雪板打交道的斯堪地那維亞人，才擅長此道吧！

當時我們只能依靠自己的腳來剎車和轉彎，但多年以後，我終於可以熟練的掌握轉彎方法，當我向觀眾炫耀滑雪技巧時，我永遠忘不了他們發出的興奮歡呼聲。

滑雪假期是我一生中最快樂、最具活力的時期。我們常在晚上搭乘火車到普萊西德湖去度聖誕假期，附近有座斯蒂文斯山，是滑雪的熱點，還有一條鋼索索道可以使用，所以許多人都選擇到這裡滑雪。剛開始時，山上擠滿了新手，他們看起來都很害怕，不斷有人在我前面摔跤。工作人員不得不常常幫助那些仰面朝天的生手爬上來，或者把他們拖離滑道。

過了五天，我驚訝的看到另一幅景象。那些曾經害怕和出盡洋相的新手們，好像都變得比較熟練了。鋼索能順利的前進，沒有人摔跤（我原以為那些表現極差的人會放棄斯蒂文斯山，轉到更容易的地方去滑。無論如何，這種神速的進步簡直是奇蹟）。

在下一個聖誕節假期，我們與好友查理斯．戈德曼（Charles Goodman）夫婦及其子女一起到普萊西德湖度假。他們最大的孩子羅伯特（Robert）是一個有魅力的大學生。那天晚上，大家圍坐在一起，談論哲學、背誦詩歌，真是一段美好的時光。

三十年後，當我在寫這些文字時，我獲悉羅伯特．戈德曼夫婦正在密西西比州某地，仍然抱著一絲希望，祈願他們的次子安迪（Andy）[4]還活著。安迪投身於爭取黑人民權運動，是二十天前失蹤的三位成員之一，現場除了燒毀的汽車，沒有其他任何痕跡。

我打從心底為失去兒子的父親——羅伯特哀痛，我知道他一直是個思想嚴謹的理想主義學者，他把自己的思想灌輸給兒子，而現在他也必須學會接受安迪為理想殉身這一事實。

我的同情更加深切，因為我自己的兒子——巴茲（Buz），此刻（一九六四年七月）正在密西西比州和其他成百上千的志同道合者，奮不顧身的投入人道主義事業，良知告訴他們這項事情必須由他們這樣的人去完成。

性格懦弱導致婚姻失敗

敘事拉回到普萊西德湖，有一件事暴露出海茲爾和我性格的不合。由於我們準備在旅館裡過除夕，通常都會帶上正式禮服，但不知為何這次海茲爾反對參加正式聚會，而且極力勸阻我。我告訴她戈德曼夫婦一定會穿著禮服出席，而我也想這麼做——所以我還是帶了禮服出門。當然，旅館裡的除夕晚會上有一些娛樂節目，戈德曼夫婦上樓換禮服去了，我也準備換上禮服。

在房間裡海茲爾求我不要穿上晚禮服，如果我穿了而她沒有，她會非常尷尬。我固執不聽，埋怨一切都是因為她的反覆無常，她沒有理由不帶晚禮服，我也已經厭煩總是對她百依百順了。我大費周章帶來晚禮服，卻又不穿，豈不是太蠢了！

我們越吵越厲害，海茲爾抓起我放在床上的襯衫，並扔到窗外的雪地上。我故作鎮定的從抽屜裡再拿出另一件襯衫，並準備安上領扣。海茲爾從我手裡奪過襯衫又扔到窗外。我無計可施，只有認輸——我當時非常沒有面子——尷尬的穿上普通衣服下樓吃飯。

海茲爾也從雪地撿回我的兩件襯衫，我們笨拙的向朋友們解釋這件事。最後回房間時，我們發現有人（是戈德曼）細心的將我的晚禮服鋪在地板上，好像穿在水平的人體模特身上一樣。這次風波就以這樣幽默的氣氛收場。

毫無疑問，心理學家或好管閒事者也許會從這一風波中推斷出我們婚姻狀況的許多麻煩。但在我看來，海茲爾和我人都不錯，優點多缺點少。我們有相當廣泛的共同志趣——首先我們都愛孩子，還喜愛戲劇、歌劇、音樂會、假期旅行、體育和慈善活動。

婚前，正是海茲爾讓我對為盲人工作產生了興趣。她在戴克高地盲人之家教孩子們跳舞，後來轉到新建的紐約猶太盲人協會任教（我寫這些文字的那年，該協會的名字稍微變動了一點，正在慶祝成立五十週年）。由於海茲爾的緣故，我開始擔任一位行動不便且盲眼的男孩的「大哥哥」。後來我先後成為協會的主任、預算委員會主席，最後擔任協會主席。協會的年度預算也從三萬美元，增長到一百三十萬美元，其增長率跟美國國民生產毛額的增長差不多。

我們理應比其他夫婦有更多理由相信，自己會有個幸福美滿的婚姻，為什麼我們的婚姻會失敗呢？次要的原因可能是缺乏生理上的和諧。當時我們太年輕且沒有閱歷，所以無法認清我們的婚姻形勢。但我相信，**主要的麻煩是因我性格中的缺點引起的，那些缺點使我不能正確的**

4 編按：安德魯．古德曼（Andrew Goodman，安迪為小名），美國民權工作者，一九六四年六月二十一日在「自由之夏」運動中被三 K 黨謀殺。

面對海茲爾性格上的問題。

海茲爾的顯著長處在於她精力充沛，有各種實踐能力；但跟大多數人不一樣，她的長處也帶來了缺點，她總自認為做任何事都比別人強，於是很自然的在各種事情上都要由她做主，這也就養成她對別人發號施令的習慣，包括對自己的丈夫。我忍受不了這種狀況，雖然我願意讓步不願爭吵，但我也有強烈的獨立意識，而且心裡非常不滿受別人支配。

如果我在二十三歲時就像現在懂得這麼多，我們的婚姻會是完全不同的情景。從一開始我就會拒絕言聽計從，對待一切事務都會堅持我與海茲爾的想法一樣重要，甚至會提出異議，提醒她不能總是一意孤行。

我應該更加認真的研究一下，她常常讓狀況變成她對而我錯的技巧和方法，也應該想出一些有效的對策。但恰恰相反，我犯了一個大錯，以為這些事情微不足道，不值得去認真應付。**我真正重視的是在金融事業上大獲成功，以及財富和社會地位的穩定提升**。這可能令許多人感到驚訝，尤其是我的母親，她一直認為我是一個生活在夢想中的年輕人。

我們的婚姻註定要失敗——不，在海茲爾或我覺察兩人完全不對勁之前就已經失敗了。一九二六年的夏天，我們住在舒適的度假屋，每週三在豪華的迪爾鄉村俱樂部，和麥道公司（McDonnell and Company）當地辦公室經理伯特．帕克（Bert Parker）打高爾夫球。我替他處理了不少交易。雖然我們的生活在許多方面看來都很舒適、豪華和有趣，哥哥維克多探望我們時也說，我們的生活十分美滿。我同意他的說法，不過也接著說道：「也許事情都太順利了，未來說不定會有極大的不幸在等著我們。」這個預言被事實驗證並不出乎意料。我已經結了婚，養了三個孩子，用一句老話來說，我只能「聽天由命」了。

次年三月上旬，我們從佛羅里達度假返回時，發現牛頓的耳朵感染了。我們請了西奈山醫院最好的耳科專家弗賴斯內爾（Friesner）醫生來看病。他診斷是乳突炎，必須動手術，而手術過後牛頓又不幸得了腦膜炎，最後於一九二七年四月二十日去世。如果到五月十二日，他就滿九歲了。

儘管許多關於牛頓生病和去世的沉痛故事，早已深深的銘刻在我的記憶中，但我實在沒有勇氣一一追敘。每當我想起時，心情就跟維吉爾的詩句中，那令人傷心和憐憫的悲劇主角一樣——代達洛斯（Daedalus）在石頭上刻下了關於他鍾愛的兒子伊卡洛斯（Icarus）的飛行和墜海之死——他深切的表達了我的情感。

數年後，當我看到阿道斯・赫胥黎（Aldous Huxley）《針鋒相對》（*Point Counter Point*）一書中，關於小孩之死的描述時，我又想起了我們的牛頓，忍不住哭了起來。唉！天下竟有如此多父母遭受到和我們一樣的痛苦，但一想到青黴素已能治好腦膜炎、白喉和其他奪去孩子生命的疾病時，也就感到些許的安慰了。

牛頓葬在西切斯特山公墓的一塊墳地上，作為自由猶太教會堂的成員，我不久前才獲得這塊地，但沒想到這麼快就會使用到它。小石碑上刻著：「最可愛、最勇敢、最鍾愛的孩子。」他的確是這樣，甚至可以說有過之而無不及。

那時我母親正在歐洲探訪她的許多親戚，海茲爾拍了一些母親動身赴歐時歡樂的照片，最後一張還有活潑的牛頓。我們不想讓母親知曉牛頓生病的消息，但最終她還是懷疑發生了什麼不幸，而懇求我們告訴她真相。

我獨自挑起這不幸的重擔，並盡可能將哀痛掩飾起來，盡量用能夠引用的哲學，來減輕這一不幸消息對母親的沉重打擊。母親在回信中安慰我們，隔著大西洋，我彷彿也看見她跟我一樣潸然淚下。

由於悲傷，我和海茲爾的心貼得更緊了，但這種感覺也更清楚的說明，我們之間已經有多麼深的隔閡。葬禮後不久，我們在一家中餐館吃午餐，計畫一起開始全新的生活。海茲爾覺得應該和我談談，她一直隱藏在內心關於自己生活的看法。

她認為我是一個冷冰冰、沒什麼反應的丈夫，太專注於自己的事業而很少關心她。她需要更多的溫存和理解，因此她和我們的家庭醫生建立了友誼，並從中得到了彌補。她還解釋說那僅僅是親密的友誼，沒有別的，而我沒有多問，接受了她的坦誠直言。我許諾以後要做一個好丈夫，海茲爾也承諾不再那麼專橫。

那時我們都迫切的希望再生一個孩子——夢想另外一個牛頓能使我們失去的牛頓轉世。因此海茲爾很快就懷孕了，我們之間的關係看來一切都很順利，但實際上完全不是這樣。

婚外情是兩分吸引、八分機會

唉！要想彌補夫妻之間根深柢固的隔閡，僅靠一次巨大悲痛的經歷，和美好的願望是遠遠不夠的；於是我們很快又恢復到原先的老樣子，到了秋天，海茲爾不顧有孕在身，說要和她一個最要好的朋友——寶琳（Pauline）到俄羅斯去旅行。想當然，我由於忙於賺錢而無法同行。

我就這樣獨自一個人過了整整兩個月，經歷了十年之久忠貞不渝的夫妻感情後，在我三十三歲時，我的第一次婚外情發生了。我並不打算在這裡寫我的外遇經歷，也不想仿效《懺悔錄》（*Confessions*）中的那種坦誠。但我也學不來法國作家夏多布里昂（Chateaubriand）那種虛偽的沉默，在《墓畔回憶錄》（*Souvenirs d'Outre Tombe*）將近三千頁的文字中，沒有披露任何一點自己的風流韻事。

如果沒有編者的註腳幫助，看這些自傳的讀者肯定會天真的想：在夏多布里昂五十多年的婚姻生活中，怎麼跟妻子待在一起的時間那麼少呢？我建議自傳要坦率一些，也能讓別人更了解我們的真實性格。

從某種意義上來說，我的性生活是顛倒的。在維多利亞時代的小說中，年輕的小伙子抽菸、賭博和尋花問柳是天經地義的；他們會在婚姻安定下來、承擔家庭責任以前縱情玩樂。但我年輕時並沒有這方面的嗜好，我不喝酒、不抽菸、不嚼菸草、不賭博、不罵人，也不說髒話。

即使那些體態豐滿、風騷撩人的性感女郎無數次向我眉目傳情，我也沒有去看過脫衣舞表演。青春期時，雖然朋友們常談論有關妓院的風流韻事，我也從來沒有產生過逛妓院的念頭。因為我自認跟其他年輕人不同——無疑在能力和性格上都比他們優越（我就是這麼一個自命不凡的傢伙）！

事實上，我還是像其他人一樣有性本能和衝動，我只是硬把它壓抑下來，並且忽視它。而我也沒有做得很好，導致一直被手淫困擾著，我不時會看諸如皮耶．路易斯（Pierre Louys）的

《阿芙蘿黛蒂》（*Aphrodite*），或阿普留斯（Apuleius）的《金驢記》（*The Golden Ass*）等小說，很少看色情書刊；其中隨之而來的罪惡感，我也花了幾十年才得以解脫。

幾年前，我有個正值青春期的女兒和我同住，有天我走進她的房間，在檯燈旁發現了一本《芬妮希爾：一個歡場女子的回憶錄》（*Fanny Hill: Memoirs of a Woman of Pleasure*）。我對這本書的唯一了解，是從英國作家詹姆士·博斯韋爾（James Boswell）日記中的一個註腳而來，其中詹姆士提到他曾與其書作者約翰·克雷藍（John Cleland）共度了一段時間；註腳寫道：「《芬妮希爾》被認為是有史以來最色情的書籍。」

雖然那時我已將近六十歲了，但在家裡發現這本書還是讓我非常震驚。我隨意看了幾頁，心裡想到自己的女兒在這樣的汙穢中打滾，便把這淫穢之作從我手裡扔了。

十五年後，當我在義大利的阿拉西奧（Alassio）寫下這些文字時，我每天閱讀諸如英國詩人格雷夫斯（Robert von Ranke Graves）的《白衣女神》（*The White Goddess*）、奧匈帝國作家卡夫卡（Franz Kafka）《給米蓮娜的信》（*The Letters to Milena*，他真是個絕望的神經質！）、德國作家萊納·里爾克（Rainer Rilke）的《戰時書信》（*Wartime Letters of Rainer Maria Rilke*，相較之下他就沒這麼神經質）、比利時作家喬治·西默農（Georges Simenon）的大作、美國文學大師亨利·米勒（Henry Miller）的《北回歸線》（*Tropic of Cancer*），以及那讓我回憶起前段往事的《芬妮希爾》。

我發現最後這本難以言喻的書，確實就像任何人心底想要或者害怕的一樣情色，但至少它描寫得相當有渲染力、情節充滿火花，且充分展現了十八世紀人們對語言修飾的「尊重」。

《北回歸線》則是另一回事。在引言中，詩人卡爾・夏皮羅（Karl Shapiro）稱讚米勒是我們這個時代真正的先知和天才。米勒確實有許多令人印象深刻的創新觀點，但在我看來，這本書的大部分內容都像是公共廁所裡的塗鴉。

也許我活得再久一些，就能會學會欣賞和品嘗，米勒在其作品對那「四個字母」的熱愛。我並不急於將自己的品味提升到那個階段，目前對於享受《芬妮希爾》的文字也沒有良心上的疑慮，這對我來說已經足夠了。

在二十三歲結婚前，我未曾與女性同床共枕，當時的價值觀普遍認為應在婚前保持童真；雖然現在我對此事的看法已完全不同，不過行為上卻沒什麼改變。我認為人們應該自己決定想要怎樣的性生活，而非受外界的規範束縛。

如果我在早年就有這種看法，我的行為會與之前大不相同嗎？很可能也不會；我想我與生俱來的性格，必定會讓我從禁慾主義轉向性享樂主義，而非反其道而行。

現在，讓我用謹慎的筆調來描述我的第一次婚外情，那位小姐——且叫她珍妮（Jenny）吧——跟我差不多年紀，算不上漂亮，說話爽快、聲調很尖。十五年來，她一直是我們比較親密的普通朋友，她沒有結婚，對男人也不大感興趣。一天晚上，那時海茲爾遠在俄羅斯，我把珍妮從音樂會帶回了家。我記得這麼一句話：「**婚外情是由兩分吸引、八分機會造成的。**」

而當時我們之間的一段對話，充分反映了彼此各自不同的性格：

我沉思說道：「若讓我們之間的情愫繼續升溫，我不知道這會對妳帶來幸福還是傷害。」

珍妮毫不猶豫的回答：「這件事情，只有試了才會知道。」

身為一個男人，聽到這句話後會怎麼做？或許我應該用從珍妮的角度來描述整個關係。這裡讓我引用一個關於老處女被強姦的不雅笑話：「這是一種比死亡更糟糕的命運，但總比都沒試過來得好。」

由於婚姻中的不幸經歷——**佔有欲和嫉妒的雙重禍害，讓我開始對浪漫的愛情持謹慎態度**。我絕非理想的情人，也不是個浪漫的情人；實際上，我一直認為珍妮是一個很好的朋友，她的外表對我來說非常有吸引力，我喜歡和她在一起。

在我看來，理想的關係，至少對我來說（也許一般人也是一樣），是真誠的友誼和性的結合。綜合這兩項條件，就能體會到愛情裡大多數的優點。

相對而言，很少有女性會以如此實際的條件來思考愛情，而由於珍妮強烈的務實精神，她也能稍稍體會我的這套觀點；但我敢肯定，即使是她也很難對我精心衡量的愛感到滿意。

這段婚外情碰到了無數障礙，主要是我忙得不可開交，只能偶爾短暫的相會。直到一九三三年或一九三四年，珍妮對我說她累了，決定到墨西哥長住一段時間，以便結束我們的關係。於是我們友好的分手了。

事實上，我對我們在沃德線（Ward Line）輪船上度過的最後一個小時仍記憶猶新（我當時沒想到後來自己會擁有那家老牌輪船公司的股份），珍妮仍然是我的好朋友。總之，儘管我們的關係並不完美，但對我們倆來說都相當美好。

接下來談談我的二兒子。從敘述婚外情轉到歡呼一個孩子的誕生，似乎有點無情和輕浮，但歌德不是說過，人心會一瞬間由善變惡，也會由惡變善的嗎？

小兒子牛頓出生

我們第二個牛頓生於一九二八年四月十日，離第一個牛頓去世週年紀念還有十天。他的誕生給我和海茲爾帶來了極大的歡樂，因為上蒼似乎大發慈悲，又給我們送來了一個男孩。記得一大清早我就焦急的在醫院裡守候，當孩子誕生的消息傳來後，心靈以外的某種力量，促使我想出了一首歡慶勝利的詩歌，這首詩歌在幾分鐘裡就寫成了：

復原

他已經回來

從黑漆漆、空洞洞

沒有一顆星星發亮的夜晚。

他已經回來

我們的孩子，我們的心肝寶貝

他沒有消失

他已經回來。

他已經回來
雖然墳墓曾要他
靜靜的躺在那裡。
他已經回來；
因為在我們任性的認識中
繁榮的年代又重新出現
他已經回來。
因為春天裡他離去的時候
一腳把麻木的死亡踢開，
他已經回來；
因為慈愛比什麼都寶貴
我們的心在歡唱：
他已經回來！

第二個牛頓是一個漂亮的男孩，大大的棕色眼睛，烏黑鬈曲的頭髮，從來沒有一個孩子像他那樣得到這麼多的熱情和關懷。但是多年來擔任我們家庭醫生的梅．威爾遜（May Wilson，他一生中的大部分時間，都致力於尋找治療兒童風溼性心臟病的方法）卻帶來了令人不安的消息，這個嬰兒的胸腺似乎有毛病，將來可能會發生嚴重的疾病，因此我們特別小心避免他生病（我們已搬離河濱大道公寓，那裡冬天的寒風可能是第一個牛頓患耳疾的原因）。

寫到這裡我的心情十分沉重，老實說，除了出生的前幾年外，第二個男孩並沒有帶給我們那麼多的幸福快樂，相反的只有無數憂愁和悲傷。事實上他和我們在一起生活並不自在，他非常難相處，不久我們也發現他患有嚴重關節炎，還可能有精神分裂症。

我們常常為此自責，因為我們給這個孩子取了和第一個兒子相同的名字，並從一開始就竭力把他當成第一個牛頓的再生。這一點是否使他對自己的身分產生了混亂？**他是否不滿自己不得不和我已死去的完美孩子做比較？**我們對他身體的倍加呵護，是不是其實削弱了他的個性？我深信這些推測沒有什麼實質意義，牛頓生下來後發生的事，完全只是不幸運而已。

成為「證券分析」教授

為了充分發揮我的能力，也為了擺脫悲哀，我找到了另外一項工作。以前有段時期，我一直考慮想寫一本關於證券分析的教科書，因為現有的教科書內容已經陳舊過時，不再普遍適用；尤其是這些教材很少關注普通股這個新的概念，以及公司會計結算中的詭計和陷阱。

我決定在把想法訴諸文字之前，先就這個題目設計出一門大學課程，於是聯繫了哥倫比亞大學進修部負責人詹姆斯．埃格伯特（James Egbert）教授。他很讚賞我的想法，並把這門「證券分析」課程，排在一九二七年秋季開講。

對於學生們的熱烈反應，每個人都感到相當驚訝，這門課共有一百五十多名學生註冊聽課，教室完全爆滿。現在回想起來，這種現象其實很容易理解，因為一九二〇年代**牛市正大行其道**，**大眾都渴望獲得資訊、指導，以及（尤其是）良好的收益**。而那時也沒有其他學校開過由「正港」華爾街工作者主講的類似課程。

註冊結束後，想聽課的人還有很多，只能派人在大門口站崗，以防有人把門擠破。儘管我再三告誡學生，我所提到的股票只是出於解釋需要，絕對不要把它們當成我推薦買進，然而被我探討過的一些市值低估的股票，後來的價格也確實大大上漲——雖然很可能是整個市場猛漲引起的攀升。幾個這樣的例子，足以讓我的課程在學生中獲得了「穩賺不賠」名聲。

與母親的歐洲之旅

一九二八年秋天，註冊聽課的人數比上一年還要多，許多人堅持要求再次聽課，期望我在課堂上舉例時向他們介紹一批新的有利可圖的股票。就這樣，我的學術生涯開始了，並且持續四十多年，其中包括在哥倫比亞大學和加州大學洛杉磯分校的教授生涯，以及在其他學校做過的講座。

一九二七年秋天，班上有位名叫大衛·陶德（David Dodd）的學生，他當時是哥倫比亞大學商學院助理教授，後來也成為我的教學助手（coadjutor，在需要時可完全代理主授課者），和「華爾街聖經」——《證券分析》（*Security Analysis*）一書的合作者、重要金融業務合夥人，以及忠貞不渝的朋友。

老實說，以我在準備第一年講座時所想到的問題來看，顯然還無法寫出一本令人滿意的教科書，幸而直到七年後，《證券分析》才得以問世。如果這本書過早出版，將會犯下大錯，因為要到一九三四年，我才能把費盡心思獲得的智慧全部寫到這本書裡。

一九二八年的夏天，是自從我在十九、二十世紀之交（即七歲時）造訪英國之後，再次到歐洲旅行，而海茲爾因為要照顧小牛頓，只能留在美國。我打算在歐洲與母親會合，並與她一起到英國、法國、德國、瑞士和奧地利旅行。主要目的是去拜魯特聽華格納[5]的歌劇，以及在莫札特[6]故鄉薩爾斯堡參加夏季音樂節。

我們在拜魯特最好的旅館「金錨大飯店」下榻，它建於一七五〇年左右，外表很陳舊，而且缺乏現代化設施。不過第一晚，我們步行到山上舉行音樂節文藝表演的劇場聽音樂，所以回來睡覺時，都沒有把旅館的種種不便記在心上。

按照慣例，在這種文藝表演劇場裡，觀眾會站在自己的位置上，好奇的看著彼此。音樂會場面令人眼花繚亂，婦女穿著長外衣，戴著珠寶和各種頭飾，男人穿著全套晚禮服，官員則穿著制服點綴其間。

華格納的歌劇系列中，有一部叫《紐倫堡的名歌手》（*Die Meistersinger von Nürnberg*），

---

5 譯按：理察・華格納（Richard Wagner，一八一三年至一八八三年），十九世紀後期德國作曲家、音樂戲劇家。

6 譯按：莫札特（Mozart，一七五六年至一七九一年），偉大的奧地利作曲家，生於薩爾斯堡，卒於維也納。五歲即開始作曲和演奏小提琴。

還有兩部分別是《尼伯龍根的指環》（*Der Ring des Nibelungen*）和《崔斯坦與伊索德》（*Tristan und Isolde*）；這些歌劇的演出讓我有難以形容的激動，毫無疑問的，表演十分出色，而更重要的是那種充滿傳統和深厚音樂底蘊的氣氛，使一切都彷彿是超自然的呈現。

那天華格納家族出足了風頭，他的兒子齊格飛．華格納（Siegfried Wagner，正是《齊格飛牧歌》〔*Siegfried-Idyll*〕的齊格飛）指揮了三場演出，齊格飛的妻子維尼弗雷德（Winifred）則坐在後排包廂裡，金髮碧眼，皮膚白皙，雍容華貴。誰也料想不到後來她會贊同希特勒的主張。

而「沃恩弗雷德」這個華格納家族居住的地方，大家應該也會想去看看。時年九十歲，華格納的遺孀科西瑪[7]據說已屆臨終（其實她又活了幾年）。觀光客可以上樓，從科西瑪住過的房門小洞中張望房裡的情景。我和母親都認為這麼窺視並不合適，所以留在樓下，只到孩子們的房間去看了看。

在其中的一個房間裡，兩個男孩沃夫岡（Wolfgang）和維蘭德（Wieland）布置了一個杜勒[8]複製品的展覽會，參觀要收低廉的門票。這兩個金髮男孩不過十來歲，但看上去聰明伶俐，辦事很有條理。

我第二次再見到他們時，已是四十多歲、相當壯實的男子漢了，且全面負責拜魯特音樂節（Bayreuth Festivals）。多年來音樂節神聖不可侵犯的程序被兩人徹底翻新，他們得面對祖父鬼魂的質疑，以及仍在世的一群樂迷。當時我並沒有看到他們的妹妹（她一定年紀很小），但許多年後我在美國遇見她，她已成為希特勒和她母親的頭號反對者[9]。

而華格納這位偉大、不可思議的作曲家刻在他家門上詩句，給我留下了很深的印象：

我的想像力在這裡找到了寧靜，
就把這座房屋命名為「空想寧靜屋」（Wahnfried）吧！

回到美國後，我對一個德裔牙醫說，我知道他把他的椅子稱為「牙舒椅」（Zahnfried，Zahn 即德語的牙齒），所以願意提供一條與椅子名稱相配的格言：

我的牙齒在這裡找到了寧靜，
就把這把椅子命名為「牙舒椅」吧！

但莫名其妙的是，他不肯接受我的建議。

由於諸多原因，華格納作品在拜魯特的演出與在其他地方的大相徑庭。同樣，用餐方面的安排也頗具特色。你要做的第一件事，是在文藝表演劇場附近的餐館預訂席位，而這需要支付

7 譯按：科西瑪．華格納（Cosima Wagner，一八三七年至一九三〇年），一八七〇年與華格納結婚。華格納去世後。她擔任拜魯特音樂節的指導，致力於華格納作品的演出。

8 譯按：杜勒（Dürer，一四七一年至一五二八年），文藝復興時期德國最重要的油畫家、版畫家、裝飾設計家和理論家。

9 編按：此女名為維雷娜（Verena Wagner），傳曾與希特勒有曖昧。

服務生一筆高得嚇人的小費；然後在歌劇開演或夜幕降臨之前，事先訂好兩頓飯菜。

我還清楚的記得，那張從下午四點就開始的奇怪用餐時間表，大約三點四十五分，我們便穿好晚禮服，走到文藝表演劇場去。第一幕足足演了兩小時，接著是一小時的幕間「小休息」，人們可以大吃一頓；很快到了七點鐘，第二幕開始了，這幕只演一個半小時，接著同樣有一小時的「大休息」。

就這樣，時間來到了十點鐘。第三幕演出持續整整兩個小時，最後才曲終人散，我們又累又興奮，還出去吃宵夜。我們就這樣花掉了八小時，度過了既大飽耳福又大飽口福的難忘一天。

離開拜魯特後，我們繼續前往薩爾斯堡。我們最想要做的是到高級澡堂好好洗個澡，幸虧我們已在新建的歐羅巴飯店預訂了一間極好的房間，而搭乘火車抵達那裡時早已精疲力盡。

飯店大廳裡一大群人來來往往，我擠向服務臺，詢問葛拉漢預訂的房間在哪裡。等了很長時間後，服務生對我們說很抱歉，他沒有為我們保留房間，而現在一個房間都沒有了。

「請再查查看，」我高傲的說：「這是你簽名的電報，確認我們今天可以得到一個預訂的房間。」這一下他更加道歉不迭，他說一定是其他人犯了一個令人遺憾的差錯，可是目前沒有空房，他實在無能為力。

我們知道這種情況意味著有別的觀光客給了他們一大筆錢賄賂，所以飯店才把我們預訂的房間給轉讓掉。懷著生氣和受挫的心情，我們向薩爾斯堡官方的旅遊辦公室投訴了這種無法無天的行為；官員只能聳聳肩膀，也沒有做出任何補救措施。

更糟的是，他們說，由於大批美國觀光客湧入，整個薩爾斯堡所有飯店都爆滿了。最後他們為我們在煤氣大街（Gasthausstraße）上找到了一間客房，臭氣熏天，果真不負其名。可是只有一間怎麼行呢？房東太太在房間中央綁上一條晾衣繩，並在繩上掛一條被單；後來她又拿出一個洗衣盆供洗澡用，但盆裡只有一點點熱水——這讓我想起一九一〇年夏天，我在巴曼農莊洗澡的情景。這就是我們在歐羅巴大飯店預訂豪華套房的故事。

然而，薩爾斯堡之行對我來說是個很重要的經歷，我有幸在大教堂廣場上觀看了《傑德曼》（*Jedermann*）的演出，著名的演員摩西（Moissi）扮演該劇主角。海倫娜・蒂米格（Helene Thimig）則扮演「忠誠者」，她的妹妹也軋了一角。為了了解劇情，我事先買了一份劇本（夏天傍晚的光線讓我仍能閱讀），這樣我就能理解劇中每個單字。海倫娜演繹忠誠者的演講也深深感動著我。

當然，摩西是無與倫比的。我想同樣是在薩爾斯堡，我觀賞了他在歌德的《在陶里斯的伊菲革涅亞》中飾演俄瑞斯忒斯（Orestes），而海倫娜又一次擔任配角。那是在我撰文細微比較尤里比底斯與歌德之劇本的十五年前。我彷彿覺得這一戲劇經典之作出自我的手筆，而能看到當時兩位最了不起的演員將它表演出來，則是極其珍貴的經歷。

另一次，我在紐約的歐文廣場劇院（Irving Place Theatre）[10]觀看了摩西用德語表演易卜生（Henrik Ibsen）的《群鬼》（*Ghosts*），也令我久久難忘。

我們在慕尼黑待了幾天，我驚訝的發現那裡有無數壯觀的公共建築，在老繪畫陳列館（Alte

10 編按：於一九一八年更名為意第緒語藝術劇院（Yiddish Art Theater）。

Pinakothek）還有大量魯本斯[11]的油畫，無與倫比的德意志博物館（Deutsches Museum）也使我大開眼界，驚詫不已。

後來我們到室外去觀賞兩個令人愉快的藝文表演，第一個是名叫《一女兩夫》（*The Woman with Two Husbands*）的提線木偶表演。女主角既嫁給一個整天忙碌的上班族，又嫁給一個會在晚上出沒的攔路強盜。我記得大多數場景都是床戲，專門操作木偶的演員拉提木偶身上的線，表演了許多男女做愛的動作。我很驚訝，在一九二八年的公園裡竟然會允許這樣的演出！

看完演出，我們到了一家大型露天餐館用餐。由於母親吃得很清淡，所以只點了兩顆水煮蛋，服務生卻說很抱歉，他只能供應炒蛋、荷包蛋和煎蛋，不提供水煮蛋，因為後者沒有列入價目表。

母親覺得不可置信——「如果你能煎蛋，你一定可以為我煮兩顆蛋。」服務生仍舊說著對不起，但也就如此而已。後來從服務生的反應看來，他們的雞蛋應該全部都拿來炒蛋、荷包蛋和煎蛋，沒有剩餘的蛋可拿來水煮。

我們還計畫到蘇黎世去訪問母親的一個侄女，不過搭乘火車翻山越嶺要花八個小時，而母親聽說從慕尼黑到蘇黎世，已建立了空中航線，只要飛行兩小時就可到達。那麼要不要坐飛機去呢？我們兩人以前都沒有坐過飛機，雖然我曾搭乘遊覽飛機，在大西洋城上空「觀光飛行」了三分鐘，但這不能算數；如果母親不怕坐飛機，我當然也不會怕。我記得當時只有寥寥無幾的乘客魚貫登機，兩旁甚至排著好奇的群眾，彷彿我們將要去接受死刑一樣。

飛行中沒有發生不愉快的事，當我們飛越離腓特烈港不遠的波登湖上空時，看見第一批大型齊柏林飛艇，正在腓特烈港建造和試驗。從飛機往下看，波登湖中正在行駛的小輪船，就好像甲蟲在水面上爬一樣。當我們從德國飛入瑞士國境後，我注意到風景有了變化：德國人會在田地的四角種樹，而瑞士人則是在田中央種一棵樹，讓農民便於到樹蔭下乘涼。

關於在蘇黎世逗留期間的生活，我只記得一個奇怪的景象；那時我們和表兄弟姐妹們一起到蘇黎世湖野餐，我們坐在一塊大岩石附近，我注意到兩隊螞蟻正激烈的交戰著。一隊有翅膀，另一隊沒有。這是一場生死搏鬥，我觀看了很長時間，使得對這種場面毫無興趣的其他人，為此對我很不滿。這讓我想起了〈多佛海灘〉（*Dover Beach*）中的詩句：「愚昧的軍隊在晚上短兵相接」——聯想到了促使螞蟻或人類，轉向衝突和完全毀滅的奇特激情和因素。

驕傲進駐有十個房間的豪宅

一九二八年秋天，班傑明．葛拉漢一家準備再一次搬遷，這一次我們可說是真正搬進豪宅了。氣派十足的辦公大樓，以及同樣壯觀的公寓在紐約不斷興建著。我們聽說在八十一街和中央公園西邊——我們的知心朋友格林曼夫婦結婚後曾在這裡住過好幾年——金碧輝煌的三十層公寓大廈，將取代舊的旅館公寓，這正是自命不凡的葛拉漢一家所需要的！

根據計畫，我們挑選了十八和十九樓的複合式公寓套房，還外加陽臺。這兩層房子共有十

11 譯按：彼得．保羅．魯本斯（Peter Paul Rubens，一五七七年至一六四〇年），法蘭德斯繪畫大師和外交家，一生創作了兩千餘幅油畫和素描。

個房間，我已記不清有幾個浴室，靠近頂層的地方還有幾個女僕的房間。房租每年一萬一千美元，租期十年。

老實說，我完全不擔心住這麼大的房子所要負擔的支出，與我習慣的開支相比，這些租金只是一筆小數目。當年年底，我們大約有六〇％的收入，是從一百五十萬美元創始資本中獲得的，而我的稅前收益也超過了六十萬美元。

我採用自認為極其保守的方法取得了這麼高的收入，與我周圍的瘋狂投機人士相比，這讓**我的虧損風險一直都維持在最低限度上**。我相信在股市大災難發生前，我在別人眼裡一定非常的有成就！

這一年我做的最後一件事，是為我們的新公寓簽下為期十年的租約，該租約從一九二九年秋天，公寓全部竣工之日起生效；而我是在一列把我們送往棕櫚灘過聖誕節的火車包廂裡，簽署了這份合約。

價值投資之父葛拉漢：賺錢人生

- 主要的麻煩（婚姻中）是因我性格中的缺點引起的，那些缺點使我不能正確的面對海茲爾性格上的問題。
- 她認為我是一個冷冰冰、沒什麼反應的丈夫，太專注於自己的事業而很少關心她。
- 婚外情是由兩分吸引、八分機會造成的。
- 一九二〇年代牛市正大行其道，大眾都渴望獲得資訊、指導，以及（尤其是）良好的收益。

第十三章

人生的中點：經濟大蕭條降臨

第二次股市大跌又開始了。這一跌就很少有止住的時候，到 1932 年 6 月，道瓊指數跌到了谷底——42 點。

在人生旅途的中點，
我被困在漆黑的森林裡，

這是但丁《神曲》中的第一首詩，這首詩寫於一三〇〇年，當時他正好三十五歲。事實上，那時他已經走完了大部分的人生旅程，因為他在五十歲出頭時便離開了人世——他的偶像維吉爾也是如此；還有那些偉大人物，如凱撒、莎士比亞、莫里哀[1]、貝多芬、拿破崙等等都是在五十多歲時去世的。

一九二九年我正好三十五歲（恰巧是我父親去世的年齡）。而我寫本章的時間恰好是一九六四年夏天，因此對我來說，這一章節所描述的事確確實實發生在我人生的中點。

如果說我從此將像但丁一樣嘗盡人間的艱辛和苦難，那確實有些誇大了，但當時情況如此糟糕，與我先前的大獲成功形成了鮮明的對比，的確讓我一度情緒低落，萎靡不振。在但丁的流放生活中，他也必定有過這種真切的體驗，因此他透過黎密尼的法蘭契斯卡[2]之口，說出了他那千古流傳的詩句：

沒有比回想昔日幸福的時光，
更令人感到悲傷，
沉浸在痛苦之中……。

事實上對我來說，一九二九年上半年的情況還算令人滿意；甚至下半年的大動盪也沒有給我造成太大的損失，真正的麻煩是在隨後三年裡發生的。然而，不管是對我還是對其他人，一九二九年都是致命的一年，因為所有人都被那年發生的事所連累了。

在一月的休假中，我做了回「懦夫」。傑里．盧因（雖然他很年輕，卻已是老字號證券經紀公司——亨茨公司——的資深合夥人）邀請我和另外兩位客人一起去捕旗魚。一位是功成名就的財務律師伊西多．克雷塞爾（Isidor Kresel），另一位也是律師，名字叫奧斯卡．路易斯（Oscar Lewis）。

我們坐上小船出發，但一開始我就覺得這艘船太小了，隨著船離陸地越來越遠，這種感覺也就越來越強烈。大約半小時之後，我開始感到身體不舒服，奧斯卡也是如此。或許是為了安慰我們，主人拿出幾個誘人的三明治供我們挑選，我們有氣無力的揮手謝絕了。

當小個子的克雷塞爾和傑里津津有味的吃起三明治時，我和奧斯卡無法再忍受這一場面，於是爬到底艙躺了幾個小時。就在我們覺得死去活來時，一個身影出現在艙口，他向我們喊道：「奧斯卡、班，快起來，我們抓到旗魚了！」但我們只是一個勁的呻吟：「讓我們回家！」然後把臉轉向了牆壁。後來傑里便調轉船頭駛回碼頭，兩個小時後，奧斯卡和我步履蹣跚的上了岸，滿臉倦容的向傑里道謝告別。

1 譯按：莫里哀（Molière，一六二二年至一六七三年），法國劇作家，古典主義喜劇的奠基人。
2 譯按：但丁《神曲》中的人物。

此後我就再也沒有遇到克雷塞爾了，但我從報紙上得知：由於在美國銀行（Bank of United States）破產案中犯了些技術性的過錯，他被大律師馬克斯・斯圖爾（Max Steuer）起訴——這多少讓人有點同情。在一九三九年，這個斯圖爾還跟我就卡夫曼百貨公司（Kaufmann Department Stores）資產評估案，激烈辯論了三天。

後來我又再次碰到了奧斯卡，那是在另一樁資產估價案中，當時他是法庭的專門委員（法官指定的代理人），而我是債券持有人委員會的證人。起初我並未認出他，但在休庭時他把我喊到法官席，問我怎麼能忘了一起捕旗魚的經歷。

傑里捕到的那條旗魚又怎麼樣了呢？關於牠也有一個小故事。大約在出海後一個月，亨茨公司邀請我到他們的私人餐廳吃飯。主人很驕傲的讓我欣賞餐廳牆壁上的新飾物，就是那條不幸的旗魚，牠已經被製成了漂亮的標本，並用昂貴的材料裱裝起來，旁邊還有個銀牌，上邊寫著是誰在什麼時候、什麼地點捕到了這條魚，以及魚有多重等等。

「把那該死的東西拿開，」我哀求道：「只要一看到牠，我就又要暈船了。」但這引起了大家的哄堂大笑。儘管在棕櫚灘海灣的經歷實在糟糕透了，但當我回到紐約時，皮膚曬成漂亮的棕褐色——這種棕褐色如此之深，以至於當我昂首闊步回到學校時，哥倫比亞大學那群「面色慘白」的學生們，一陣狂跺腳迎接我回歸講壇。

在這段時期內也出現了各式各樣的投資信託基金；第一種是「固定信託」，這種信託沒有什麼特色，就是銀行作為受託人持有固定的一組普通股股票（這就是「固定信託」這個名字的由來），每個股東按比例持有同樣的證券組合。

其次是「管理信託」——就像我們的「葛拉漢共同帳戶」一樣，公司的專員可以調整證券組合。這種信託基金就像其他任何金融機構一樣，**想要成功獲利，就必須依靠誠實的經營和正確的策略**；然而在一九二〇年代後期的投機浪潮中，幾乎所有的大金融公司都捲了進來，那些向來以穩健經營著稱的公司，也令人難以置信的進行著狂熱投機。

許多證券公司成立了自己的投資公司，並向客戶出售他們的股票。他們之所以這樣做，是受到以下**三重利潤的引誘：發行股票時的溢價、經營投資公司所得的管理費用，以及替人買賣證券所得的佣金**。亨茨公司的合夥人認為：他們的條件並不比別人差，所以他們也要成立自己的投資公司——而且他們自認為條件可能比別人更有利，因為他們可以說服班傑明·葛拉漢來主管該公司。

其實我對這個職位並沒有太大的興趣，因為我很清楚不可能像在「共同帳戶」那樣取得二〇%到五〇%的利潤分成（我得與傑里分享「共同帳戶」的收入），但亨茨公司的合夥人執意要我過去主管該投資公司。他們討論要將公司基金的規模擴張至兩千五百萬美元，且談到我作為大公司的總經理，將會享有很高的威望，並允諾要跟我訂一個長期合約，可以保證我享有種種好處。

傑里對此也是滿腔熱情，他以善於抓對市場時機而聞名，而我則在挖掘特殊證券（或者說價值被低估的證券），和證券綜合分析方面是公認的權威，因此他希望能將我們的長處結合。我被這些優厚的條件吸引住了，於是我們談了幾次，看看是否能達成一致意見。

就在這個時候，我與知名的金融家伯納德·巴魯克出人意料的有了連結。大約一年前，我有幸認識了這位大人物，並且在投資方面向他提了些建議（這些建議都是「葛拉漢式」的），而這些建議也引發了他對證券價值問題的濃厚興趣。

其中有普利茅斯．考德奇公司（Plymouth Cordage）的股票，當時的市價是七十美元，但它的利潤和分紅都很豐厚，而且每股光營運資本就超過一百美元；另外還有佩珀雷爾製造公司（Pepperell Manufacturing Company）的股票（該公司因生產床單和枕套而家喻戶曉），以及海伍德—韋克菲爾德公司（Heywood & Wakefield，該公司是嬰兒車業的主要廠商）。

按照對私人企業的一般評判標準分析，它們的市價都已低於它們的最低價值；與當時熱門股票的高價相比則更是低得可憐。這種不一致表明了一九二〇年代末，股票市場的不成熟性，那時投資者都把注意力集中在產業前景（電器與化工是當時的熱門產業）、公司規模、在行業內的支配地位（如列入道瓊平均工業指數的股票），或者公司的近期增長業績上。

此外，他們還很容易受到那些操縱股市的投機家蠱惑人心的宣傳影響。那些不在受人歡迎行列，卻擁有豐厚資財的公司，儘管長期以來一直表現出色，這些年裡卻被人冷落，股票價格一直非常低。

巴魯克屈尊聽了我的分析後，同意買進大量上述股票。從他的觀點來看，他認同我的建議這件事本身，無疑就是對我最豐厚的回報。當然在某種程度上他也是正確的，因為光是這一資訊（即他的判斷與我的判斷相符，他的經濟利益與我的經濟利益一致）本身也使我獲益匪淺。

巴魯克曾兩次試圖幫我進入兩家公司的董事會（我和他均持有這兩家公司的股票），其中一次成功了，當然他所做的這一切並非只是為了我，也為了增加他個人的投資額。雖然我這一生中與這位聲名顯赫的人物有過無數次接觸，但從未得到過他的幫助或恩惠，也從未聽說他曾幫助過別人。

他有些愛慕虛榮，這種虛榮心常常使得一些偉大人物的光輝形象受到了損害，而他向各種慈善事業和公益活動捐獻巨款的動機，也是源於這種虛榮心，不是真正的慷慨大方，因為這能為他贏得廣泛的認同與讚賞——這可是他夢寐以求的東西。

我們在他的辦公室裡交談過幾次，他的辦公室在公平大廈的頂層——公平大廈位於百老匯一百二十號，有四十九層高（後來我們的基金取得了該大廈的一部分股權）。我們都認為股票市場已經被炒得太高了，投機家似乎都已經瘋了，連那些向來受人尊重的投資銀行家也在瘋狂炒股，這實在是不可饒恕的錯誤。

我記得巴魯克批評過這種荒唐現象：銀行對股票投資的定期貸款利率為八%，而股票的收益率卻只有二%。我的回答是：「確實如此，根據報酬法則，可以預期這種情況將會逆轉——出現二%的定期貸款利率和八%的股票收益率。」

一九三二年的情況與我的預言大體上相差無幾——而過了大約二十年後，由於市場環境的改變，現實情況與我的預言則完全吻合了。現在回想起來真是有點奇怪，**我能對各種重大事件做出正確預測，卻無法預知到自己帳戶的資金將要面臨一系列危機**。

有一次，當我坐在巴魯克的辦公室裡時，他帶著一個身材矮壯、圓臉的人來到了貴賓接待室，那個人的年齡與巴魯克相仿。猶豫了一陣子之後，他對那人說道：「溫斯頓（Winston），請允許我向你介紹我一位年輕朋友，班傑明．葛拉漢，他是個非常聰明的傢伙。」我們握了握手。我知道邱吉爾在一戰時的偉大經歷，也知道他那時從英國政府裡卸職；當時真應該細細體會一下與他相遇時的感受，但現在已後悔莫及了。

巴魯克還把另外一個大人物介紹給我。就在二戰結束後不久，我應邀到哥倫比亞大學去聆聽艾森豪（Dwight Eisenhower）將軍，關於美國未來軍事力量問題的演講。巴魯克也去了那裡，演講結束後，他把我介紹給了這位傳奇的總司令，還大大捧了我一番。

當我離開演講廳時，天空下起了大雨，幸虧我有先見之明，把帶來的雨傘撐開了。就在這時，艾森豪將軍走了出來，他在我旁邊站了一會。「將軍，請跟我合用這把雨傘吧！」我說道。「噢，不，非常感謝。」他一邊回答，一邊大步走向雨中。我猜想，大概穿制服的軍人是不允許撐雨傘的吧。

我很感謝巴魯克把我介紹給了這兩位偉大人物，但我還是不禁認為這位現已九十二歲的老人（一九六四年），欠我的人情要比我欠他的多，當然這種想法可能不太光彩。

全年損失二〇%，然而最糟的局面還沒到

讓我們回到一九二九年吧。有天巴魯克發來通知，說他有事想見我，當我來到他的辦公室時，他的祕書、大名鼎鼎的博伊爾小姐[3]告訴我他正忙著，問我是否能稍等片刻。

大約半小時後，這位大金融家走了出來，臉上有些歉意，說他剛剛在睡午覺，博伊爾小姐應該告訴他我在這裡等著。我們走進寬敞的辦公室，辦公室的牆上掛滿了證明他成就的各種獎

牌（無論在和平時代還是在戰爭時代，他的成就的確是偉大的）。他說要向我提出一個以前從未向任何人提過的建議：他希望我成為他的財務合夥人。

「我現在已經五十七歲了，」他說道：「到了該輕鬆一下，讓像你這樣的年輕人分擔我的責任，並分享利潤的時候了。」他又說，我應該放棄目前手頭的業務，全心全意投入到新的合作事業來。我回答道，他的建議讓我受寵若驚——事實上，我對他的建議感到無比震驚——但我認為自己不能如此突兀的結束與現有朋友和客戶間的融洽關係。

由於這個原因——另外一個原因後面再解釋——這件事就告吹了。如果當時我不考慮其他人就接受他的條件，我之後七年的遭遇就會完全不一樣，肯定會過得更好！

與亨茨公司合夥人，就建立聯合投資基金的談判持續了好幾個月，而我已想不起來為什麼會拖得這麼久。這時八月的第一次股市大跌開始了，因此我們決定先將這計畫擱一陣子，但一擱下就再也沒有重新拾起。

從九月起股市開始暴跌，幾天之內股價平均下挫了一半，最高潮時換手的股票數以百萬計，連行情報告機都來不及列印這些交易情況，道瓊指數幾乎跌得無影無蹤。「葛拉漢—亨茨投資基金」這一計畫也像泡沫似的破滅了。紐曼和我的重心又回到了班傑明．葛拉漢共同帳戶上，因為這裡要操心的事也夠多了。

3 編按：博伊爾（Mary A. Boyle）十幾歲開始便擔任巴魯克的私人祕書，深得巴魯克及其妻子、子女信任，經手巴魯克所有事務。

一九二九年中期的情況是這樣的：我們的資本是兩百五十萬美元，上半年只賺到一點點利潤（我早該看出這是後來出現麻煩的預兆）。我們手頭持有巨額的避險和套利頭寸，大約兩百五十萬美元，以及用於沖銷操作、金額大致相當的空頭頭寸。

根據我們的計算，這些操作不會引起風險，因此只需一點點資本。除此之外，我們還有四百五十萬美元的多頭頭寸，即各式各樣的投資，因此我們還有兩百萬美元的資金缺口。

就當時的保證金比率而言，我們計算的結果大約為一二五%，這一比率比其他證券經紀公司要求的最低比率高五倍，比公認的保守比率高二倍。而且我們多頭持有的證券，它們的內在價值也不比市價低。

儘管華爾街的活躍分子們並不怎麼熟悉這些證券，但依以往的經驗表明：在我們買進它們一段時間後，便會顯示出上升的趨勢，這使得我們有機會轉手賣出賺取利潤，並再次買入我們不斷發現的廉價證券。

在典型的避險操作中，**我們會買進可轉換特別股，同時以大致相同的價格賣出相關的普通股股票**。在市場不景氣時，普通股股票的下跌幅度會遠大於特別股股票，這樣，即使扣除佣金之後（沒有這些佣金，我們的帳戶顯得死氣沉沉，有了這些佣金，我們的經紀人則眉開眼笑），我們還可以透過反向對沖操作，賺到可觀的利潤。

剛開始，我們以在買回普通股的同時，賣出特別股的方式完成整個操作。但後來發現，我們經常要以更高的價格買回這些特別股以恢復頭寸，於是決定採取部分沖銷策略；我們還是會買回普通股股票，但繼續持有特別股股票作為一種更加理想的投資，直至能以近似特別股的價格，再次賣出這些普通股股票為止。

此外我們還進行了半沖銷的避險操作：即只賣出一半用於對沖特別股的普通股股票，如果價格進一步上升，剩下的那一半普通股股票就能賣更好的價錢。我們的目的是，不管普通股股票價格如何變動，我們都能賺錢。

如果普通股股票價格下跌，我們就可按很有利的條件沖銷這個半開的空頭頭寸；如果普通股股票價格上升，也能從未賣出的那一半普通股中獲利。

一九二九年股市大跌以後，我們沖銷了大量的空頭頭寸，獲得了豐厚的利潤。但在大多數情況下，由於特別股股票（或是可轉換債券）的價格太低了，所以我們就保留著沒有賣出。到年終時，我們全年的損失是二〇％，這比道瓊指數的下挫幅度要小得多。

我們很多客戶有自己的保證金帳戶，但由於融資帶來的風險，他們的損失要嚴重得多。幾乎所有人都對當年的帳戶經營結果不滿意；事實上我還經常聽到人們稱我為「金融天才」，因為我的損失只有那麼一點點。一九二九年末的那段時間裡，股票價格有所回升，人心也比較平靜；大多數人都認為最糟糕的局面已經過去了。

在股災高峰入住「宮殿」

新建的公寓也有些耽誤，直到一九二九年十月我們才搬進富麗堂皇的新居，當時正是華爾街股災的最高峰。實際上我根本不喜歡這個「宮殿」，一簽完合約我就後悔了——根據合約規定租金為一萬一千美元，租期十年。

另外，房子實在太大了，為了裝潢和擺設，我們進行了無窮無盡的討論，做出的決定又讓我左右為難。一方面，我對這類事情從來就不太感興趣——事實上**我對任何物質享受都不太感興趣**——即使是購買家具，對我來說也是一件煩人的瑣事。

但如果完全由海茲爾來處理這件事，又會更徹底加強她的信念：她是這個家的主人，她有能力處理任何事情（寫到這裡，我又看見了房間裡那未曾使用過的小菸灰缸，上面刻著：「我是一家之主；由我妻子發號施令」）。老實說我已回想不起來是如何解決這一矛盾的，但卻清楚記得在裝飾和家具上花了不少錢。

開始時我們僱了好幾個傭人，其中一個是男管家，兼做我的個人男僕。大約也就在那時，我們參觀了老朋友戴夫和利塞特・薩爾諾夫（Dave and Lisette Sarnoff）夫婦的新居（這個俄羅斯新移民現已成為大公司RCA的總裁），他們的新居位於第五大道，其中一間屋子裡還放置了一張理髮椅，每天理髮師都要替他刮臉。

而我們家男僕的職責之一，是每天幫我按摩一次，但我馬上就感到厭煩了，而且覺得很浪費時間，於是我堅持己見辭退了他。這是我一生中第一次、也是最後一次使用二十四小時制的男僕。

法國作家夏多布里昂（François-René de Chateaubriand）在他的回憶錄中好幾次提到：由於流放英格蘭的那段時間裡，飽受貧窮和饑餓的折磨，所以他後來對吃的要求很簡單。而當他作為法蘭西大使由戰艦護送回英格蘭時，他隨身帶了個私人廚師，很諷刺的是，十個美國人中有九個會認為「夏多布里昂」就是菜單上最昂貴的那種牛排；從這個意義上說，正是做出這道大菜的廚師，使得這位大作家的名字家喻戶曉（夏多布里昂牛排的獨特風味也從此名揚天下）！

貝雷斯福德公寓從十八樓開始往裡縮，因此在十八樓有一個大陽臺，從這裡往東可以看到中央公園，往南可以看到商業區。我的三個孩子會在這裡玩些大玩具及一隻寵物——兔子。

我們的鄰居是內森・施特勞斯（Nathan Strauss）一家，小施特勞斯的父親是位慈善家，他向窮人賣牛奶，每杯只收一分錢；他的叔叔叫奧斯卡・施特勞斯（Oscar Strauss），是美國第一位擔任駐土耳其大使的猶太人，我還聽說在一九一二年，他被推選為「公鹿派」[4]的候選人，參加紐約州州長的競選。

施特勞斯一家搬進來不久，就在我們的陽臺中間豎起了鐵絲網，不僅擋住了我們南面的視線，同時在感官上也極其令人不舒服。見此情景，我們很惱怒，這堵「施特勞斯牆」一度成為我們關注的焦點，把它認為是對我們的人身侮辱，也是對我們神聖權利的侵犯（現在回想起來覺得很可笑，當時我竟把這些事看得如此之重）。

我們請來了格林曼律師與他們交涉，於是艱苦的談判開始了。施特勞斯先生聲稱我們在陽臺上養豚鼠，他不希望這些「豚鼠」侵犯他的領地。我們反駁道，所謂的豚鼠其實只是一隻小兔子；他們則堅持有權保護自己的小天地等等……經過激烈的辯論，雙方終於達成了妥協方案：

4　譯按：公鹿派（Bull Moose Party），指一九一二年支持美國總統狄奧多・羅斯福（Theodore Roosevelt，老羅斯福）的一派人。由於老羅斯福的綽號是雄鹿，他領導的進步黨黨徽上也有雄鹿標誌，因而以此作為該黨派的名稱。

撤掉鐵絲網並種上花草。

過了幾年後，在一次慈善聚餐會上我恰好與施特勞斯全家坐在同一張桌。我們回想起了兩家之間的「柏林圍牆事件」，這時彼此已毫無怨恨，反而對那一段時光感到有點留戀。當時施特勞斯夫人還這樣說道：「當我家的內森三世與你女兒瑪喬里一起在林肯中學念書時，我們經常聽他說起你女兒。他告訴我們，她所有功課都得到優等，害得他都不敢請她跳舞。」

貧窮是相對概念，財富的損失不是谷底

一九三〇年冬天，海茲爾在佛羅里達的聖彼得斯堡訂了個房間，她帶著孩子先到達，後來我也去了，在那裡度過長長的假期。第一次在這陽光之城驅車行駛，我看到公園裡聚集了許多人，看上去好像每人都帶著拐杖，後來我才知道他們都是滑板愛好者。在一月的佛羅里達旅行中我碰到一件事，當時我並沒有把它放在心上，但事後我卻經常回憶起。

海茲爾認識了九十三歲的約翰．迪克斯（John Dix），他的父親是紐澤西州約翰．迪克斯制服公司（John Dix Uniform Company）的創始人，於是我們拜訪了他在聖彼得斯堡的家，這位近百歲的老人活力充沛得令人吃驚。

他詳細詢問了我的業務狀況，例如我有多少客戶，從銀行和經紀商那裡借了多少錢，以及無數其他問題，我很有禮貌但也頗為自豪的回答了他的問題。而迪克斯卻突然且非常急切的說：「葛拉漢先生，我希望你能為自己做一件非常重要的事，明天馬上坐火車回紐約！回到你的辦

公室，把你手頭上的證券都賣掉；把借的錢都還掉，然後將本金還給合夥人。在這種時期，如果換做是我處在你這種狀況，晚上是睡不著覺的，你也應該睡不著覺。我的歲數比你大得多，經驗也比你豐富得多，你最好能夠聽從我的建議。」

我對迪克斯的建議表示感謝，並說我會認真考慮——這樣做無疑只是為了給他一點面子。很快我就把這事忘掉了。迪克斯確實有些老糊塗了，他是不可能理解我的經營方法的，他的想法也荒唐可笑。然而事實卻證明他的想法完全正確，我則百分之百錯了。

我常常在想，如果當時我聽從了他的建議，我的人生又會怎樣呢？我相信，如果當初採納了他的建議，我就不會經歷那些痛苦與悔恨；但另一個問題是：**如果沒有這些痛苦經歷，我會不會形成今天這樣的性格，能不能取得今天這樣的成功呢？**

一九三〇年初，股市在經歷了去年的暴跌後強勁反彈。到四月時，道瓊指數達到兩百七十九點，比一九二九年十一月十三日的最低點一百九十八點上升了四一％。但緊接著由於聯合信貸（Credit Anstalt）的倒閉，烏雲籠罩了整個經濟市場，第二次股市大跌又開始了，而這一跌就止不住了。到一九三二年六月，道瓊指數已到了谷底——四十二點。

一九三〇年是我三十三年的基金管理歷史中最糟糕的一年，儘管當年開頭的形勢著實令人歡欣鼓舞；但由於不得不控制平損，我們陷入了困境，巨額借款更使我們雪上加霜，我們現在已完全受制於貸款人。

這三年裡我們一直努力償還債務，同時又要避免做出太大的犧牲，因為我們相信手上持有證券的內在價值，遠遠高於它們目前的市價——儘管由於大環境的經濟蕭條，它們的業績表現相當差勁。

一九三〇年，我們的虧損率為五〇．五％；一九三一年則為一六％，到了一九三二年則只有三％——相對來說這可算是個勝利了。在一九二九年一月，我們頗為自豪的握有兩百五十萬美元的本金，但在一九二九年到一九三二年間（經濟復甦之前），我們損失了七〇％。然而我們還是很固執的按一．二五％的月息，向傑里和我本人支付資本利息。這樣做的結果是，到了一九三二年年末，我們只剩當初兩百五十萬美元的二二％了。

許多客戶抽回了本金，鮑勃．馬羅尼就是其中之一。他非常抱歉的向我們解釋：他要用這筆資金償還其他債務（格林曼當時曾告訴我，當馬羅尼發現自己百萬美元以上的財富幾乎全部虧損時，這位意志堅強、努力奮鬥的愛爾蘭人也不禁淚流滿面）。我們按比例把一部分證券轉交給馬羅尼，同時也讓他承擔了一小筆債務。

在那個困難的歲月裡，只有一個人向我們的基金增加了投資，那就是伊萊亞斯．賴斯（Elias Reiss），傑里的岳父。他在我們的事業處於最低谷時投入了五萬美元。而由於他獨到的精明眼光，他對我們的信任也獲得了非常豐厚的回報。賴斯隨時準備幫助我們，對此我是非常感激的，當他聽說我們要賣證券還舊債，而證券數量又可能不夠時，他又額外拿出不少美國政府債券供我們支配，以便必要時增加我們的資本。不過幸好我們沒有走到要他慷慨解囊這一地步。

在那幾年裡，我們拚命工作以挽回損失，我們也想辦法使手上的證券得到比較合理的交易。有一次我們告了一家證券經紀公司，要求他們對我們在鋅礦債券上所蒙受的損失做出賠償。債券說明書表明，這家鋅礦過去的業績一直很好，但它沒有指出礦區都已開採完畢，因此該鋅礦以後的盈利必將減少。

我們的律師庫克告訴我們，這一案子雖然有些不尋常，但非常有價值。他認為，我們在法庭上輸掉的唯一可能，是對方請來常勝律師斯圖爾為他們辯護。那麼我們該怎麼辦？格林曼建議我們搶先聘請斯圖爾作為顧問，這樣對方就得不到他了。

我們給這位可敬的斯圖爾先生送去五千美元的支票作為他的勞務費，同時把案件的概要也寄給他。他說這案子很好，敘述簡明扼要，便收了錢接下案子。這樁訴訟案的結果，是被告以原價三分之二的價格購回我們的債券——對我們來說這可是彌補了一個大損失。

那時我們還持有大量環球影業（Universal Pictures）的特別股股票，該股票年率為八％。當時它們還是家小公司，但在大蕭條之前連續多年都支付了股利，不過在那惡夢般的歲月裡，該公司也一落千丈，不再派發紅利了，股票價格也跌到了三十美分，這對我們是個不小的打擊。

然而，該公司的創始人兼總經理卡爾．拉姆勒（Carl Laemmle）卻繼續領取每星期三千美元的高薪，這些薪水比付給特別股股東的所有股息還要多！在這樣的環境下，這種行為確實有些過分了，於是我便約他談一談。

在他辦公室外等了一會之後，我聽到裡邊傳來他那熱情洋溢的聲音：「嘿，葛拉漢，請進來吧！」當我進去後，覺得有點神祕兮兮，看到一個小個子男人坐在辦公桌旁，滿臉沮喪。他很懊惱的說道：「我還以為你是葛拉漢．麥克納米（Graham McNamee）呢。」（葛拉漢．麥克納米是環球公司的著名新聞評論員。）我無法說服拉姆勒降低薪水，但我們最終還是設法以相當不錯的價格拋掉了這些股票。

很明顯的，我需要削減龐大的家庭開支，尤其是因為依照合約規定，我沒有固定薪水，只能從帳戶的經營利潤中取得分潤。我們的首要問題是處理貝雷斯福德公寓的租約，因為原來約定的租金實在太貴了。

我很幸運的將這套公寓轉租給尼曼馬庫斯百貨公司（Neiman - Marcus）的馬庫斯夫人，租期將近一年，租金與我當時租來裝修時的租金相差無幾。後來我們支付了些賠償金把剩下的租金給省下來，然後在中央公園以西九十一街的艾爾多拉多大廈租了一間房子，房租便宜多了，但仍相當氣派。

艾爾多拉多大廈是由我們的老朋友戈德曼興建的，他白手起家，從工程師變成了一名成功的地鐵建造商。和許多人一樣，他那宏大豪華的公寓房子，也恰巧是在大蕭條之前完工。顯然他無法取得資金償還貸款，於是大廈也就成了別人的財產——這一損失超過一百萬美元。

我不知道他還有多少錢，但他至少還有能力在他一度引以自豪的大廈頂樓租一間大房子住下來，在塔帕湖畔，他還有幢夏日別墅——在那裡他開著那艘「克里斯—克拉夫特」遊艇，我則跟在後面學習水上滑板。

總的來說，他的家庭生活還是相當奢侈的；但艾爾多拉多大廈的損失使他變成了一位改革家，他對所有人談的話題只有一個，那就是這個「體制」太不公平了——由於他口齒不清，「體制」成了「梯子」。他認為，美國的資本主義氣數已盡，必將被新「梯子」所代替，在這種新「梯子」下，銀行是不會把一個傾注了大筆財富和心血之人的漂亮大廈給吞併掉的。

大家都能從報紙上了解到，在一九二九年的市場恐慌中，一個又一個投機失敗者從證券經紀公司的窗口跳樓自殺。當然這種故事是有點誇大了，它們只是為了迎合公眾的恐怖心理，或所謂的「黑色幽默」。

但在那段該死的日子裡，確實有不少人失去了理智，因為他們自認為已經完蛋了，不過其實有些人的情況，並沒有像自己想的那樣糟糕。我的婚外情人珍妮的叔叔就是其中一例。

他靠鞋子生意賺了一大筆錢，接著就開始投資房地產市場，但因為害怕要蒙受各種損失，便把自己鎖在車庫裡，喝了一整瓶威士忌，發動車子引擎，就這樣結束了自己的煩惱。但實際情況是，他完全有能力償還債務，實際上也給家人留下了不少遺產，而且透過在我們帳戶上的投資，後來他們的財富達到了好幾百萬美元。

我能理解這位老朋友的絕望心情，對他的悲慘結局也深表同情，因為在某種程度上，這三年時間裡我自己也曾經歷了同樣的悲觀與失望。不過，即使在事業最低谷時我也沒有破產，而且當時剩下的財產在十年前看來，還是相當可觀的。

財富和貧窮是個相對的概念——紐約的窮光蛋可能是加爾各答的富翁。不過幾乎對所有人而言，當他失去五分之四的財富後，不管他還剩下多少錢，都會認為這是一場災難。

其實，財富的損失對我來說還不算什麼，最讓我感到痛苦的，是在大蕭條出現後不斷的自責，不斷的問為什麼，以及沒有把握自己能撐過去。此外我還會想到：有這麼多的親朋好友將他們的財富託付給我，現在他們也要和我一樣痛苦不堪。

你應該可以理解我當時那種沮喪和近乎絕望的感覺，這種感覺差點也使我走上了絕路。在一九三二年寒冷的初冬，我寫了一首小詩表達了當時的心情：

靜靜的，軟軟的，一如輕絲般的飛雪；
死神親吻著孤獨的人心；
它的觸摸冷如冰霜，但總比無盡的憂傷好；
它的長夜一片漆黑，但總比不絕的悲痛強；
那靈魂不得安寧的人啊，何處才是你安息之地；
那可憐的雄鹿啊，你又怎能逃避叢林中的追捕；
煩惱纏繞著他的大腦，大地是他安息的枕頭；
絕望籠罩著他的心情，泥土是他解脫的良藥。

因大蕭條誕生出《證券分析》

由於經濟拮据，我從年輕時就養成了節儉的生活習慣；但前些年的成功，讓我將這種好習慣丟到了九霄雲外，而這次的危機又使我重新勤儉節約起來。雖然我經常自責——既然已經預料到災難要發生，為什麼還是不能保護自己免受傷害呢？——但更令我痛心的是，我不該享受那種不屬於自己的奢侈生活。

我馬上就得出這樣一個結論：**追求物質滿足的關鍵，在於為自己訂一個比較低的生活標準，一種在絕大多數經濟狀況下都能輕易實現的生活標準**。不過在實際生活中，這個新原則一方面會覺得自己很理智、值得稱道；另一方面則顯得相當小氣。

我下定決心不再炫耀財富，不再過不必要的奢侈生活，對那些力有未逮的花費統統都要取消——貝雷斯福德公寓就是個痛苦的教訓。在隨後的三十五年中，我再也不去租那些價格昂貴、中看不中用的房子了。

但在另一方面，即純粹的個人開銷上，我承認自己太過於節儉了，有好幾次數萬美元的大生意瀕臨險境需要處理時，我還在為一分一厘的得失而斤斤計較。

我寧願坐地鐵也不搭計程車，我甚至會安慰自己說地鐵更快些（所以我老是要匆匆忙忙的趕路），但我內心完全清楚自己只是為了節省大約一美元的車費。在點菜時我也會特意挑菜單上較便宜的菜餚，甚至那時與母親每週一次的聚餐，我也只帶她上便宜的中國餐館——我非常不願意承認這個事實。

在生活比較寬裕的時候，我給母親買了輛車，並僱了名司機（雖然我自己從未有過司機）；但我知道母親能夠理解我為什麼要節儉過日子，沒有汽車和司機，她也能活下去。

幸好在花錢時，我對自己與對別人的態度是截然不同的。我確信沒有人認為我是小氣鬼，當然如果大家了解我是如何對待自己的話，他們一定會認為那才叫做「小氣」。

在一九三〇年到一九三二年的艱難歲月裡，我在《富比士》（*Forbes*）雜誌寫了三篇文章，指出了這樣一種極其不正常的現象：許多重要的普通股價格非常低，而每股股票背後的流動資產（甚至是現金資產）的價值，都要比這一價格高出許多。其中有篇文章的題目是〈美國經濟真的這麼糟糕嗎？〉（*Is American Business Worth More Dead Than Alive?*）這個問題後來在金融界中占據了重要的地位（事實上在大蕭條結束後很長一段時間內，這一現象也持續影響著許多公司的股票）。

而雖然課堂上少了許多學生，我還是持續到哥倫比亞大學講課；到了一九三二年，我便開始著手寫教科書（在一九二七年繁榮時代我就已經在計畫寫書了）。我請大衛．陶德與我合作，他也同意我作為這本書的主要作者，並以我的風格完成整本書的寫作；他則負責提出建議和批評，核對事實和參考資料，以及完成書中的表格。

我們把全書的內容製成一張表格，還寫了第一章的草稿，透過休．凱利（Hugh Kelly，他曾是我們班上的學生，在麥格羅．希爾公司〔McGraw Hill & Company〕裡做得很出色，後來成為該公司副總經理）將它們交給了麥格羅．希爾出版公司。

出版公司把草稿交給了他們的審稿者，係哈佛大學金融專業的一位教授。後來我們看到這位教授的報告（按照慣例這是不允許的），裡面對這本書讚譽有加，而他唯一的問題是，我們是否有精力完成這樣宏大的著作。

這位教授的評價使出版公司深受鼓舞，他們決定給我們一五％的非遞減版稅；而在一般情況下，版稅是從一〇％開始，並且隨著銷量的增加而遞減。我和陶德達成了這樣的協議，我拿五分之三的版稅，他則拿五分之二。合約於一九三二年年末簽定，但直到一年半以後，第一版的《證券分析》才正式面世。

在大蕭條結束之前，即一九三二年十二月，我又開始從事兩項全新的工作，它們也對我隨後的生活起了重大影響。一項是在資產評估案件中擔任顧問；另一項則是我構思了「商品本位貨幣計畫」，這讓許多經濟學教科書中都留下了我的名字。

現在先把這些事情擱到一邊，等我寫完下一段經歷（一九三三年三月富蘭克林．羅斯福〔Franklin Roosevelt，小羅斯福〕總統宣誓就職是這一階段的開端）後，再來細談吧！

價值投資之父葛拉漢：賺錢人生

- 想要成功獲利，就必須依靠誠實的經營和正確的策略。
- 許多證券公司成立了自己的投資公司收取三重利潤：發行股票時的溢價、經營投資公司所得的管理費用，以及替人買賣證券所得的佣金。
- 在典型的避險操作中，我們會買進可轉換特別股，同時以大致相同的價格賣出相關的普通股股票。
- 財富和貧窮是個相對的概念——紐約的窮光蛋可能是加爾各答的富翁。
- 追求物質滿足的關鍵，在於為自己訂一個比較低的生活標準，一種在絕大多數經濟狀況下都能輕易實現的生活標準。

第十四章

復甦之路：1933 年至 1940 年

投資債券和股票的比例都不能少於 25%；剩下的 50%則根據投資者自己對股票市場行情的感覺與判斷。如果不能做出明確判斷，各持 50%的股票與債券則比較合乎邏輯。

一九三二年，道瓊指數一度探底到四十二點，年終收在五十九點；由於羅斯福當選總統後關閉了許多銀行，道瓊指數又跌至五十三點；之後便開始一路上升。

一九三三年末道瓊指數收於九十九點，一九三四年則與去年持平，一九三五年末到達一百四十四點，而到一九三七年三月的牛市高峰時，該指數已攀升到一百九十七點。我們的經營業績也很好，事實上，比市場平均水準要好得多。

四年前我們公司的本金為兩百五十萬美元，而到了一九三三年年初時已減少為三十七．五萬美元。但僅在一九三三年，我們的利潤率就超過了五〇％。受這些業績的鼓勵，我也在飽受挫折之後重新確立了信心，客戶們也是如此──他們大多是我的好友，也是這次危機中的「患難之交」。

蓋伊．利維（Guy Levy）是我們的客戶之一，他建議修改一九二六年訂下的合約，以使我和傑里能有機會分享當前的利潤。按照之前的協議，在完全彌補虧損之前，我們不能參加分潤。這意味著：為了使帳戶資本金達到一九二九年一月時的餘額，我們賺的利潤必須超過一九三三年時帳戶資本金的三倍，所以在此之前我們只能免費工作。

在與主要合夥人簡短協商後，達成了如下協議：他們放棄要求我們彌補過去虧損的權利；而我們則放棄過去實行的那種遞增式分潤方式（從三分之一遞增到二分之一），只享受二〇％的非遞增式利潤分成；這一協議從一九三四年一月開始執行。

五個最大的客戶聯名寫了一封信──信中還把我和傑里大大恭維了一番──要求其他客戶也接受新的協議。除了一個人外，其他所有合夥人都愉快的在新合約上簽了字，這個人就是我的小舅子。而到了一九三五年十二月，所有虧損都已彌補完畢，這時我們也很開心的按照舊的合約條款，對這位小舅子的利潤進行分成。

然而新的麻煩又出現了，美國國稅局提出：按照某些法律條款，我們實際上不是「共同帳戶」，也不是真正的合夥人關係，而是「像公司一樣，屬於徵稅範圍的一種」。

律師格林曼建議我們組成公司，他說，否則，按照稅法，我們的法律地位總是含糊不清，而財政部為了多收些稅款，既可以把我們當成合夥關係，又能把我們當成一間準公司。我們接受了他的建議，終止了班傑明．葛拉漢共同帳戶，取而代之的是一九三六年一月成立的葛拉漢．紐曼公司。

我也開始接受越來越多的諮詢業務。當時美國財政部有一樁訴訟案：因為某人繼承了鏈條製造商惠特尼製造（Whitney Manufacturing）公司的控股權，而產生了應該如何對他繼承的股票徵收財產稅這一問題。財政部希望能找到一名有證券專業知識的顧問，對股票的真實價值（而非市場價格）做出評估。

受到哥倫比亞商學院的推薦，我的生活也翻開了新的一頁。該繼承人聲稱，股票的價值應取決於以下因素：首先，一九三二年股票原主人去世時，股票價格非常低；其次，和大多數公司一樣，那一年該公司的經營也是虧損的。

而我則認為，既然這些股票代表著對該公司的控股權，那便意味著股票的主人可以任意處置公司的資產，因此就應該按照私人企業的標準，評估股票價值。

我的結論是，應該按照公司清算後的財產價值，確定這些股票的最低價值；而只要公司運營時的價值比它被清算時的價值要大，公司就應當繼續存在下去。我把不計入折舊的營運價值作為公司的清算價值，從而增加這些股票價值的估算值。

稅務法庭認定的價值與我提出的大致相差無幾，這比那位繼承人聲稱的價值高了許多。這是我作為資產評估案專業顧問所碰到的第一樁案子，也是我的第一次「勝利」。此後我還處理了大約四十多件這樣的案子，當然案子的情況各有不同。

我之所以比較詳細的描述了惠特尼公司案，不僅因為它是新生活開始的重要指標，同時還體現了我的價值評估理念——我在整個金融生涯中一直秉持著這種理念，不論是在投資、寫作、授課時，還是在報告和諮詢中都是如此。

參與訴訟案，開啟新生活

一九三三年我接到了另一樁諮詢案，這樁案子拖了很長時間，花了我不少精力。紐澤西州的六家鐵路公司聯合控告州政府，要求州政府降低對他們財產的估價（從而降低他們必須付給州政府的稅）；他們認為根據法律規定，這些估價應當是他們在紐澤西州財產的真實價值。

他們聲稱，這些財產在大蕭條中蒙受了巨大的價值損失，而估稅員卻沒有考慮這一情況。此案涉及的金額高達數百萬美元，州政府挑選了本州最有名的律師為估稅員辯護，還給他「特別助理總檢察官」這一頭銜。

律師覺得需要專家的證詞，於是找到了哥倫比亞商學院的教授詹姆斯・龐布賴特（James

Bonbright），此人是兩大經典巨作《物業估價》（*Valuation of Property*）的作者。

由於案子涉及到大量的數據，而我又特別會處理複雜的計算，龐布賴特教授建議由我和他一起接這個案子，律師接受了這一提議；我也很樂意接手這樣一個重大案件，因為當時我的投資沒有獲利，正需要錢。

龐布賴特按他的標準定了報酬：準備期的工作每天一百美元；在法院出庭時每天兩百五十美元。對我來說這一報酬已是非常慷慨了，而在之後的案件中，我便把它作為收費標準。

幸運的是，我們不需為州政府對鐵路財產所做的估價提供證詞——這是我們不想做也沒法做的事。按照法律規定，必須由原告負責提出一套新的財產評估方案，以推翻多年來一直在實行的老方法，另外他們還須證明按照他們的方案得出的估價是「正確」的。

我們所要做的僅僅是找出他們方案中的漏洞：在某些實際或假設條件下，根據他們的方案實施將會產生矛盾或者荒唐的結果。由於案子進行了三年，我已記不清有關這個案子的一些實質性細節，但我仍記得這個案子的一些故事。

對我來說，該案最有意思的是這位大律師的個人處境，他的律師事務所是原告之一紐約中央鐵路公司（New York Central Railroad）的法律顧問。當我問他怎麼可以腳踏兩條船時，他回答我：「我能處理好這種關係。此外，我還是韋弗（Weaver）先生的個人法律顧問呢！」

韋弗是公平稅務委員會（Tax Equalization Board）的主席，聽證會就是在他面前舉行的；在另一件案子中，有人正對他提起訴訟，而我們的律師就是他在那個案子中的代理人。

「還不僅僅是這些呢，」律師說道：「我剛剛也同意，為法庭的書記員處理他的離婚案。」

在這椿鐵路訴訟案中，這位和藹可親、受人歡迎、處變不驚的大律師幾乎在為所有當事人當代理。而那位可敬的韋弗法官大人，也是本案的主審法官，看上去就像杜米埃[1]漫畫裡無精打采、皮膚乾皺的法官。

後來有一天，我在報紙上看見了這樣一則驚人消息：這位幾乎行將就木的大法官狀告他的妻子，要求與她離婚；他說妻子非常殘酷，在一次爭吵打架中竟然想用領帶勒死他！

隨著龐布賴特在法庭上就財產估價的理論問題論證時，案子進入了高潮。他在證詞中用了非常多抽象的推理、晦澀的詞句，搞得大家都糊裡糊塗。據我推測，由於龐布賴特的工作是向人解釋：要對鐵路財產做出無懈可擊的估價是非常困難的，所以我認為他並沒有花心思使他的表述更清晰些，使人易於理解。

他在論述中隨心所欲的引用外語，還使用一些我從未聽說過的冷僻詞彙。他的證詞讓每個人都如墜五里霧中，這對於我們狡猾的律師而言並非壞事。然而大家也都一致認同，這一天的記錄，應該是這位法庭書記員一生中最難處理的一次。

我自己的證詞則要樸實得多了，主要就鐵路公司提供，及我自己準備的無數證據做了些數學計算。對方的辯護律師斯托爾曼（Stallman）為了推翻我的證詞，對我進行了激烈的、無止境的質問。

似乎沒有人急著想結案，畢竟案子涉及幾百萬美元的稅款，訴訟費和律師費也高得驚人。我記得有一天我站在證人席上，對斯托爾曼一個又一個的問題和異議一一做出答覆，而當時我們的律師卻在辯護席上呼呼大睡。

休庭後他告訴我，當我站在證人席上時，他就趕快抓緊時間打一下瞌睡，因為他認為不需要他的說明，我就能對付任何提問。我把這句話當成對我最好的恭維。

有天，我發現法庭的臺階上和院子裡，聚集了無數的記者和民眾，我幾乎無法擠進去參加聽證會，因為當時正在準備審理布魯諾・豪普曼（Bruno Hauptmann）——他被指控犯下了林白小鷹綁架案[2]。

鐵路案是怎樣了結的呢？鐵路公司連續幾年不斷提出訴訟，而且對稅務法庭的判決提出上訴，但他們從未打贏過官司。最後，透過與州政府達成自願協定，他們確實也得到了稅收減免。我並不為自己在這次馬拉松式訴訟案中所扮演的角色感到驕傲，因為我明白真理是在鐵路公司這一邊，他們的稅賦確實過重了。

但我也並不因此而自責，因為在訴訟中我沒有說過任何謊話。我的工作基本都和技術層面有關，州政府要我做好這項工作，我也只是努力完成任務讓僱主滿意罷了。

接下來我持續對《證券分析》一書進行修訂。在一九三九年的第二版中，關於投資的觀點還是比較保守，比較謹慎；我認為採取這樣的態度是明智之舉，**儘管目前市場行情很好，但對於普通投資者來說，往後的幾年裡隱藏著許多不穩定因素。**

---

1 譯按：杜米埃（Honoré Daumier，一八〇八年至一八七九年），法國畫家，擅長諷刺漫畫、石版畫及雕塑。

2 編按：美國飛行英雄查爾斯・林白（Charles Lindbergh）之子，小查爾斯在一九三二年於紐澤西家中被綁架，最初兇手要求五萬美元贖金，後來提高到七萬。但是最後小查爾斯遭到撕票，該案件震驚美國，被視為「世紀犯罪」。小鷹則是源於林白的暱稱「孤鷹」。

永遠存在的問題：如何選擇股票和債券？

當我寫到這裡時（一九六二年），該書最新的版本（即第四版）剛剛面世，這次的修訂任務最為繁重，時間也拖得最長；但是我發現，在費盡心思解釋清楚市場分析、價值評估這些難題後（這些難題看上去也似乎永無解開之日），我不可避免的必須回到兩個簡單得令人發笑的結論上。

第一個結論是對這個問題的折衷處理，即投資者如何在股票和債券（或者儲蓄存款）之間選擇？我的回答是：兩者的比例都不能太低，**債券和股票的比例都不能少於二五％；剩下的五〇％則根據投資者自己對股票市場行情的感覺與判斷**（高了，低了，還是「正常」）。如果他不能做出明確判斷，各持五〇％的股票與債券則比較合乎邏輯。

第二個結論，至於該選擇哪些證券？我覺得，挑選債券時只能選擇高評級的債券；在做較小投資時可選擇美國儲蓄債券（U.S. Savings Bonds）；如果利息收入的稅賦較輕，在進行大額投資時則可選擇公司債券；而對那些稅賦較重的投資者而言，免稅債券是首選。

在任何情況下，選擇債券並不是什麼難題，證券經紀公司的專員都能輕鬆為客戶做出選擇，我對普通股股票的選擇也非常類似；但我對這些「專員」，是否有能力挑選出優於市場平均表現的股票表示懷疑，更不用說未經訓練的普通投資者了（我持這種懷疑態度的理由非常複雜，這裡不做敘述，有興趣可參看《智慧型股票投資人》（*The Intelligent Investor*）一書）。

因此我認為，**標準的證券組合策略，應或多或少參照道瓊工業平均指數裡的股票組合**。我在《智慧型股票投資人》一書中，也簡短介紹了一些比較可靠的方法，按照這些方法投資股票，能獲得比道瓊指數更好的收益。但由於種種原因，我也十分懷疑投資者能否有紀律的依這些方法操作。

參加華爾街沙龍

一九三八年，我與海茲爾離了婚，隨後與第三任妻子卡洛爾．韋德（Carol Wade）結了婚。卡洛爾人雖然長得很漂亮，卻很難相處，所以一九四〇年時我又離婚了。

雖然家庭關係很不安寧，但我還是繼續參加各種社交活動，例如每月一次在海倫．斯萊德（Helen Slade）的公寓舉行的證券分析家聚會。在海倫和她丈夫的主持下，我們會聊聊這個行業的許多事，並痛快喝酒（不包括我在內），盡情享用豐盛的自助餐。

證券分析是金融領域中一項需要高度智慧的工作，而海倫認識所有從事這項工作的重要人物，她成了許多這些顯要人物的生活中，不可缺少的一部分；有些人天天都要跟她講電話。

這些年來，她一直是《金融分析家》（*The Financial Analysts Journal*）雜誌背後的支柱，直至她最後患病為止。每月在她家的聚會，實際上成了由她主持的華爾街沙龍；她就像是二十世紀的雷加米埃夫人[3]——儘管她長得很醜。

不，把她比成《追憶似水年華》中的凡爾杜蘭（Verdurin）女士更恰當些，海倫具有普魯斯特筆下，那位令人難以忘懷的人物大部分鮮明性格。她對曾經是好朋友，現在在《金融紀事》

（*Financial Chronicle*）雜誌工作的威爾弗萊德・梅（Wilfred May）懷有刻骨仇恨，就如凡爾杜蘭對待巴隆・德・查魯斯（Baron de Charlus）一樣。

我與這位「偉大的證券分析女神」的關係自始至終都很好，斯萊德是她第一任丈夫的姓氏，她保留了下來作為筆名。亨利・桑德斯（Henry Sanders）是她的第二任丈夫，他的英俊與她的醜陋形成了鮮明對照。

亨利非常聰明，工作也很努力，從一無所有到成為公眾銀行（Public Bank）的副總經理；公眾銀行被國民化學銀行（Chemical National Bank，現已併入JP摩根大通）兼併後，他又擔任了那家令人肅然起敬的金融機構副總經理。

不完美的替代品

海倫非常喜歡貓，但我做夢也想像不到她對貓會如此寵愛。她為心愛的貓「亞歷山大」（Alexander）傾注了不少心血：一、她為牠買了一串真正的珍珠項鍊，並將它掛在亞歷山大的脖子上；二、她以亞歷山大的名義買了許多股票；三、貓死後她非常傷心，所以特地設立了一個「亞歷山大獎金」，用於表彰《金融分析家》雜誌的年度最佳論文。

在她去世以後，「亞歷山大獎金」被另外兩個獎金取而代之：一個是獎金名稱更恰當、管理更嚴格的「海倫・斯萊德獎金」，另外一個則是我們的「葛拉漢—陶德年度獎金」。因此我間接的繼承了原本授予一隻死貓的榮譽。

海倫對於邀請哪些人參加她的每月聚會很是挑剔，所以對那些證券分析家而言，能夠得到她的邀請是件非常榮耀的事。她是我忠實的朋友，只有我一個人能得到她的垂青進入她的臥房——並不是出於其他目的，只是為了能讓我更無拘無束的與她交談幾分鐘，並與她的三隻小貓嬉戲一會。

我和卡洛爾也同樣非常喜歡貓，對牠們的喜好幾近失去理智的程度，我們買了一隻小暹羅貓，替牠取了個名字叫雪赫拉澤德（Sheherazade），簡稱雪莉（Sherry）。牠長大後不僅相貌好看，而且行為乖巧，惹人喜愛——這是暹羅貓中難有的性格。我和卡洛爾不大有共同語言，但在喜歡貓這一點上是一致的，如果沒有這隻貓，我們婚後的生活就不僅是一場失敗，還有可能變成一場災難。

雪莉的一生都是在曼哈頓的公寓裡度過的，牠似乎從未得過任何精神上或肉體上的疾病。當我們搬到「丘園旅社」後，牠便有機會在旅社四周的花園裡亂跑。不過，這是個令人遺憾的錯誤。

由於我們忽視了有關貓的一些知識，沒有讓牠接種預防腸炎的疫苗——這種病對於街上的那些雜種貓算不了什麼，但對雪莉這種純種貓卻是致命的。就在雪莉第一次去花園嬉戲後的幾天裡，開始出現了一些症狀，兩天後，卡洛爾打電話到我的辦公室，告訴我一個令人傷心的消

3　譯按：雷加米埃夫人（Madame Récamier，一七七七年至一八四九年），法國貴婦，十五歲時嫁給銀行家雷卡米耶，其在巴黎的沙龍是當時政界和文壇知名人物聚會之地。

息——我們心愛的小貓死掉了！儘管獸醫絞盡腦汁也無能為力。

卡洛爾嚎啕大哭，聲音響得我完全聽不清楚她究竟在說些什麼；而我也同樣沉浸在深深的悲痛之中，但我必須行使起男子漢的職責去安慰她。我答應她再去買隻暹羅貓，在任何方面都會與雪莉一模一樣，但我的真實想法是，我就像那位沉船後仍在為士兵鼓氣的艾尼亞斯[4]一樣：

「他的臉上充滿了偽裝的希望，他的內心深處卻充滿了憂傷。」

雖然我並不迷信，但我忍不住還是要把雪莉的去世，當成我和卡洛爾未來生活的凶兆。新的暹羅貓在外表上與第一隻幾乎沒有區別，而我希望給牠取個帶有雙關語的名字：歐—帕斯二世（O - Puss Two）[5]；與所有喜歡用雙關語的人一樣，我對自己的智慧頗為自負。但出於一種更深層的情感，我們還是給牠取了與前任小貓同樣的名字。

我們在各方面都對牠細心照料，但牠並不像第一隻令人難忘的雪莉那樣，給我們帶來歡樂。或許是這隻貓不夠惹人喜歡；或許是我們對牠的期盼太多；或許牠感覺到了我們對第一隻雪莉的深深依戀，所以以行動來表示牠的怨恨（寫到此處時，我所想的不僅僅是兩隻雪莉，想得更多的是我的兩個牛頓。第一個牛頓是一個非常出色的男孩，他在九歲生日前一個月離開了人世；一年後，**我們生下了第二個牛頓來代替他的哥哥，但他最後帶給我和海茲爾的悲傷，其實也要多於快樂**）。

因為二戰而成為道奇隊球迷

與卡洛爾離婚後，我的大部分空閒時間是與媽媽和哥哥們一起度過的。另外，我還和陶德一起忙於為一九四〇年版的《證券分析》（第一次修訂版）做最後的潤飾。

雖然這次修訂中要改動的地方，比十年後的那次修訂少許多，但同樣也需要花不少時間更新書中的案例，以跟得上時代發展；此外，美國證券交易委員會（Securities and Exchange Commission）的誕生，更讓情況發生了巨大變化，這都需要在書中加以具體說明。

當我的家庭內部困難重重時，國際形勢也到了危急關頭。希特勒的上臺使我垂頭喪氣，英國首相張伯倫（Neville Chamberlain）在慕尼黑的投降行徑更讓我目瞪口呆。

在證券分析家每月聚會中，大家也就這些問題展開了詳細的討論。一九三九年十二月，第二次世界大戰爆發後，股市的反應完全不同於一戰帶來的恐慌，股票價格反而立即大幅上揚。

在衝突的最初幾個月裡，戰事寥寥無幾，喪命的人數也很少，於是美國民眾便開始稱之為「假戰爭」，並開始對相關報導感到厭倦。

但是在一九四〇年的五、六月，德國發動了強大的閃電戰，在極短的時間內法國宣告淪陷，接著便是英軍在敦克爾克大撤退——雖然這次撤退可稱得上是個奇蹟，但終究還是令人沮喪的

---

4 譯按：艾尼亞斯（Aeneas），希臘神話中的特洛伊戰爭英雄。

5 譯按：英語「噢——過去了」這句話的諧音。

情勢。

到這時我才發現，自己真正被眼前發生的一切所震撼。我變得惶恐不安，萎靡不振（我很少經歷這種狀態），不能像以前那樣專心致志處理家裡的事務。這種精神上的憂鬱，促使我去尋求一些非常規的治療方法。

其中有一種方法聽起來可能有點幼稚：我又重新開始溜四輪溜冰鞋；這項運動我在童年之後就很少再玩過。然而，當我在不停轉圈、身體有節奏的運動、聽著那柔和的音樂，甚至當我聽到轉動的輪子所發出的低沉聲音時，我便得到了一種奇怪的安慰。

每次剛開始滑時，我的大腦總是充滿了對世界局勢的悲觀失望，和對卡洛爾的深深怨恨，但最後我都會讓自己完全沉浸於溜冰之中，得到了夢寐以求、靈魂上的安寧。

在與卡洛爾離婚後，由於法國淪陷，我的祖國英國又面臨亡國的危險，我的心還是不能平靜下來。為了不讓自己去想這些事，除了溜四輪溜冰鞋外，我又參加了另一項娛樂活動。我開始去布魯克林的艾貝茨（Ebbetts）體育場，觀看道奇隊[6]的棒球比賽（當時這些運動員被人們稱為「遊手好閒者」〔Bums〕）。

為了使自己能完全融入那裡的氣氛，我全神貫注的坐在露天看臺上，四周全是打著赤膊的球迷。他們一會得意洋洋，一會垂頭喪氣；一會歡呼雀躍，一會又噓聲大作；他們經歷著從希望到絕望，然後又從絕望轉回希望這樣的大悲大喜——似乎他們的生命、他們的財富，以及他們神聖的榮譽感，都取決於每一次擊球的結果。

我並不認為他們的狂熱行為很傻、很令人反感；相反的，**我讓自己融入到這種幼稚的鬧劇**

中，以使自己疲憊的心理得到休息康復。我不能說在一次次比賽後，自己的「行為」變成了真正的道奇隊球迷，但在艾貝茨體育場的露天看臺上度過的那六、七個下午，使我這一生都成為這些「遊手好閒者」的粉絲。

當我搬家到洛杉磯時，他們好像跟著我似的把賽場也搬到了洛杉磯。這一下遊手好閒者變成了「天使」[7]；當我在歐洲定居下來後，我仍然是他們的忠實球迷。今年，當柯法斯[8]率隊取得一九六六賽季最後一場比賽的勝利時，我為他們歡呼雀躍；當他們在世界盃賽中四連敗被金鶯隊橫掃時，我也同樣為他們感到傷心難過。

6 編按：道奇隊成軍於一八八四年的紐約布魯克林，並在一九五七年球季結束後遷至洛杉磯。

7 編按：指洛杉磯天使隊（Los Angeles Angels）。

8 譯按：山迪・柯法斯（Sandy Koufax，一九三五年出生），一九五〇、六〇年代道奇隊著名左投手，於一九六六年退役，名人堂成員。

價值投資之父葛拉漢：賺錢人生

- 投資債券和股票的比例都不能少於二五％；剩下的五〇％則根據投資者自己對股票市場行情的感覺與判斷。
- 如果不能做出明確判斷，各持五〇％的股票與債券則比較合乎邏輯。
- 標準的證券組合策略，應或多或少參照道瓊工業平均指數裡的股票組合。

第十五章

我的劇作家生涯

我發現了一個與我們結交多年的已婚藝術家寫給我妻子的許多信，有些信中有著非常露骨的勾引字眼。這件事給了我創作靈感，不久後我就開始積極寫劇本了。

在緊湊的兼職工作期間，我總能找出時間和精力寫幾齣劇本。而在這些劇本中，也可以看出我在兩個不同階段的思想差異。

因為一個奇特的因素，促使我動筆寫了第一個劇本。一九三〇年，當我在貝雷斯福德公寓裡尋找舊報紙時，在書架上發現了一個硬紙盒。隨手打開後，發現了一個與我們結交多年的已婚藝術家寫給我妻子的許多信，有些信中有著非常露骨的勾引字眼。

那時我和海茲爾的關係已經相當緊張，很長一段時間內我們的愛情不斷衰退，最終相互疏遠，在一九二七年秋天她撇開我獨自去歐洲旅行這件事就是最明顯的證明，但直到一九三八年我們才好不容易離了婚。

我沒有告訴海茲爾自己看過這些信，奇怪的是，儘管此後的三十五年中我們有過各種接觸，但直到今天，我仍未對她提起過這件事。不過這件事給了我創作靈感，不久後我就開始積極寫劇本了（心理學家可能會把這解釋成經歷創傷後的一次昇華作用）。

劇本中以一對夫妻為主角，他們結婚已二十週年，是很出色的一對夫妻（又一次昇華作用），丈夫是個有成就的律師，妻子則熱心於多種工作，是個美麗的女人。

後來出現了一個法國藝術家，多年前曾與女主角相愛過。女主角解釋道，她的丈夫太任性、太講邏輯，不肯對她敞開心懷（這裡有一點點自我剖析）；但隨著她與藝術家的愛情不斷成熟，愛變成了友誼，浪漫史也結束了。

然而，妻子保留了藝術家熱情洋溢的來信，她把它們存放在郵局的私人信箱裡。無意間信卻送到了丈夫桌子上的一堆資料夾裡，劇本就由這件事發生後兩天開始。丈夫是否發現並讀過這些信，成了一個大謎團。

劇本裡他從未提起這件事，但妻子認為按丈夫本性，他就算知道了也不會說什麼。最後以在她心頭懸念仍未解決而結束——謎團留待觀眾去解開。當然，丈夫就是十年後的我，妻子則有許多海茲爾的性格和經歷。

我把列印好的草稿給海茲爾看，她還給我時說她很喜歡這齣戲，對這個題材則未加評論，也沒有一種發現我已經知道她的祕密後，吃驚或愧疚的表情。唉，女人啊！

那時我們有一個叫西爾維亞．戈登（Sylvia Golden）的朋友，她是《戲劇》雜誌（*Theatre*）的編輯、製作人約翰．戈登（John Golden）的妹妹。她很喜歡這個劇本，認為知名的演員大衛．貝拉斯科（David Belasco）可能會想演出該劇。

隨後我就把劇本寄給了貝拉斯科，過了一段時間，我們便約在他的戲院面談。可惜我對那次會面記得不多，只記得他穿著類似牧師服的服裝，彬彬有禮的與我交談。當然，他表明自己拒絕演這齣戲。而後來僅有一家戲劇經紀公司——楊和魯布薩曼（Young and Rubsaman），接受了這個劇本。

不過，還有一次差點成功，約翰．霍普金斯大學每年都會徵集美國劇本創作新人的作品，並從中選取一部上演。我把劇本寄了出去，他們保留了很久，使我信心大增，但最終還是打了回票，並附了一封信。信上說儘管我的作品很動人，但仍是排名第二。這句話多少是一種慰藉。

不過我的腦海裡還有其他想法和其他要寫的劇本。有天，一個歌舞雜耍表演（Vaudeville，又稱滑稽通俗喜劇）的情節在我腦子裡出現了，我幾乎把人物對白一氣呵成寫了出來，劇本名為《清算之日》（*The Day of Reckoning*）。

劇情發生在一家理髮店裡。許多年前，一個無賴朋友勾引過理髮師的妻子，並捲走了他倆的積蓄。而現在一個有著濃密落腮鬍子的顧客走進店裡，請理髮師幫他把鬍鬚剃乾淨。不久，理髮師發覺椅子上的人就是那個罪魁禍首。真是無巧不成書啊！劇本以這個惡棍在剃刀的威脅下驚嚇死去而告終。

我把這兩部作品給了海茲爾的老朋友哈里．戴爾夫（Harry Delf）看，哈里和他妹妹茱麗葉（Juliette）在歌舞雜耍表演上有些名氣；哈里擅長舞蹈，茱麗葉則擅長模仿和獨角戲。同時哈里也是個劇作家，寫過一部相當成功的《上層家族》（*The Family Upstairs*）。

當哈里把劇本草稿還給我時，他告訴我劇本寫得很好，但情節卻與《國王的理髮師》（*The Emperor's Barber*）有些雷同（該劇主角是拿破崙）。他還說歌舞雜耍表演已經退流行，事實上任何新創作的歌舞雜耍表演劇本都已經沒有市場了，那就是《清算之日》的結局——塵封在我的檔案櫃裡了。

在那以後不久，哈里建議我們一起合作。他有個很棒的喜劇構思，因為對我寫對白的才能印象深刻，他想和我合作來轟動票房。不過他有一點小麻煩，而這個麻煩卻將對我很有利。

哈里患了柏格氏症（Buerger's disease，血栓閉塞性脈管炎），這影響了他的腿部機能，使他不得不放棄了表演生涯；幸好他有先見之明，買了大量保險保護自己，所以現在憑著「傷殘條款」，每月可以得到一筆可觀的收入。

然而，如果他一旦能自立，這筆收入就停止發放，而保險公司也一直密切關注他的行動。

在這種情況下，他覺得讓人知道自己正參與創作一部新劇本，對他來說可能非常不利，因此合作的成果只能寫上我一個人的名字。不過，我們將平分未來所能獲得的巨大利潤，其中電影版權帶來的收益，可能占很大一部分。

這一切聽起來對我很有利，所以沒有多加考慮就同意了。回想起來，這事並不值得稱道，因為我協助受益人利用（「欺騙」可能是更確切的詞）了那些保險公司。我一向自詡在經濟議題上很清白，所以這次的行為讓我懊悔不已。

我認為，就算是以一種較「聰明」的方式欺騙保險公司，也該稱之為犯罪。而對現在的我來說，更難以置信的是許多年來我的主要收入，都來自保險行業的股份所得。

第一部劇本就在百老匯上演

哈里給劇本取名《忠於大海》（*True to the Marines*），是寫一個很有名的社論作家故事，顯然是以當時赫茲國際集團（Hearst Corporation）中，頗具影響力的社論作者亞瑟·布里斯班（Arthur Brisbane）為原形塑造的。

男主角有個美麗輕浮的金髮情人，這個傻乎乎的美女常會對時事做出坦率的評論，讓作家在寫專欄時有許多靈感。當然劇本中還有其他角色，其中有個迷人的青年，是金髮美女真心喜歡的人。然而作家的妻子意識到，這個年輕女人對丈夫的快樂和事業影響很大，所以表面上毫不計較，背地卻努力將兩個年輕人湊成一對，想給自己的丈夫帶來巨大傷害。

我是在一九三三年夏天動手寫劇本的，每週都要去哈里的海濱寓所長談一次。最終定稿要以哈里滿意為準，他負責讓演員排練上演，上演的次數並不多，但聊勝於無。

在長島彌漫著貴族氣息的蝗蟲谷裡，有家在紅谷倉戲院表演的非專業劇團同意試演一、兩個星期，而我們可獲得微薄的劇本上演費。事實上首場演出是在一九三四年六月，幾乎與《證券分析》一書首次亮相同步。雖然蝗蟲谷離我家很遠，但我還是想辦法去看了兩場演出，我已經不記得演出是否受歡迎，但感覺當時人們認為這次演出「頗為成功」。

我的第一本書出版和第一部劇本上演幾乎同步進行，這給了我相當大的虛榮及滿足感。利益分享帶來的豐厚收入，更使我飄飄然，它預示著我個人財務困境的終結，也不必再為我的客戶們擔憂。

另外，越來越多的人找我擔任顧問，這可是個報酬很高的副業，當時我正好四十歲——有個法國作家稱之為「老年青春期」。讓我吃驚的是，我發現自己正墜入一段完全不同於以前所知的浪漫情感中，或許是戲劇氣氛的感染以及其他各種活動，竟對我的性生活產生了潛移默化的影響。

哈里積極的想給我們的《似是而非》劇本找一個百老匯製作人，而我們也已同意給該劇重新取個名字叫《小龐巴度》（*Baby Pompadour*，我們認為龐巴度夫人在路易十五法庭上的情況，和我們的女主角在著名作家密室裡的情況，有某種程度的相似）。

經過幾個月的周旋，我們的經紀人找到一個樂於資助我們的劇本在百老匯上演的人；儘管哈里覺得合約不夠完美，但他認為我應該接受。按照慣例，合約中包含了預付作者五百美元的版稅。事實上，我們本來預想可以有一個更好的合約。

這齣戲未來的製作人名叫歐文・斯坦曼（Irving Steinman），是帕利塞茲樂園（Palisades Amusement Park）的大股東之一（該樂園位於哈德遜河畔，是個綜合遊樂場）。

他能幹老練，在娛樂業占有一席之地，但這是他第一次投資正統戲劇，並且不完全是為了商業上的利潤，而是為了取悅一位女士。這位女士就是已與他訂婚、並將要迎娶進門的年輕小姐雪莉・米勒（Shirley Miller）。

雪莉出生於一個良好的猶太家庭，父親是華爾街證券營業員。自孩童時代起她就一直喜歡表演，也曾在戲劇學校內扮演過幾個重要角色，認為自己可以開始職業演員的生涯，但她又不願像其他人那樣從頭開始——她想立刻成名。

因為雪莉看過我們的劇，她認為女主角根本就是為她量身定做的——她後來向我吐露，說服她那頭腦僵化的未婚夫資助該劇可不是件容易的事，但是她威脅說，如果不同意投資，她就解除婚約，所以她贏了。

因此我們和斯坦曼之間的合約，主要條款是讓一個無名的新手雪莉扮演主角。其實回頭想想就很容易明白，這次的演出幾乎註定要失敗，但當時我們太急於要讓人製作該劇了，連老練的哈里也充分相信我們很可能會成功。

我去經紀人的辦公室簽了合約，斯坦曼很自然的問起我的個人情況，我告訴他，我正在從事金融業。很快我們就熱烈討論起股市前景，和他的某些投資。經紀人吃驚的說，劇作家和出資者之間的這種談話，他還是第一次聽到；不過我這一次的專業表現，對我反而不利。

原本斯坦曼準備投資一萬五千美元的製作費，結果他勸我拿出兩千五百美元，他則出資一萬兩千五百美元。他是為了贏得女朋友的芳心不得不冒險投資，但是我為什麼要拿錢去冒險呢？我想這是因為劇本是我的寶貝，正如雪莉是斯坦曼的心上人一樣，或許我像他一樣有其他足夠的理由，不按商業邏輯做事。

無論如何，合約簽了，錢也拿出來了，我們準備打道回府。剛好又有人幫我們找到了一家名叫「金內科特和沃納」（Kinnecott and Werner）的製作公司，這家公司由兩個年輕人擔任獨立製作人，且才剛剛成立。

英俊的高個青年金內科特負責出錢；戴著眼鏡、禿頭的矮個青年沃納則富有經驗（當過幾個不同製作人的助理），他們共同創辦了這個公司，曾經製作上演過一部戲，但那部戲很快夭折了，當然他們對此一定有充分的理由。

儘管這件事的開頭讓人對這個演出前途不太樂觀，不過幸好我們有了一個好的導演——克拉倫斯．德溫特（Clarence Derwent）。德溫特在戲劇界很有聲望，從每年為百老匯最佳導演所設的克拉倫斯．德溫特獎這一事實就可見一斑。

他當時肯定是急需找份工作，才會願意和我們一起冒險；不過他工作認真，與製作人一起選擇演員陣容，當然雪莉．米勒是個例外。我所記得的是，他們都有豐富的經驗，看上去也很能幹（但我必須承認，我對表演水準的評判能力，和其他無數事情一樣，從來沒有提高過）。

該製作公司的沃納宣布，他已經預定了四十九街的范德比爾特戲院作為演出場地，儘管租用其他戲院費用可以少一些，但他認為范德比爾特戲院名氣大，在那裡演出更有機會成功。

上演前需要六週左右的排練，這對我來說是一段極其有意思和讓人興奮的日子；工作之餘我會頻頻去觀看排練，有時他們在內容的改動上，也會徵詢我的意見。看著演員逐漸記住臺詞，導演闡述動作和表情上的變化，布景和服裝準備就緒（或許這是整件事中最精彩的），以及最後進行彩排，這個過程真令人著迷！

上演前不久，我們認為劇本的結局需要變動——最後一幕戲的大部分要重寫。在與哈里就新內容達成共識後，我準備第二天就把內容改好。那天海茲爾煮了許多咖啡給我提神，我花大半夜時間打字，新的改寫本如期完成，並受到了好評。

華爾街身分讓劇作慘敗

首場演出終於來臨了，我記得在此之前的幾天，發生了兩個小插曲：某個人——不知道是舞臺布置人員還是送信員，跑來祝賀我，並說整個百老匯都在傳言《小龐巴度》肯定會大受歡迎（不知他這麼說是出於好心，還是因為他收了小費）。

另一件事更有意思，有位年輕的製作助理把我拉到一邊，淚汪汪的說：「葛拉漢先生，這裡正在發生的事真令人遺憾。」「為什麼？」我傻乎乎的問。「這齣戲的正式演出還沒有準備好，還有許多事情要做；在這齣戲上演前至少應該進行兩個星期的試演，例如在紐哈芬、亞特蘭大或隨便什麼地方先試演……。」

我能怎麼辦呢？我只希望製作人和斯坦曼知道他們在做什麼——不管怎麼樣，我們已經沒錢試演了。年輕人絕望的揮揮手就走了，當然，他說的完全正確。

一個來自「戲劇節目公司」（Theatre Program Company）的人在范德比爾特戲院找到我，要我提供個人資料以便製作節目表，我誠實的回答了他的問題，遺憾的是，節目表上只是寫了我是個業餘劇作家，而且這是第一次搬上舞臺的劇本，真正的工作是金融業。

當天我們穿上晚禮服去看了首場演出，演出過程還算順利，有一些笑聲，但掌聲不夠熱烈；最後落幕時有些人輕聲喊道：「請劇作家出來！」（無疑是來自我的朋友或親戚）。散場後，我聽到兩個穿著不太整潔的人在交談，其中一個說：「竟然沒有謝幕。」我的心一沉，馬上知道他們是評論員。

按照慣例，演員、導演和工作人員們要一起到我在艾爾多拉多的公寓參加一個首場演出聚會。聚會上準備了咖啡、蛋糕和香檳，有人建議讓慶功宴持續到清晨，這樣就可以買到第一份報紙，但其他人看起來很累，都想回家。

他們應該已預想到報紙會怎麼寫了，評論可能要多差有多差。有評論指出，這是個把華爾街的工作經歷，與百老匯戲劇形式揉合起來含糊不清的作品；然而也有一篇稱讚的報導——很奇怪，這篇文章恰恰刊登在主編是布里斯班的《紐約晚報》（*New York Evening Journal*）上。

簡而言之，劇本製作慘敗，戲也只上演了一週，觀眾稀少。斯坦曼本來打算運用各種計畫來挽救，例如發送免費入場券使劇場客滿，再加演一段時間，希望形勢可以扭轉。他還建議我變動一下劇本內容，加些粗話，他認為這樣會吸引觀眾；甚至還要我拿出一半資金支撐下去，但我對他的主意沒興趣，謝絕了。

一週後，這齣戲也從舞臺演出表上撤了下來，演員只拿到微薄的報酬。舞臺布景賣回給設計者，拿回了一點錢，但還有各種帳單要付，沒有錢剩下來能分給出資人。《小龐巴度》的演出完全失敗。

戲真的這麼糟嗎？我自己又是如何想的呢？當時我一定認為它相當好，許多其他工作人員也這麼認為。無疑的，有部分內容挺不錯的，一些場景也還可以，還有許多詼諧的臺詞。但是，三十年後我再看該劇本時，已不敢妄下定論了；可能這齣戲按百老匯標準來說不夠好，因而註定了它的失敗。

我記得哈里夫無奈、傷心但不是生氣的對我說：「班，你不該告訴他們你在華爾街工作，那句話太有殺傷力了。」此後一年左右的時間裡，哈里盡力想把這個劇本推薦給好萊塢，我想他應該也拒絕了一些報酬很少的報價，所以後來什麼事情也沒發生。

之後幾年裡我再也沒有見過他，但總的來說，他是個很好的人，在這件事上做得不賴（至少從中獲得了兩百五十美元。他極其機靈，沒有在這種冒風險的事業上投資過一分錢）。

在報上刊出劇評之後的一天，我收到了一份惡毒評論的影本，上面還寫著「哈哈！」兩個大字，別的什麼也沒有，很明顯我不是沒有敵人的。但我也收到幾份報上刊登、令人鼓舞的評論影本，和一些明顯沒有讀過其他評論的朋友祝賀信。

我對好朋友塔辛教授說，這次挫折使我十分灰心，但他認為我不該如此消沉：「班，你怎麼能僅僅因為這個戲不成功就那麼說呢？看看我，我用了一生的光陰演戲、寫作、教書，我寫了六個劇本，自己花錢出版。我最大的志向是讓其中的一個劇本由專業演員演出，但這個抱負從未實現過。現在看看你，你寫了第一個劇本，就已讓人演出了兩次，第二次還是在百老匯上演的！我認為這是成功，不是失敗！」我確信親愛的塔辛說出了他的心裡話。

在既是律師又是專業會計的好朋友索爾．拉維（Saul Levy）的鼓勵下，我又寫了一個劇本。他認為我應該寫一部與華爾街有關的劇本，於是我寫出了《憤怒的洪水》（劇名來源於《尤利烏斯．凱撒》）。

我原先想把故事安排在經濟大蕭條（如一九二八年至一九三三年）發生前不久，和發生期間的數年時間裡，但是後來我覺得那幾年發生的事情太極端，會讓劇中人物的性格變得令人難以理解，因此我改將一九一八年至一九一九年的投機風潮，和一九二〇年至一九二一年的熊市作為劇本背景。

早些年在NH&L工作時，我曾相當仔細的觀察過身邊的幾個人，所以也把他們寫入劇本中。男主角當然是我年輕時的化身，他靠著做了一些不同於常人的事情，成功的度過了經濟危機，但劇中沒有發生什麼大事，最後在主角向塔莉（Thalia）和梅爾波米尼（Melpomene）徒勞無功的求愛中結束。

偶然成為「戲劇界」的一員

在那之後，我雖然持續熱衷於戲劇，但不再參與其中。一九三六年，在老朋友阿爾文．約翰遜（Alvin Johnson）領導下，「新學院」（The New School）開辦了它的「流亡大學」（University in Exile），給那些逃離希特勒德國的傑出教授提供教學職位。大規模籌集資金的活動開始了。

他們首先舉辦了一次數百人參加的盛大晚宴，客人的席位按職業或職務來指定。讓人吃驚的是，我發現自己坐在「戲劇界」的桌子，我不但覺得有趣，更感到高興，因為同桌的人都是知名演員——喬治・蓋希文（George Gershwin）、愛德華・羅賓遜（Edward Robinson）、山姆・謝斐（Sam Jaffe）。

不用多說，當時我完全默不作聲，僅僅洗耳恭聽。起初話題圍繞《波吉和貝絲》（*Porgy and Bess*）展開，接著談論到排演；蓋希文說到繪畫是他的業餘愛好；魯賓遜則談及他的藝術收藏品將成為美國最有價值的東西。我忘了山姆・謝斐說些什麼，但記得我有為他在《李爾王》（*King Lear*）中的表演向他表示祝賀，我在新學院的劇場裡看過這部戲。

可惜，蓋希文在他的藝術鼎盛期去世了；許多年後，別人在東京帝國飯店把我介紹給愛德華時，我說特別高興再見到他，因為許多人把我誤認為他（在第二次世界大戰期間，有次我在第五大道的紅十字總部捐血。有關愛德華・羅賓遜用化名出現在那裡的傳聞不脛而走，許多護士跑進來看我）。

我永遠記得愛德華的反應，因為它滿足了我的虛榮心。「葛拉漢先生，如果我的外貌像你，我就可以扮演非常有魅力的角色了。」而在後來的歲月裡，我們也成了朋友。

後來除了製作公司的沃納，我和戲劇界的熟人幾乎沒什麼來往。沃納曾到我的辦公室，說他的收入一直剛好只夠糊口，但現在找到一份為好萊塢電影製作人擔任助理的工作，問我能不能借點錢給他去加州。我把錢借給了他，數週後我收到一封來自好萊塢的感謝信，信上說一切順利，但從此之後就杳無音訊。我也已經習慣這樣的情形了。

和戲劇有關的人，十個中有九個工作和收入都不穩定，基本上，可僱用的人總是遠遠多於要僱用的人。演出旺季時，許多戲在紐約和其他地方上演，總是有許多演員、經理、導演和劇組工作人員來應徵。但對其中一半以上的人來說，演出淡季時怎麼辦？在戲劇界裡永久職位少得可憐，今後一年能不能拿到固定收入，大家心中幾乎都沒有數。

在《等待果陀》（*Waiting for Godot*）這部戲中，有一段簡短的旁白，其中的涵義發人深思。作者貝克特[1]堅信，他所塑造的這個有裡面有個角色被描繪成又高又瘦，幾乎到了枯槁的程度。

但是那麼一個難看的演員，在他一生中又能找到多少其他角色來演出？肯定有許多男女演員能夠滿足那種令人難以容忍的要求，但外表如此罕見的人，要如何才能在戲劇界找到固定工作呢？

著不同尋常外表的角色，無論戲在何時何地上演，都能夠找到一個符合要求的好演員。

在巴黎，我曾看到一位小個子演員在《桑吉夫人》一劇中成功的扮演了拿破崙一角。他在舞臺上的表演得心應手，像磁鐵一樣吸引住了觀眾。但這個身材矮小、胃口很大的悲劇追隨者，在不扮演拿破崙時，又能找到什麼角色來演出呢？

1 譯按：貝克特（Beckett，一九〇六年至一九八九年），愛爾蘭戲劇家和小說家，《等待果陀》為其代表作。

價值投資之父葛拉漢：賺錢人生

．我發現了一個與我們結交多年的已婚藝術家寫給我妻子的許多信，有些信中有著非常露骨的勾引字眼。這件事給了我創作靈感。

．我認為，就算是以一種較「聰明」的方式欺騙保險公司，也該稱之為犯罪。

第十六章

超越時代的貨幣概念：商品本位制

為什麼只有黃金生產者才能享受那些經濟利益？我建議對一組經過精心挑選、有一定比例關係的商品組合，賦予與黃金同樣的貨幣地位。

如果我的名字能流芳百世的話（當然得假設將來會有百世），希望人們能把我當成「商品本位制」（Commodity Reserve Currency，簡稱ＣＲＣ）的創始人。說起這個計畫，還得從一個翹課學生講起。

一九一二年，我到哥倫比亞大學馬齊（Muzzey）博士門下，接受正規的經濟學教育，但僅僅持續了四個星期。那年秋天，我便放棄了經濟學以及其他所有課程，到美國運輸公司上班。

當我於次年二月返回學校時，已無法再將經濟學選入我的課表中，於是幾乎未經絲毫猶豫就放棄了它。雖然我在這門「乏味的學科」中缺乏訓練，但這並不妨礙我最終成為證券投資、公司財務領域理論和實務上的權威。

事實上，如果從經濟學這一專業術語的含義出發的話，我應該能算是「經濟學」的權威吧！**我用自己學習金融的同樣方法——閱讀、思考及實踐——掌握了現有的這些經濟學知識。**

在大多數關於貨幣理論的著作中，都可以發現我在經濟學上的一個創新；即使是在一九六五年七月中旬我寫這本書時，一些經濟學家似乎也還未忘記它。

偉大的凱因斯男爵[1]，甚至還就我的新觀點寫了篇文章（但我必須承認，這篇文章的看法有點含糊不清）。而他寫給我的一封關於這項問題的信，也被收入他的著作集中。

生活用品不如黃金重要嗎？

商品本位制這一概念初次進入我的腦海，可追溯到一九二一年的經濟蕭條時期，也許是因為「富裕中的貧困」這個現象，首次在這個世界真正出現了。

那時與有效需求（即有支付能力的需求）相比，原物料生產普遍過剩，商品價格一落千丈，經濟由此陷入各種困境，因而導致失業增加及經濟衰退的惡性循環。

在我剛開始研究這次大蕭條，及其帶來的全面性災難時，我就認為這種狀況其實是不應該發生，也完全可以避免的。如果一個國家缺乏肥沃的土地、製造的能力，以及科學技術知識等各種生產要素，那麼它的生活水準必然很低。但在我們這樣一個**資源如此豐富的國家**，**人們竟然無力購買自己製作的產品**，忍受著倉庫裡商品堆積如山，家裡卻空空如也的痛苦，這在邏輯上是荒謬可笑的。

為了尋求解決這一異常問題的出路，我首先想到了那些黃金生產者。當其他人處於困境之中時，他們卻總能從中解脫出來。無論產量多或少，他們都能以每盎司二十美元的保證價格立即賣出黃金，甚至還能從經濟大蕭條中得到巨大利益，因為工資及他們所需物品的價格下降了，從而減少了生產成本，提高了利潤。

許多經濟學家曾建議實行某種計畫，以使物價能大體維持在某個水準上，但這些計畫都未能獲得到廣泛認同。當時最有名的要數爾文．費雪[2]的「補償美元」計畫，他在計畫中建議紙幣

1 譯按：凱因斯（Keynes，一八八三年至一九四六年），英國經濟學家，凱因斯主義創始人。

2 譯按：爾文．費雪（Irving Fisher，一八六七年至一九四七年），美國經濟學家，用數學方法研究經濟問題，力圖使經濟成為精確的科學。

的含金量應隨價格的漲跌而升降。而我卻對這個問題得出一個與他十分不同的觀點。

我認為更好的方法，是指定一組基本原料（或稱為一籃子市場〔Market basket〕）作為貨幣本位，取代原本由黃金承擔的職責。這就意味著商品組合（組合內的各種商品之間要有適當的比例關係）的所有者（或生產者），總能將它們上交至財政部，以換回固定數量的紙幣，而紙幣的所有者則可用紙幣買回相應數量的各種商品。

我要問的是，**為什麼只有黃金生產者才能享受那些經濟利益？**日常的生活用品難道就不如黃金重要，不如黃金有價值嗎？生產日用品的廠商，不能獲得同樣的利益嗎？

我個人認為，商品本位計畫既有積極的一面，也有消極的一面。從積極的一面來說，它透過以商品確定紙幣的價值，並在紙幣與以它定價的商品之間，建立雙向的可兌換性，從而盡可能直接解決穩定價格的問題。

從更廣泛的意義上說，這將建立起一座溝通商品世界與貨幣世界的橋樑——允許暫不需要購買的商品換成、或當成是貨幣；反過來說，必要時貨幣也能轉換成商品。這種主張讓人聯想起《聖經》裡著名的「七豐年七災年」的故事，也讓人聯想起約瑟的明智之舉：積蓄盈餘以備將來之需。

而從消極的一面來說，這個方法並不能真正使每種商品的價格都保持穩定——就像過去所實施過，非常不成功的「價格固定計畫」一樣。我的計畫**允許每種商品的價格按其供需狀況有所浮動，而同時又要維持商品組合整體價格的穩定性**（至少要將它的浮動限制在較窄的幅度之內）。

要將這一在理論上很吸引人的計畫付諸實施會有很大的困難，例如服裝製造商，或是其他無數商人們，是否能夠以固定價格將他們生產的所有東西賣給美國財政部？顯然這是不可能的——因為這涉及到太多的問題了：品質是否可靠、款式是否新穎、價格是否合理、商品是否易腐壞、東西是否已經過時等等。最重要的是，即便政府有錢買下這些東西，又該如何處置它們呢？

但如果我們不去涉及所有的商品，而只包含「基本原料」這一限定的領域，那麼許多問題即可迎刃而解。因為**基本原料價格的波動，不論在市場繁榮或經濟蕭條時期，都起著關鍵性的作用**。例如，由於第一次世界大戰引起的通貨膨脹，以及戰後的繁榮，使美國的基本原料價格指數在一九一三年至一九二〇年之間大大上漲，但是在一九二一年又發生了暴跌。

假設我們將主要任務，用於為幾種最重要的原物料提供無限需求，情況又會如何？由於這些原材料通常構成了實物經濟的基礎，可以設想，如果能像保證黃金地位那樣，確保這些基本原料的地位，那麼我們就能保護商品的價格水準，以及使大多數商品的有效需求，不致在經濟蕭條再次發生時受到有害影響。

基本商品價格的下跌幅度，一般會大於其他商品，要是能將前者的價格穩定住，或許就能很好的控制消費品的價格。而少數幾種主要原料（一般說來不會超過三十種），就占了全部初級產品總價值的很大一部分，因此它們非常重要；如果穩定了這三十種原材料的價格，也就可以防止整個經濟出現嚴重的不穩定。

但是，穩定基本原料價格水準的最佳方法是什麼呢？我們能否為一磅小麥、一磅黃銅、一磅咖啡……為這三十種商品都分別訂個不變的價格呢？這麼做顯然會遭到商人們的強烈反對。

這些商品間的相對價格總是波動很大，這是由各種供需因素變化引起的。這些變化是否僅僅是暫時性的？如果是的話，那麼控制它們的相對價格就是件好事；但商品相對價格變化，主要源於相對生產成本的長期變化，因此它們往往是長期性或準長期性的。

穩定原物料價格就能穩定經濟

過去人們為了穩定各種商品的價格也曾做了不少努力。在一九二一年對食用糖價格所做的努力，就是一個具有歷史意義的案例，但事實證明這種努力非常不成功。

經濟學家幾乎無一例外的反對「為維持商品或服務價格而提供補貼的計畫」。他們喜歡引用一個古老的例子——早在西元三〇一年，戴克里先皇帝[3]就採取了一個大膽的決策（固定物價），但最終失敗了——由此證明固定物價是行不通的。

對於試圖穩定多種商品價格這一計畫的內在缺陷，我非常清楚。我認為解決物價穩定問題的辦法在於：固定住一組重要商品的整體價格，只讓它在有限的窄幅內浮動，而同時允許組內的幾種商品，按自己的相對供需關係變化情況有所調整。

換句話說，我建議**對一組經過精心挑選、有一定比例關係的商品組合，賦予與黃金同樣的貨幣地位**。這意味著新的貨幣發行，是透過以貨幣交換生產者的基本商品這一形式進行的，並以基本商品的儲備量為後盾。

從消費者處境的思考，也使我得出了相似的結論。我認為當今世界經濟衰退的主要原因是：經濟持續繁榮帶來了更多的產品，而社會大眾卻缺乏購買力來吸收這些商品。

我對霍布森[4]的經典名著《失業經濟學》（*The Economics of Unemployment*）感觸頗深，該書對由於購買力不足而產生的影響，做了理論上的分析，這與我的想法有些不謀而合（霍布森的著作無疑是凱因斯革命性思想的重要先驅）。

在一九二一年至一九二二年的經濟危機中，我就產生了這一想法，但當時我並未為此做些什麼，而只是與我舅舅莫里斯談了談，而他也認為這是個好想法。《星期日紐約時報》（*The Sunday New York Times*）上的一篇報導，既讓我受到鼓舞又感到吃驚：湯瑪斯．愛迪生（Thomas Edison）這位偉大的發明家，居然也持有和我類似的觀點。愛迪生也建議，以基本原料儲備為後盾發行新貨幣，並用新貨幣補償農民及其他生產者。但我倆的計畫在細節上不同，我的計畫比較簡單易行，結果也比較符合實際。

在隨後的繁榮年代裡，這個計畫也就擱在一邊，因為我為了在華爾街賺錢已忙得不可開交（順便說一下，也因為這幾年的物價水準異乎尋常的穩定）。直至十年後我才把這個計畫公開出版，因為當時我們正處於歷史上最嚴重的經濟危機之中。

一九二一年至一九二二年間發生過的一切矛盾衝突又再次出現了，而且程度要嚴重得多。大蕭條造成的其中一個結果是各種經濟思想、學說開始活躍起來，且當時成立了無數的研討組

3 譯按：戴克里先（Diocletian，約二四四年至三一二年），古羅馬皇帝（二八四年至三〇五年在位），在位期間實行一系列政治經濟改革，曾頒布《物價敕令》（*Edict on Maximum Prices*）。

4 譯按：約翰．阿金森．霍布森（John Atkinson Hobson，一八五八年至一九四〇年），英國經濟學家、社會科學家、帝國主義評論家。

織，提出了形形色色的拯救計畫，以及發起了旨在使經濟推行激進變革的各種活動。

其中最主要的是非常激進的政權交接思潮，即我們所熟知的「專家統治」（Technocracy）；辛克萊[6]提出的「結束加利福尼亞貧困」運動（End Poverty in California Campaign）；以及著名的「湯森[7]計畫」，該計畫提出了在當時來說稱得上革命性的建議：給年逾六十的老人每月發放六十美元的養老金。

紐約市的新學院也成立了一個經濟學團體，它在該院傑出的院長阿爾文・約翰遜博士主持下定期舉行會議，我立即加入了這個自稱為「經濟論壇」（Economic Forum）的團體。我們的目的是相互切磋，改進「事情的可悲狀態」——我們用它來代表當時混亂的經濟現狀。

在一九三二年的一次研討會上，我提出了自己的計畫；事實上我提出了四種不同計畫，其中之一便是商品本位制；那時提出的原形與它最終的形式已相差無幾，只是後來又加上了大量的統計資料與計算公式。

第二個是關於大規模的清除貧民窟，以低廉的住房取而代之，並對以前貧民窟的住戶提供支付新租金所必要的津貼。第三個計畫是失業者有權獲得以他們的技能和經驗為依據的個人信用，即聯邦政府給予他們一筆不抵押貸款，不收利息或只收少量利息，讓他們在找到工作後適當期限內歸還。

雖然對於羅斯福當政以前、信奉自由放任哲學的人來說，這兩個建議似乎極其激進，但與往後年代實際實施的計畫相比，實在沒有很大的不同。

為了不使這個計畫沉悶乏味，我還加上輕鬆愉快的第四個建議：法國可以用什麼方式償還戰爭借款的本金和利息呢？我建議他們每年運來四千萬瓶葡萄酒（包括香檳），而每個達到選舉年齡的美國公民，都可以免費拿到一瓶聖誕節禮物。酒的分配可用抽籤、年齡大小或其他公平的方法進行。這個主意其實一點也不壞，它給本來極其抽象的兩國金融關係帶來了實質建議，同時又能以務實且愉快的方式，解決戰爭借款問題。

而在這個團體中，有兩位成員大膽的決定出版一本刊物，刊名就採用團體的漂亮名字——《經濟論壇》，內容則盡可能發表值得注意的新論點。該刊物的編輯是位名叫約瑟夫・米德（Joseph Mead）的年輕人，但關於他後來的發展我一無所知。

另一位編輯兼出版者是更年輕的小夥子，雖然那時他已是保守主義大本營——紐約證券交易所的一名成員，但對經濟學的新觀點仍表現出了濃厚的興趣，而且勇於接受新思想，他的名字叫威廉・麥克切斯尼・馬丁（William McChesney Martin）。

沒有人會料到比爾・馬丁[8]會在幾年之後當選為紐約證券交易所歷史上最年輕的總經理，後來又成為美國聯邦準備理事會（U. S. Federal Reserve System）的主席，因而變成世界上最具影

---

5 譯按：一九三二年美國所提倡的一種學說，主張在一切經濟資源、社會制度應由科學家與工程師管理。

6 譯按：厄普頓・辛克萊（Upton Sinclair，一八七八年至一九六八年），美國左翼小說家，在一九三〇年代經濟危機期間，他以「結束加利福尼亞的貧困」為口號，組織了一場社會主義改革運動。

7 譯按：弗朗西斯・湯森（Francis Townsend，一八六七年至一九六〇年），美國醫師，倡議建立老年養老金制度，促成美國國會通過社會保障法（一九三五年）。

8 譯按：比爾・馬丁是威廉・馬丁的暱稱。

響力的金融人物之一。

我剛剛正好在一九六五年七月二日的《時代》（*Time*）雜誌中讀到馬丁上個月發表的一篇演講，其中簡短的談到一九六五年股市與一九二七年股市的某些相似之處，乃至紐約交易所股票交易減少了三百四十億美元。

《經濟論壇》的編輯米德與馬丁向我們的論壇邀稿，於是我寫了篇題為〈穩定的通貨恢復〉（Stabilized Reflation）的文章，闡述了我的商品本位制（當時「通貨恢復」成了個時髦名詞，指的是從通貨緊縮回復到正常狀態，而沒有走向其反面，再引起通貨膨脹）。這篇文章於一九三三年在《經濟論壇》第二期上發表，這是我的商品本位制第一次正式向社會大眾亮相。

有直接利益的改革，才有民眾支持

在我想出這一計畫後的三十年裡，這些點子既使我高興也使我失望；而剛開始時，我經歷了一段短暫的極度興奮時期。在一九三三年的總統就職儀式上，當得知我的朋友大衛．波德爾（David Podell）律師，已使他的同學、當選總統的小羅斯福對我的想法產生了興趣，並讓他將其作為解決經濟蕭條計畫的一部分認真研究時，我的心情一度非常激動。

新總統就職演說裡的某些東西，使我覺得他會贊成商品本位這個想法。很自然的，我洋洋自得，有些飄飄然，把自己看成美國經濟，也許甚至是整個世界經濟的救星；但最後什麼也沒發生。

然而大約兩年之後，美國農業部（Department of Agriculture）一位名叫路易斯・賓（Louis Bean）的重要官員前來拜訪我，他是農業部部長亨利・華萊士（Henry Wallace）麾下著名的統計學家和政策顧問。

羅斯福總統建立了一個農產品信貸公司（Commodity Credit Corporation），負責穩定農產品的價格，該公司已經買進了數量龐大的各種農產品。路易斯在我的計畫中看到這樣一個方法：直接以農產品為後盾發行貨幣，從而為農產品融通資金，而增加流通中的貨幣，又會刺激總體的價格水準。

他給了我不少鼓勵，並提供了一些關於價格的有用資訊，這些資料在我最後就這一問題寫成書時派上了用場。但是農業部並未對我的計畫採取任何官方行動。

顯然，**華府認為我的商品本位制是一個過於激進的創新**，當然它遭到了路易斯的同事兼對手莫迪凱・艾齊基爾（Mordecai Ezekiel）的反對，因為他另有其他的經濟方案要兜售。所以這一次又是毫無結果——在以後的歲月中這也成了一種慣例。

據我所知，路易斯從未公開贊同過商品本位計畫，或許是因為這麼做對他來說不適宜，但他經常給我精神鼓勵，甚至還寄給我一些歷史資料，讓我在著作中得以引用。

有一次，路易斯帶我到華盛頓與華萊士部長會晤。然而經過了這麼多年，有些很小的細節仍歷歷在目：當我走上富麗堂皇的農業部大廈主樓梯時，看到了一幅描繪各種田園活動及歡樂場面的壁畫，在它下面刻有一句以「如果成功……」（Felix si）開頭的拉丁文：「噢，歡樂的農夫啊，你只知道享受你的好運。」在右下角印刻者寫了這句散文詩的出處：Virgile, Géorgiques

（法語，意為維吉爾的《農事詩》）。

我疑惑的問自己，為什麼在美國政府大樓中會出現拉丁文題銘和法語人名？很明顯的，有位法國藝術家奉命製作了這幅壁畫，但他也懶得操心用英語寫出「維吉爾：《農事詩》」這幾個字。然而，整個華盛頓沒有一個人注意到這種反常情況，這讓人覺得這幢大廈的大門上，似乎應該寫上這樣的名稱：Département de l'Agriculture（法語，意為「農業部」）。

還有個相似的小插曲：加州大學洛杉磯分校（UCLA）圖書館的牆壁上有著這樣一句家喻戶曉的話：「*Haec studia adulescentiam alunt, senectutem oblectant*」（意為「學習使我在年輕時充實自己，在年老時慰藉自己」）。第一次看到它時，我極為震驚：他們竟把維吉爾當成這句名言的作者！如果連一所著名學府都不能區分維吉爾和西塞羅的話，那美國的文化水準到底已衰退到了何種程度？不過，或許那個自負至極的演講家現在應該能感到一些慰藉了，因為「維吉爾」三個字已從圖書館牆上抹去，取而代之的正是他自己的名字。

老實說，我完全想不起和華萊士那次短暫會晤時的情景了，但可以肯定的是那次見面沒有取得任何成果，想必是出於安慰，路易斯給了我一本費雪的《穩定的貨幣》（*Stable Money*），那是費雪贈給華萊士的禮物；這本書仍然放在我的圖書室裡。路易斯後來成為預測選舉結果的著名專家，爾後也寫了一本書，專門預測將來的股市波動狀況。

在一九三六年和一九三七年裡，我寫了一本書來闡述我對商品本位制的觀點。一九三七年，它以《儲備與穩定》（*Storage and Stability*）為題發表。在選擇書名時，我想起了亨利·喬治（Henry George）那押頭韻[9]的書名《進步與貧困》（*Progress and Poverty*），夢想著有一天我的《儲備與穩定》能與喬治的經典之作一樣，在經濟學著作中占據一席之地。

我在這本書上花了不少精力，書中引用了不少其他作者的觀點和論述，在附錄裡還以一大串註腳的形式一一註明出處。關於我所提議的以「商品單位」來表示價格變動，書裡也提供了許多數學計算，這些計算是由我的堂侄女茱蒂絲・波爾博士[10]完成的，她現在已成為了血液學的權威。

原本打算先請麥米倫出版社（Macmillan）幫我出這本書，但他們婉言謝絕了。而儘管麥格羅・希爾出版社有充分理由懷疑這本書未來的銷量，他們還是同意出版——這無疑是出於對《證券分析》一書獲得成功的敬意——但條件是我必須自己負責第一版（兩千冊）中賣不掉的那些書，以確保他們沒有什麼經濟損失。

這當然是一個不太光榮的協議，但我還是立即接受了，因為我急著想出版這本書。有多少作者，為了出版那些自認為是思想史上里程碑的著作，不得不做著同樣的事啊！

當這本書即將完稿時，另一個可能讓羅斯福總統接受我建議的方法出現了。赫爾曼對他的哥哥伯納德・巴魯克談起了我的計畫，似乎引起了這位偉大金融家的一些共鳴，伯納德請我到他家裡好好談談我的想法。

---

9 譯按：在英語中，相鄰或鄰近的幾個字的字首發音相同叫頭韻，「儲備」（Storage）與「穩定」（Stability）之間，以及「進步」（Progress）與「貧窮」（Poverty）之間都是頭韻。

10 編按：Judith Graham Pool，以發現血液中的冷凍沉澱品（Cryoprecipitate），大幅改善血友病患的生活品質。

在他邀請我時，《儲備與穩定》一書的草稿剛剛完成。我們談得很愉快，伯納德說他確信這就是大家翹首以待的經濟出路，他願意與我聯名提出這個計畫，並將它盡快呈交給羅斯福總統，而我答應在第二天下午給他送去一份初稿。

我以極大的耐心，等待著羅斯福與伯納德之間關於「葛拉漢計畫」的討論結果；事實上，直到現在我還在等待呢，因為我從未直接得到過任何一點回音。大約一個星期之後，我的初稿連同一張含糊其詞的簡短便條被送回來了。

但後來赫爾曼確實有些尷尬的對我做了答覆：他的哥哥跟羅斯福談過，但是看起來總統認為，**他已經在經濟領域引進了那麼多新鮮事物，如果他再弄什麼新花招的話，在政治上是行不通的**。

赫爾曼得到了這樣一個消息：由於我的計畫既不會有任何實際結果，也不能帶來什麼名望，所以伯納德一句話也不說就放棄了這件事。我忍不住插上一句：「這正如他的為人。」

我對《儲備與穩定》一書的期望，都表達在我那時寫的一首十四行詩中，詩名叫〈在一部雄心勃勃的著作首次出版之時〉（*On the First Publication of an Ambitious Work*）。詩的開頭是這樣的：

日日夜夜，年年月月，
乘著時間的翅膀，我的思緒百折不撓，
反覆琢磨，忘了一切……

詩是這樣結尾的：

乘著羽翼，不幸的人直上雲霄，
他墜入伊卡洛斯[11]海而深深追悔，
那追逐太陽的年輕人[12]啊！
也從天空一頭栽落，而我——
我將插上幸運的翅膀飛得更高，
為人類去攫取新的普羅米修斯[13]神火。

這樣的比較確實有些矯揉造作，他們是用命運去打賭，而命運的報復通常是一樣的。每當我看到文藝復興時期的畫家布勒哲爾（Brueghel）的諷刺畫《伊卡洛斯的墜落》（*The Fall of Icarus*）時，就會想起我的那首十四行詩。

在這幅畫的前部，你可以看到一個粗獷有力的農民正犁著地，對其他事情一概不管；畫的遠端則畫著一個很小的代達洛斯的兒子，正孤立無援的墜入海中。

11 譯按：伊卡洛斯用蠟與羽毛做成的翅膀逃出克里特島，卻因太靠近太陽而使翅膀融化墜海而死。
12 譯按：指伊卡洛斯。
13 譯按：普羅米修斯（Prometheus）為希臘神話中的人物，為人類從天上盜來火種，因而受到懲罰，被縛於高加索山上，他的肝臟每日受到神鷹啄食。

研究院裡有許多經濟學家贊成我的計畫，他們說服我發起一場運動，使我的計畫為社會大眾所接受；我們需要一個人來做委員會的執行主任，或者說需要一個負全面職責的人，於是我找了一個很有魅力的傢伙，他的名字叫諾曼·倫巴德（Norman Lombard）。

有些人會以為這是筆名，可能取自莫塔古·諾曼（Montagu Norman）與倫巴德街（Lombard Street）這兩個詞，但我們這位仁兄可是從一出生就使用這好聽的名字到現在。儘管我記得他與一名學校老師結了婚，但關於他是如何謀生的，我卻一無所知。

倫巴德在貨幣穩定協會（Stable Money Association）中曾與費雪有些來往，後來又組織了幾次經濟討論會。我們還成立了一個經濟穩定委員會（Committee for Economic Stability），由我擔任主席。

這個會名聽起來有點像是在模仿聞名遐邇的經濟發展委員會（Committee for Economic Development），實際上並非如此，我們是在他們使用之前就取了這個名字；正如「百事可樂」其實要比「可口可樂」更早一樣。

我們寄出一些文字資料及空白會員申請表，設法吸收了五十多位經濟學教授參加我們的委員會，其中有很多都是名教授。儘管大家做了不少努力，想辦法使委員會真正發揮作用，但我們沒有取得值得一談的成果。

我很快認知到，一項具革命性的經濟改革是不可能獲得社會大眾支持的，除非它會對某些特殊團體立即產生直接的經濟利益，就像關於老年人養老金的湯森計畫那樣；或者情況已到了危急關頭，任何關於大規模解救計畫的想法和口號都能獲得民眾的認同——如同在經濟大蕭條中採取的措施。

從法律意義上來說，經濟穩定委員會至今依然存在，甚至在它的銀行戶頭裡大約還有一千美元，但實際上它已約有二十年沒有活動了。

在整整一年期間，每逢星期天，我都會翻開《紐約時報書評》（*The New York Times Book Review*）的第一頁，看看是否有哪位著名經濟學家稱讚《儲備與穩定》是經濟危機問題的重要解方；畢竟《紐約時報》對我的《證券分析》一書所作的評論非常出色，而這本新著比那本書重要得多了。

但很顯然，《紐約時報》將我的新書僅僅當做是這一「令人乏味的科學」領域裡的又一次無用嘗試。他們將這本書列入新書推薦——這僅是例行公事而已——並沒費心做任何評價，我非常失望。後來有幾本經濟雜誌，發表了幾篇關於這本新書長短不等的文章（儘管它們發表時機已經晚了許多），我總算得到了一點點安慰。

而令我非常高興的是，一本非常重要的學術刊物《美國經濟評論》（*American Economic Review*）終於對我的著作發表了書評，在同一期上還發表了我自己關於這一問題的一篇文章。

書評的作者是另一位葛拉漢——弗蘭克·D·葛拉漢（Frank D. Graham），普林斯頓大學的經濟學教授。他對我的新書深表讚賞，甚至可以說是做了熱情洋溢的讚揚，後來他也成為我經濟學思想的熱心傳播者。他在自己的著作《社會目標與經濟機構》（*Social Goals and Economic Institutions*）中大聲疾呼，應該要實行商品本位制。

這位弗蘭克與我原本沒有任何關係，但透過書評，他成了我的好朋友，並成為葛拉漢·紐曼投資基金投資人之一。由於我們同姓，這給關注商品本位制的那些經濟界人士帶來了很大的疑惑，有些認為我們是同一個人，有些則認為我們之間有著某種關係。直至上個月，還有位劍橋大學的教授（他也是商品本位制的堅定擁護者）對我說，他以為弗蘭克．葛拉漢與我是兄弟。

在關於這一課題的第二本書中，我用註腳的形式表達了對弗蘭克所給予支持的感激之情，並說道，我對外界分辨不清我倆名字這一混亂現象感到很高興。

由於弗蘭克曾在加拿大當過古典文學教授，我引用了古羅馬詩人賀拉斯的一句話，並做了些修改。賀拉斯的原話是很悲觀的：「*Omnes una manet mox*」——即「黑夜在等待著我們」，但我把它變成了一句充滿希望的話：「榮譽在等待著我倆」（*Ambos una manet laus*），我還加上了「我希望」這幾個字。

在一封雅致的信中，弗蘭克對我寄給他的書及書中對他的評價表示感謝，並謙虛的寫道：「*Laus*（榮譽）只屬於你一個人。」他贊成我的觀點，又與我名字相仿，以至於後來帶來了相當令人困惑的問題，即提出這一思想的到底是哪一個葛拉漢？

我記得有一次受到弗蘭克的邀請，來到普林斯頓大學參加關於商品本位制的教師學術討論會。那天晚上我穿著件借來的教師制服，坐在大廳的教師餐桌上用餐，進餐前還聆聽了用拉丁文朗誦的祈禱詩。

我忍不住產生了這樣的感慨：在這充滿維多利亞時代氛圍的大學裡，一群現代的經濟學家正在努力打破亞當．斯密（Adam Smith）的經濟教條。當晚，我住在弗蘭克家，認識了他那高雅謙和的妻子。

弗蘭克在葛拉漢．紐曼公司的那筆小投資是以妻子名義進行的，在他去世之後，他的遺孀讓這個投資繼續下去。幾年後，她從歐洲寄來了一封令人感動的信，她說對我們非常感激，她全靠我們的投資基金，才能維持經濟上的獨立，並以自己樂意的方式度過餘生。

在《儲備與穩定》出版後的幾年裡，不少知名度不等的經濟學家對我的建議產生興趣，並表示支持；我的一些好朋友也堅持認為，該採取行動讓商品本位制這個思想流行起來。

從一開始我就認為只有兩條途徑能使我的建議成為現實。第一，**再發生一次全球性大危機**，程度如一九三一年至一九三二年那次一樣，或者如一九二一年至一九二二年那次也可以，只有這樣，**全世界的經濟領導人才會接納新思想**，在一大堆可能途徑中找出一種激進的新辦法，以解決豐裕中的貧窮問題。

第二種可能的途徑，是發生一場純粹的貨幣危機——例如由於外匯存底不足引發的麻煩。可以想像，**在極端需要外匯存底的情況下，一些金融政策顧問應該就能理解商品本位制的優越之處了**。

如果專業人士認為到了該採取一種更新、更完善的貨幣制度時，我的想法就可能被認為是同類思想中最出色的。而另一方面，我對透過宣傳運動，就能把我的具體想法傳授給普羅大眾幾乎沒有什麼信心，而且我也不認為只要取得了大眾支持——例如對湯森計畫的支持——就會對那些經濟金融政策制定者產生重大影響。

價值投資之父葛拉漢：賺錢人生

- 我們這樣一個資源如此豐富的國家，人們竟然無力購買自己製作的產品，這在邏輯上是荒謬可笑的。
- 為什麼只有黃金生產者才能享受那些經濟利益？生活用品難道就不如黃金有價值嗎？
- 我建議對一組經過精心挑選、有一定比例關係的商品組合，賦予與黃金同樣的貨幣地位。
- 一項具革命性的經濟改革是不可能獲得社會大眾支持的，除非它會對某些特殊團體立即產生直接的經濟利益。

結語
班傑明・葛拉漢六十三歲的自述

班有許多忠誠的朋友，幾乎沒有什麼仇家，卻沒有一個是親密知己，由此可見班的性格特徵。下面讓我們來研究他的內心世界，探索這個現象的原因吧。

小時候，他聰明伶俐、討人喜歡、難以對付、富於幻想，並且非常敏感。他小心翼翼從不傷害別人，所以無法理解為什麼別人——包括深愛著他的人在內——常常會若無其事的、甚至是惡意的傷害他。他年紀很小時就開始工作了，既勤奮又認真，簡直是兩耳不聞窗外事，一心只管自己事，把淡泊禁慾作為神授的生活準則。

十五、六歲以後，班的性格完全形成了。從外貌看，他儀表堂堂，令人羨慕；他充滿青春活力，具備了所有促使自己走向成功的美德：勤奮、穩健、值得信賴，以及其他許多優點。

他的「高貴者行為理應高尚」的看法，更增強了他善良的本性。這是因為他始終覺得自己能有聰明才智是件很幸運的事，同時他也渴望留給世人一個好印象。出於對自己智力的自信，他理所當然的認為自己一定要體面的做好每一件事，以獲得成功。

班對別人的批評反應極其敏感，使他性格形成了兩個顯著的、幾乎可以說獨有的特點。第一個特點是：為了避免任何指責和非難，**他竭力把事情做得既體面又討人喜歡**。另一個特點是：**他不願意評判別人，甚至逐漸變成絕不願評論他人**。對周圍的人，他有一個理想的交往方式，他會始終表現得彬彬有禮、和藹可親，極其有耐心，避免和外界發生任何形式的衝突，如果會傷感情，哪怕是籠統的爭論他都不願參加。

隨著年齡的增長，班傑明在任何領域都具備了某種程度的獨立性，他的判斷力讓其深信，自己的行為絕不能僅僅聽命於常規和偏見。倘若交往中的繁文縟節會使他違心行事時，就會逐漸覺得厭煩，但這也僅僅是表面上有所改變，並不會影響到他與周圍環境的關係，或出現什麼大變化。

他和身邊人的關係，並不像早年所渴望和期盼的那樣處理得很成功；相較起來，他和女性的關係處理基本上都有欠妥當。縱觀他的生活，他可以輕而易舉的得到吸引他的，或是他所喜歡的女人，在度過早期一段清教徒式的生活後，他的性生活也不匱乏不單調。在他看來，自己和女人之間的麻煩，僅僅是因為女人們懷疑他的優秀品格，特別是質疑他的好脾氣和才智。

反過來，班對身邊的女人也產生了反感和非難的情緒。部分出於自己對現實生活的體會，部分可能出於他的想像，班認為幾乎所有的女人都不可理喻、頤指氣使，對他的和善和耐心不領情，而且會一意孤行的窺探他私人生活的禁地。

直到晚年，班才遇到一位心地善良、性格溫和、氣質高雅的女士，而這些優點他在別的女人身上從沒看到過。在她面前，班覺得自己能夠敞開心扉，知無不言，言無不盡，無須像對其他人那樣處處提防。

在這位女士的影響下，他生平第一次懷疑自己是否應對外界持有防範戒備之心。自大學畢業以來，為什麼會認為沒有一個人，不論男人或女人，可以真正的在思想、感情上與他打成一片呢？為什麼他不曾有親密的夥伴，或真正的好朋友呢？

班重新反省自己的性格，發現自己不太會阿諛奉承；不過也看到了自己**寬宏大量的姿態**，**其實掩蓋著自滿、自私、勢利及某種矯揉造作**，看到了平靜的外表掩蓋著一定程度的個人主義。

班的第三任妻子曾說他很仁慈，但他缺少了一點「人味」，這句話的確一針見血。實際上，他缺乏真正的同情心，也無法真心的去分享別人的快樂，分擔他人的悲傷。

他對信念的執著，對藝術創作的激情，對有利於自我發展事物的關注，以及對自身榮譽的追求，都完全不受個人感情影響。他會抱著坦誠的謙遜，冷靜的對待表揚，但是這種謙遜本身就是他自豪的一種體現，並且與虛榮毫無區別。

班的正直和誠實，和古羅馬詩人賀拉斯所說的一樣，是「人們潛意識中的正直和誠實」，但被自我優越感所掩蓋了。如蘭德[1]一般，班不和任何人競爭，因為沒有人值得他去競爭，至少他自己是這樣認為的。他只把自己作為知己和精神依託。

他的平易近人出於自然而然，而且始終不變，事實上這也是他的第二天性，而他的第一天性是對別人敬而遠之。班最終也意識到了性格中的這一點，他覺得自己應當少一點優越感，多

---

1 譯按：瓦特·蘭德（Walter Landor，一七七五年至一八六四年），英國詩人、散文家。

一些人情味。

一位新結識的女士進入了他的生活，大大克服了他的缺陷。從六十歲起，他又一次全面開始發展情感，他深信「愛不再是生活中的一種經歷，而是生活中特有的體驗」。他想起在大學二年級時寫過的一首詩，詩中洋溢著第一次熱戀的激情。現在，這種已逝的激情再一次湧現在他的眼前，並對他有了更深一層的含義。

激情

三月的冰雪將小溪封鎖囚禁，
小溪靜靜恬睡，停止了它銀鈴般的歌聲。
我的心中充滿著激情，但無法放懷暢敘，
笨拙的口舌啊，使我沉默不作聲。
看啊，冰雪融化在春的氣息中，
小溪重新響起悅耳的音樂聲。
愛的溫暖啊，緊緊包圍著我，
我要放開歌喉，大聲歌詠！

後記

班傑明・葛拉漢八十歲的壽誕演說

一九七四年四月十一日

最親愛的瑪洛（Malou）、維克多哥哥和兒孫們，親愛的來賓們，歡迎你們來到拉霍亞參加我的八十壽辰慶典。首先，我要感謝女兒瑪喬里安排了這次聚會；感謝我的哥哥維克多把我的部分詩詞結集出版，作為送給我的精美禮物；也感謝各位來賓，為出版我的詩集而做出的重大貢獻。

馬克・吐溫（Mark Twain）在我心中的形象，是身穿白色禮服，滿頭鬈曲白髮，儀表堂堂；有次他同意出席一場宴會，而條件是不請他上臺發言，但當他在宴會上亮相時，在場的人們堅持要求他演講。馬克・吐溫盛情難卻，最終他也站了起來，用悲傷而又緩慢的語調，做了如下發言：「亞歷山大大帝已經作古；尤利烏斯・凱撒已作古；拿破崙已作古——而我也已感到自己行將就木。」話畢，他就坐下了。

現在我也可以這樣說，「我已感覺到自己行將就木」，並且我也將坐下。但在入坐之前，首先我要表達一點自己的看法。

我們傑出的歐文（瑪喬里的丈夫歐文．賈尼斯〔Irving Janis〕）在給岳父的生日頌詞中，提及我在幾個月前寫的一篇評論《尤里西斯》的小文章；而《尤里西斯》這篇故事以及尤里西斯本人的性格，在我孩提時代就讓我留下不可磨滅的印象。

令人感到奇怪的是，尤里西斯的性格與我十分不同，但《奧德賽》一書卻對我有如此深遠的影響。尤里西斯是一位偉大的戰士和掠奪者，而我一生中，從不與任何人爭鬥，也從不掠奪。尤里西斯的行為詭計多端，說話閃爍其詞，而我始終對自己的誠實坦率引以為豪。然而在這一生中，尤里西斯深深的吸引著我，正如他深深吸引著兩千五百年以來不計其數的廣大讀者一樣。

不久前，我再次閱讀了《奧德賽》，以我業餘文學評論的角度看來，《奧德費》這個故事極其精彩，但其中的詩歌大部分是二流水準。如果在荷馬史詩中，有一句可以引用的好詩，那麼我可以在維吉爾詩作中相應的找出二十句以上。

荷馬和維吉爾相比，我認為後者是一位更好的詩人；雖然這只是我一家之言，但我仍堅持己見（也許丁尼生與我的觀點一致，因為他曾把這位羅馬詩人稱為「將人類思想凝聚成萬能方法的使用者」）。

雖然尤里西斯曾是我喜愛的偶像，但繼他之後，又有一位生動鮮明的人物影響了我。很巧的，他與我同名，此人就是班傑明．富蘭克林（Benjamin Franklin）。他有著我所敬佩的各種特質：聰明、務實、創新、幽默、善良，以及能寬容別人的過失。

但在與女性相處的方面，我有著與他相同的弱點（當然並不是我刻意模仿）。如果我的生活（包括內在的和外在的成功）能稍稍和他相提並論的話，那麼我將十分欣慰。

回顧我八十年的經歷，對比年輕時和年老時的世界觀，感觸頗深。年輕時，我總是對自己的前途十分悲觀，因為我的生活充滿了挫折、災難和失望，但我對世界的未來仍滿懷信心。

我深信，科學的發展將會大大促進社會朝著和平方向發展，並且每個人都能過上更舒適的生活。八十年的光陰已經過去了，現在的情況完全相反了，我自己的事業卓有建樹，生活美滿，而世界卻迅速的向著末路發展。正如夏洛克．福爾摩斯（Sherlock Holmes）乘坐著雙輪馬車繞著倫敦飛奔時，人們常說的一樣。

我相信，坐在桌邊的十個孫子們，應該可以在適當的時候承擔起治理世界的重任。對這些孩子來說，那是傳奇般的西元二〇〇〇年到來時，你們要承擔的巨大社會責任；儘管我有點懷疑你們能否辦到，但我仍祝願你們透過努力取得成功。

在結束發言之前，我要說最後一件事，或許這個話題會更令人感興趣。**在我的生活中，至少有一半的樂趣來自於精神世界**，來自於美好的事物和文化，**尤其是文學藝術的魅力**。對每個人來說，這些東西都能輕而易舉的得到，無須付出過多代價。在這個過程中，一個人只需要在剛開始時擁有興趣以及稍加努力，就可以欣賞到在我們身邊傳播的精神財富。兒孫們，如果可能，一定要找到你們的興趣，堅持不懈的努力，**一旦你們進入了這個領地——享受各種文化帶來的刺激——就絕不要放棄它**。

在為古羅馬詩人阿奇亞斯（Archias）進行辯護時，西塞羅做了一篇著名的詩文，高度頌揚了學習為人類帶來的益處。現在我為你們朗誦該文的部分片段：

學習，滋潤著年輕一代，撫慰著暮年老人；學習，使我們的前景光明，在逆境中給予我們保護和安慰；學習，使我們在家生活充實，在外行動自如。學習陪伴我們度過無數漫漫長夜，學習陪伴我們歷經長途跋涉，學習陪伴我們踱步於田野鄉村。

我常常想，這篇意味深長的頌詞，同樣也可以獻給那些善良活潑的女士們，特別是獻給生活在我身邊並為我所熟知的那些女士：「我親愛的媽媽，她辛勤的撫育了我的成長；我珍愛的瑪洛[2]，她無微不至的照顧了我的晚年生活。」

現實生活中，經常是這些女士而非學習，陪伴我們度過了漫漫長夜；是她們陪伴我們歷經長途跋涉，是她們陪伴我們散步於田野鄉村。

此時，我選擇丁尼生《尤里西斯》（*Ulysses*）的最後一段作為我的結語。這一段落在葛拉漢家族中深受喜愛，常常反覆吟誦：

來吧，朋友，追求美好的生活永不嫌晚，
為尋找新生活，行動起來吧，不要貪圖安逸，
去摧毀一切障礙。
我的理想支撐著我，
乘一葉小舟，迎著落日的餘暉，

沐浴著西方的星辰，前進，直至我生命終結。
或許，我將被大海吞噬，
或許，我將到達幸福的彼岸，
瞻仰到偉大而又聲名赫赫的阿基里斯，
儘管要承受風雨，需堅持不懈，
儘管在暮年我們不再強壯有力
去撼動地球，撼動天堂，但我們始終
跳動一顆不屈的心。
歲月、命運使我們步履蹣跚，但堅定的信念
依然激勵我們去奮鬥、去探索、去尋求，
永不低頭[3]。

---

2 編按：Malou 全名為 Marie-Louise Amingues，是葛拉漢兒子牛頓的女友，當牛頓自殺死於法國時，葛拉漢去歐洲為兒子辦後事而認識了此女。後來葛拉漢與第三任妻子分居（沒有離婚），與瑪洛半年住在法國普羅旺斯艾克斯，半年住在加州聖地牙哥。

3 編按：作者的墓碑上刻了此詩最後四個字：" And not to yield."

班傑明·葛拉漢大事記

年份	事件
一八九四年	五月九日生於英國倫敦。
一八九五年	遷至紐約。
一九〇三年	住在紐約一一六街二四四號。 開始在第十公立學校就讀。 第一份打工，叫賣《星期六晚郵報》。 父親過世，享年三十五歲。
一九〇六年	進入湯森哈里斯高中就讀。
一九〇七年	市場恐慌：美國鋼鐵公司股票暴跌；母親慘賠。
一九一〇年	從高中畢業。 夏天在農場打工。 「失去」哥倫比亞大學普立茲獎學金。
一九一一年	進入紐約市立大學。 打過多份臨時工：廣告銷售、電影院售票員、電話機裝配工。 以校友獎學金得獎者身分，進入哥倫比亞大學。

（接下頁）

年份	事件
一九一二年	在哥倫比亞大學學習數學、哲學、英語、希臘語和音樂。 交往第一任女友：阿爾達。
一九一三年	在美國運輸公司工作，操作「計算—製表—記錄」公司（IBM的前身）的製表機器。 被提升為主管，向哥倫比亞大學提出休學。 在《時尚》雜誌上發表文章。
一九一四年	以費．貝塔．卡珀兄弟會會友身分，全班第二的成績從哥倫比亞大學畢業。 聽從校長建議投身金融界，拒絕了三份留校任教的邀請。 在夜校為外國學生教授英語。 由於反德情緒，家族姓氏由格勞斯鮑姆（Grossbaum）更改為葛拉漢（Graham）。 加入紐伯格—亨德森和羅勃（NH&L）公司，成為證券營業員。 因撰寫鐵路公司財務評估，而收到J．S．巴契公司的證券分析員的聘書，但是紐伯格拒絕放人。
一九一五年	與第一任妻子海茲爾相識。 放棄夜校的工作，但是仍兼職家教。 擔任NH&L公司的記價員。 成功完成銅礦公司套利工作。

年份	事件
一九一五年	和路易士堂哥合買了第一部汽車。 向哥倫比亞大學圖書館捐贈全套黑貝爾和萊辛的著作。
一九一六年	和海茲爾訂婚。 週薪提升到五十美元。 美國運輸公司破產。 向NH&L公司建議購買房產債券；在公司擔任總統選舉博弈部門經理。
一九一七年	與海茲爾結婚，哥哥里昂也結婚了。 和兄弟投資留聲機商店失敗，一九一九年賠本出售。 徵兵局同意延緩，加入預備役。
一九一八年	擔任舅舅莫里斯·傑拉德的商業顧問。 第一個孩子艾薩克·牛頓出生。 為《華爾街雜誌》撰文，解釋如何判斷商譽價值，全年為該雜誌撰文十多篇。
一九一九年	結束軍隊預備役訓練。 對鐵路債券進行比較分析，開始聞名華爾街。 在薩吾奧爾德輪胎公司上大賺一筆，然後因空殼公司詐欺又賠了不少。

（接下頁）

年份	事件
一九一九年	對鐵路公司做了負面分析，會見了公司副總經理、今後的合作夥伴和一生的朋友——羅伯特·J·馬羅尼。 對皮爾斯石油債券操作了成功的買入期權操作。
一九二〇年	成為NH&L公司的初級合夥人。 和三木純吉就日本債券進行了非常成功的交易。 在助手里奧·史騰協助下開始發表證券分析公告。 舅舅莫里斯·傑拉德希望退休並依靠投資利潤度過晚年，接受其投資兩萬美元。 入籍成為美國公民。 搬遷至維農山。大女兒瑪喬里出生。
一九二一年	公告建議售出美國勝利短期債券，改持長期國債。 商品本位貨幣計畫醞釀中。
一九二三年	離開NH&L公司，和哈里斯家族成立私人投資帳戶——葛拉漢公司。 成功操作杜邦——通用汽車套利交易。 買入的美國運輸股票被清算。
一九二五年	葛拉漢公司因哈里斯兄弟退出而解散。葛拉漢——科恩（班傑明·V·科恩）帳戶同時撤銷。 二女兒愛蓮出生。

年份	事件
一九二六年	成立新投資帳戶「班傑明·葛拉漢共同帳戶」。 傑羅姆·紐曼加入，之後成為合夥人。 發現石油管線公司的價值被低估。
一九二七年	在股東會議上，要求石油管線公司向股東返還盈餘，但被拒絕。 兒子牛頓死於腦膜炎。 開始在哥倫比亞大學執教。 會見溫斯頓·邱吉爾。
一九二八年	贏得與石油管線公司的代理權戰，成為董事。 成為出色煙火公司副總經理。 第二個牛頓出生。 開始在哥倫比亞大學教授非常受學生歡迎的課程——現代證券分析（直到一九五四年）。
一九二九年	共同帳戶價值兩百五十萬美元；伯納德·巴魯克提出合夥，被拒絕。 贊同巴魯克股市即將崩潰的觀點，但不同於巴魯克，仍然在股市中保留部分投資組合。帳戶全年只損失二〇%。
一九三〇年	共同帳戶最糟糕的財務年度，虧損五〇%。 連續五年沒有從共同帳戶上得到收益。靠教書、寫作和審計維生。

（接下頁）

年份	事件
一九三〇年	與海茲爾的婚姻出現問題。 共同帳戶虧損三%（兩百五十萬美元已經損失七〇%）。 擔任艾厄里恩唱片公司保護委員會主席，保護優先股的收益。
一九三二年	道瓊指數探底四十二點。 在新社會研究院經濟論壇，就商品本位貨幣計畫發表演講。 在《富比士》發表三篇系列專題〈美國經濟真的這麼糟糕嗎？〉。
一九三三年	帳戶價值三十七萬五千美元。利潤率達到五〇%。 首次作為資產分析顧問出席法庭，後來共出席了四十餘次。
一九三四年	《證券分析》首版由麥格羅・希爾出版公司發行（一九四〇年、一九五一年、一九六二年、一九八八年再版）。 劇本《小龐巴度》在百老匯戲院上演，演出四場後落幕。 受政府邀請商議《證券交易法》。
一九三五年	幫助創建紐約證券分析師協會。
一九三六年	在美國國家稅務局壓力下，共同帳戶改名「葛拉漢—紐曼公司」。 在旅遊中認識卡洛爾・韋德。

年份	事件
一九三七年	出版《儲備與穩定》（麥格羅·希爾出版公司）。 卡洛爾成為他的情人。 向海茲爾提出離婚。
一九三八年	與卡洛爾在紐約市舉行婚禮。
一九四〇年	與卡洛爾離婚。 第一次修訂《證券分析》。 開始溜四輪溜冰鞋，觀看布魯克林道奇隊的棒球比賽。 與後來的妻子、當時的祕書艾絲黛兒·梅辛開始了新的關係。
一九四三年	最後一次和卡洛爾·韋德聯繫。 第一個孫子輩、瑪喬里的女兒出生（最終有十幾個孫子、孫女）。
一九四四年	母親在玩橋牌回家路上遭搶劫遇害。 與艾絲黛兒結婚。 出版《世界商品和世界貨幣》（*World Commodities and World Currency*，麥格羅·希爾出版公司）。

（接下頁）

年份	事件
一九四五年	在紐約州商會的宴會上，第三次遇見約翰・D・洛克菲勒。 面對頑固的聽眾捍衛《充分就業法》。 小班傑明出生。
一九四七年	在金融分析師聯合會（後來的特許金融分析師學會）首次年會上演講，討論職業的正式資格考試和標準。 會見德懷特・D・艾森豪。
一九四八年	收購GEICO公司控股權，隨後公開上市。
一九四九年	寫作並出版《智慧型股票投資人》（一九五四年再版，一九五九年第三版，一九七三年的第四版得到華倫・巴菲特幫助，為最終版）。
一九四九年	成立葛拉漢—紐曼合夥公司。
一九五一年	任猶大盲人行會會長（至一九五三年）。 將課程移至哥倫比亞大學商學院。
一九五二年	為特許金融分析師協會演講「走向證券分析的科學」。
一九五三年	為《巴倫周刊》（*Barron's*）撰寫文章。

年份	事件
一九五四年	雇用巴菲特。 葛拉漢—紐曼估值六百萬美元。
一九五六年	解散葛拉漢—紐曼公司和葛拉漢—紐曼合夥公司，與艾絲黛兒和小班傑明遷至比佛利山莊。 成為UCLA商學院董事教授，並義務教學十五年。
一九五七年	開始寫自傳。
一九五八年	就紅利政策、保證金規則和資本利得稅（他最堅持的），向眾議院籌款委員會做諮詢。
一九六二年	對證券分析師職業化的努力，促成了金融分析師協會的建立，後改名投資管理與研究協會（Association for Investment Management and Research），負責金融分析師的證照考核。
一九六五年	重返GEICO董事會。
一九六七年	出版自己翻譯的烏拉圭小說——馬里奧·貝內德蒂（Mario benedetti）的《休戰》（*La tregua*）。

（接下頁）

年份	事件
一九七四年	八十歲誕辰：發表演說，並由兄長維克多贈送已出版的個人詩歌集。 為特許金融分析師學會講課「價值的復興」。
一九七六年	九月二十一日，死於法國普羅旺斯；家族在紐約哈德遜河上的猶太公墓舉行紀念和火化儀式。 哥倫比亞大學會館舉行了紀念儀式。 小班傑明取得加州醫學院碩士學位。 GEICO 接近破產，巴菲特大量購買股票，一九九〇年時擁有四八%的股份（一九九五年購入餘額）。
一九七七年	第一任妻子海茲爾逝世。
一九八一年	第三任妻子艾絲黛兒逝世。
一九八二年	雷—葛拉漢基金成為公眾基金。
一九八四年	麥格羅．希爾在哥倫比亞大學為《證券分析》舉行五十週年慶典，另一作者陶德被授予榮譽博士。

年份	事件
一九八六年	巴菲特發表著名演講「葛拉漢－多德都市的超級投資者們」（The Superinvestors of Graham and Doddsville），不久後刊印於《Hermes》（哥倫比亞大學商學院的雜誌）和《智慧型股票投資人》的最後一版）。
一九八七年	大衛・陶德逝世。
一九八八年	入選亞特蘭大的美國商界名人堂。

Biz 365

價值投資之父葛拉漢：賺錢人生

「閱讀葛拉漢，是正確的投資起跑點」—巴菲特

作　　者／班傑明・葛拉漢（Benjamin Graham）
責任編輯／張祐唐
校對編輯／宋方儀
美術編輯／林彥君
副總編輯／顏惠君
總 編 輯／吳依瑋
發 行 人／徐仲秋
會　　計／許鳳雪
版權經理／郝麗珍
行銷企劃／徐千晴
業務助理／李秀蕙
業務專員／馬絮盈、留婉茹
業務經理／林裕安
總 經 理／陳絜吾

國家圖書館出版品預行編目（CIP）資料

價值投資之父葛拉漢：賺錢人生：「閱讀葛拉漢，是正確的投資起跑點」—巴菲特／班傑明・葛拉漢（Benjamin Graham）著 .-- 初版 .-- 臺北市：大是文化有限公司，2021.09
416 面；17 × 23 公分 .--（Biz；365）
譯自：Benjamin Graham, The Memoirs of the Dean of Wall Street

ISBN 978-986-0742-19-0（平裝）

1. 葛拉漢（Graham, Benjamin, 1894-1976.）
2. 傳記　3. 投資分析　4. 證券投資　5. 美國

785.28　　110007159

出 版 者／大是文化有限公司
臺北市 100 衡陽路 7 號 8 樓
編輯部電話：（02）2375-7911
購書相關資訊請洽：（02）2375-7911 分機122
24小時讀者服務傳真：（02）2375-6999
讀者服務E-mail：haom@ms28.hinet.net
郵政劃撥帳號 19983366　戶名／大是文化有限公司

法律顧問／永然聯合法律事務所
香港發行／豐達出版發行有限公司 Rich Publishing & Distribution Ltd
地址：香港柴灣永泰道70 號柴灣工業城第2 期1805 室
Unit 1805,Ph .2,Chai Wan Ind City,70 Wing Tai Rd,Chai Wan,Hong Kong
Tel：2172-6513　Fax：2172-4355
E-mail：cary@subseasy.com.hk

封面設計／柯俊仰
內頁排版／陳相蓉
印　　刷／緯峰印刷股份有限公司
出版日期／2021 年 9 月初版
定　　價／新臺幣 480 元
I S B N／978-986-0742-19-0（平裝）
電子書ISBN／9789860742626（PDF）
9789860742596（EPUB）

Printed in Taiwan